饭店培训管理实务

——饭店业培训体系的建立

王伟/编著

旅游教育出版社
·北京·

责任编辑:景晓莉

图书在版编目(CIP)数据

饭店培训管理实务:饭店业培训体系的建立/王伟编著.—北京:旅游教育出版社,2007.8

ISBN 978-7-5637-1543-5

Ⅰ.饭… Ⅱ.王… Ⅲ.饭店—商业服务—技术培训—研究 Ⅳ.F719.2

中国版本图书馆 CIP 数据核字(2007)第 125689 号

饭店培训管理实务

——饭店业培训体系的建立

王 伟 编著

出版单位	旅游教育出版社
地　　址	北京市朝阳区定福庄南里1号
邮　　编	100024
发行电话	(010)65778403 65728372 65767462(传真)
本社网址	www.tepcb.com
E-mail	tepfx@163.com
排版单位	首都经济贸易大学出版社激光照排部
印刷单位	北京科普瑞印刷有限责任公司
装订单位	北京科普瑞印刷有限责任公司
经销单位	新华书店
开　　本	787×960　1/16
印　　张	16.125
字　　数	250千字
版　　次	2007年9月第1版
印　　次	2007年9月第1次印刷
印　　数	1-5000册
定　　价	36.00元

(图书如有装订差错请与发行部联系)

出版说明

中国加入世贸组织和北京申奥成功使中国饭店业进入了前所未有的急剧变革和激烈竞争的时代，世界著名的饭店管理集团凭借其雄厚的品牌实力，科学化、规范化的管理体系以及专业化的管理水平，全面进入中国饭店业市场，使中国饭店业面临着严峻的挑战。中国的饭店应如何实现可持续发展、提升核心竞争力，是摆在饭店管理者面前的重要问题。

饭店管理者们越来越清楚地认识到，人才的培养是饭店未来发展的大计。中国饭店业开始注重人力资源的开发，培训作为饭店最具有战略性的工作逐渐受到了人们的重视。

饭店培训工作的意义是为饭店创造一种学习环境，培养学习型组织，改变员工的行为、价值观和工作态度，使组织中的每一位成员在现任工作岗位上和未来工作岗位上的表现能够达到组织要求的标准，体现饭店发展和个人发展的高度统一和效益最大化。

目前，我国饭店业的培训存在很多问题，诸如绝大多数饭店没有明确的培训战略和切实可行的培训与发展计划，培训经费得不到落实和保障，培训设备简陋或不完善，缺乏有效的培训激励政策和管理制度，高层次的饭店专业培训管理者和称职的训导师严重匮乏等。由于这些问题长期得不到解决，使得饭店的培训一直处于"抓什么培训什么""发现缺什么培训什么""出现了什么问题便通过培训解决什么"的状态。人们经常是按照饭店领导的意思被动地实施培训，使培训工作没有计划性、目的性和连续性，达不到预期的效果或半途而废。

可见，建立饭店培训与发展体系，有计划、有系统地实施培训，使全体员工具备饭店规定的专业技能和专业知识，这是员工得到持续提高和发展的基础。在员工获得扎实的理论和过硬的工作技能的同时，有计划地培养员工积极工作的态度，养成良好的思维习惯和正确的价值观，这是饭店实施人力资源开发与管理战略的重要保证。现代饭店的管理者们应正确掌握用人的原则，帮助每一位组织成员很好地走完职业发展道路，实现个人与组织的共同发展。

《饭店培训管理实务》全面总结了饭店管理者在培训实践过程中遇到的困惑和解决的办法，为饭店业培训体系的建立提供了行之有效的解决方案。

本书为饭店管理者提供了操作性极强的培训与发展体系解决方案，集中介绍了由谁培训、培训谁、怎样培训、如何评估培训结果、如何进行培训预算等管理者及培训师急需知道的知识，这样一本书的出版一定会受到业界的欢迎。

本书由北京第二外国语学院旅游管理学院饭店管理专业教师王伟编写。她曾在瑞士洛桑旅游管理学院、美国休斯敦大学希尔顿酒店餐饮管理学院进修，并在美国四季酒店管理集团进行饭店管理实习，曾任高级训导师、培训部经理、客务总监、营销总监、副总经理、总经理、饭店管理集团副总经理等职务，具有丰富的饭店经营管理经验，并长期从事对高星级饭店中高层管理者的培训工作和饭店管理咨询顾问工作。

本书在编写的过程中参考了相关书籍，在此对相关作者表示诚挚的感谢！

旅游教育出版社

Contents

目　录

第一章　饭店培训与发展体系概论 …… 1

第一节　中国饭店业培训与发展体系概述 …… 1

第二节　饭店培训与发展体系文化概述 …… 8

第二章　建立饭店培训与发展体系 …… 12

第一节　饭店培训与发展体系的建立 …… 12

第二节　饭店培训与发展体系框架内容 …… 16

第三章　饭店培训组织 …… 19

第一节　饭店培训组织的设置 …… 20

第二节　饭店培训组织的职责 …… 23

第四章　饭店培训与发展体系战略及政策 …… 33

第一节　饭店培训与发展体系战略 …… 33

第二节　饭店培训与发展体系政策 …… 35

第五章　建立饭店三级训导师培训体系 …… 53

第一节　训导师的职责 …… 54

第二节　训导师的管理 …… 58

第六章　培训需求分析 …… 68

第一节　培训需求概述 …… 68

第二节　培训需求分析 …… 69

第三节　培训需求分析的方法 …… 74

第七章　制订培训计划 …… 82

第一节　培训计划的制订准备 …………………………………… 82
第二节　培训计划的制订 ……………………………………… 88

第八章　系统培训课程体系 ………………………………………… 95
第一节　岗前培训课程 ………………………………………… 96
第二节　职前培训课程………………………………………… 111
第三节　在岗培训课程………………………………………… 159
第四节　系统培训课程体系的实施步骤……………………… 166

第九章　发展培训课程体系………………………………………… 168
第一节　发展培训课程体系和发展培训规划………………… 168
第二节　发展培训管理………………………………………… 180
第三节　职业生涯规划与管理………………………………… 183

第十章　培训实施与控制…………………………………………… 191
第一节　培训实施前的准备工作阶段………………………… 191
第二节　培训实施阶段………………………………………… 198
第三节　培训实施控制和纠偏阶段…………………………… 207

第十一章　建立培训效果评估系统………………………………… 211
第一节　培训效果评估系统概述…………………………… 211
第二节　培训效果全过程评估……………………………… 214
第三节　培训效果评估实施步骤及成果转化……………… 222

第十二章　培训预算与投资回报分析……………………………… 233
第一节　培训费用预算概述………………………………… 233
第二节　培训投资与回报分析……………………………… 241

第十三章　饭店业培训与发展展望………………………………… 245

附录　企业职工培训规定…………………………………………… 249

参考书目……………………………………………………………… 252

第一章

饭店培训与发展体系概论

19 世纪初，费雷德·里克·泰勒在他的著作《科学管理》一书中就已经开始涉及和研究培训理论了，书中曾谈到影响劳动生产率的主要原因是没有正确的操作方法、操作工具及缺乏员工培训。泰勒先生曾明确指出："人作为组织的主要财富，要学会节俭地使用，应对其进行培养，并将其看作组织创造力的源泉。"他的观点为以后的企业培训研究与发展奠定了理论基础。

企业培训管理系统的研究开始于 20 世纪 60 年代，当时是人力资源管理的发展时期，培训已逐渐成为人力资源开发中的一项重要职能而越来越受到重视，培训的地位在不断提高，培训工作在不断地发展和完善。70 年代末，由于中国实施了改革开放政策，中国的饭店业经历了一场史无前例的大变革，使中国饭店业最先与国际发达国家的先进饭店接轨，最先接受国际先进的饭店管理理念和管理方法，从此，中国饭店业的培训经历了从无到有、从简单到系统的发展过程。

第一节　中国饭店业培训与发展体系概述

一、中国饭店业培训与发展体系的发展历程

纵观中国饭店业的培训与发展体系的历程，可概括为三个阶段：

第一阶段：培训初始阶段

培训的初始阶段是在 1978 年中国改革开放之前，当时的饭店仅仅是为客人提供吃、住的场所。大多数饭店是以内部招待所的形式经营，主要为企业内部的人员往来提供服务，招待所的设备、设施较为简单，食宿价格低廉；另一部分是疗养院，一般都建在著名的风景度假区，用于企事业单位内部员工疗养休假，是一种福利设施；还有少部分是宾馆，不对外开放，只用于政府接待重要来访客人；再

有一部分是社会招待所或旅馆。为了满足基本的服务要求,饭店当时采取的培训方法是师傅带徒弟、传帮带的形式。主要以技能性的实操培训为主,强调的是服务技能和厨艺水平。

第二阶段:培训提高阶段

1978 年中国实施改革开放政策,饭店业最先实现与国际接轨。从这一时期到 20 世纪 90 年末是培训的提高阶段。世界各大著名饭店管理集团陆续进入中国饭店业市场,使中国饭店业发生了前所未有的巨大变化。饭店由只提供简单的吃住服务,发展为集旅游、购物、娱乐、健身、会议、展览等多元化的经济实体。世界著名饭店管理集团将先进的饭店管理经验和管理模式带入了中国,以强化培训的方式,不断地将新的饭店管理理论和管理方法灌输到中国饭店从业人员中,使他们对饭店有了全面的认识和理解。饭店开始认识到培训的重要性,并成立专门的培训管理组织——培训部或训导部,培训从以注重技能向技能和知识相结合的形式发展,并开始关注非生产因素方面的培训。

第三阶段:培训发展阶段

进入 21 世纪,伴随着 2001 年中国申办奥运会成功,国际顶级饭店管理集团纷纷来到中国市场,如加拿大的四季饭店管理集团,美国的里兹 · 卡尔顿等,加剧了国内饭店业的竞争,人才已成为未来饭店在市场竞争中立足、获胜的关键。在这一阶段,饭店将人才培养和发展作为人力资源发展战略中的重点,并将其作为饭店发展战略中的一部分。饭店开始注重对人的能力的培养,注重将饭店发展和员工个人发展相结合,强调培训是一种投资,并关注培训的效益性。培训管理组织得到了空前的重视和发展。越来越多的饭店将培训经费作为专项资金进行使用和管理,使培训费用得到了保障。饭店培训体系开始建立并不断地完善,中国饭店业的培训进入了一个全面发展的重要阶段(见下表)。

中国饭店业培训发展历程表

阶 段	培训目标	培训方式	培训特点	原 因
阶段一:1978 年改革开放之前,为培训发展初始阶段	以技能培训为主	师傅带徒弟,一对一的培训	主要进行实操培训,强化服务技能和厨艺水平	饭店是为客人提供吃住的场所,绝大多数饭店为招待所,设备简陋,食宿价格低廉,主要接待对象是企事业单位的一般公务人员。有一部分建在全国风景区的疗养院,用于企事业单位内部员工疗养休假,是员工福利的一部分。还有一少部分为宾馆,用于政府接待

续表

阶段	培训目标	培训方式	培训特点	原因
阶段二:1978年至20世纪90年代末,培训提高阶段	技能和知识培训相结合	设立了专门的培训管理机构和专职内训员队伍,负责饭店培训管理工作	关注非生产因素方面的培训,关注员工个人培训需求,注重培训的计划性和培训评估工作	饭店建造和发展阶段,由简单的吃住功能发展为游、购、娱、会议、展览等多元化的服务设施。饭店的经营管理进入了市场化运作模式
阶段三:进入21世纪,2001年奥运会申办成功,为培训发展阶段	技能、知识和能力的培养	充分利用培训资源,培训部门已逐渐成为独立的机构,培训不再是成本中心而是利润中心	关注多元化服务技能的培训,将饭店发展与员工发展定为共同的培训目标,强调培训是一种投资,关注培训的效益	国际顶级饭店管理集团全线进入中国,饭店业竞争加剧,人才的竞争成为饭店竞争的关键

二、中外饭店在培训与发展体系方面的差异

1978年改革开放之后,加快了中国饭店业对外开放的步伐,使饭店业的培训迅速发展,培训的地位逐年上升,培训专业人才越来越受到饭店高层管理者的重视,培训部在饭店经营管理中的作用日显重要。

尽管如此,中国饭店业的培训与西方发达国家饭店业的培训之间仍存在着较大的差距。具体表现在:

1. 饭店职业教育培训管理制度及相关法律滞后

培训制度的完善是社会发达的标志之一。在国外,以立法推动培训已成为发达国家饭店业发展的一种普遍趋势,这些法律明确规定了雇主与雇员在培训上的职责、培训经费及培训经费的管理措施,建立了与岗位职责相适应的职业资格教育与培训管理制度和法规,强化饭店职业教育与培训的职能,并成立了专门的职业教育培训管理机构。

我国旅游管理部门虽然也制定了星级饭店总经理、部门经理持证上岗的制度,但不是强制性执行标准,没有专门的职业培训管理机构,没有统一的培训教材和统一的考试及评估标准,缺乏具有专业资格认证的高质量的培训师队伍,培训质量难以评估和保证。

2. 培训管理体制不健全

国外发达国家饭店业的培训部门是一个独立核算的实体,培训部经理在董

事会通过年度费用预算后,有实施培训和使用预算内培训经费的权力。培训部既服务于饭店的整体战略目标,也有充分的培训自主权和提供有偿培训服务的能力。

我国饭店绝大多数培训部门设在人力资源部管理之下,是饭店中的二级部门,俗称B级部。培训部经理既没有实施培训的自主权,也没有使用预算内培训经费的权力,培训预算由饭店统一管理。培训项目和预算内培训经费仍需要在培训实施前逐项申请、层层审批。即便是预算内培训经费,也较难得到保障。

3. 培训观念落后

国外发达国家饭店培训强调以人为本,充分考虑员工个性因素,将培训作为一项对员工的投资,将员工职业生涯发展作为培训的出发点,使培训成为全员主动参与的活动。有些著名饭店管理集团还成立了集团大学,根据集团在全球饭店业的发展,结合员工的职业发展兴趣,提前培养所需各类人才,并将培训拓展到相关业务伙伴和供应商中,使合作伙伴的综合素质不断提高,以适应集团发展的需要。

在我国,饭店业的培训被看做是一项支出,培训部被视为是花钱的部门和非盈利部门。因此,培训只局限于本饭店员工,培训工作没有被纳入到饭店人力资源开发战略体系。培训只是被作为一种工具或提高员工工作绩效的手段,使培训内容更多地体现了饭店管理方的意愿,培训活动可以随时实施、随意停止。培训长期处于应付和维持的状态,培训效果受到较大的影响,培训的无效投资较为明显,使饭店的培训成为一项被动接受或强迫参与的活动。

4. 培训经费来源不足,缺乏有效的保障机制

国外发达国家的饭店培训经费为专项资金,每年按一定比例提取,并专门用于员工的培训。有些国家将培训专项资金纳入法律调整范围得以强制执行,以保证饭店对员工开展一系列培训活动。

我国饭店业目前还没有明确培训经费专项资金管理制度,培训经费的确定和支出主要根据饭店的收益和受重视的程度而定,导致饭店培训工作很难按计划、有系统地实施和保障。培训经费常常被随意削减和挪用,甚至将有限的培训经费用于极少数高层管理者的国内外考察和个人学习之用。

三、中国饭店业培训与发展体系的认识误区

由于饭店业对培训的价值和方法缺乏正确的认识,抑制了饭店培训的发展,使饭店培训与发展工作常常陷入误区,具体表现在以下几个方面:

1. 培训缺乏系统性和实用性

许多饭店的培训缺乏系统性,经常是突发性地实施培训,导致出现培训断

层。在培训内容的设计方面也缺乏系统性，不能适应不同岗位的员工或不同水平员工的培训需要，使培训达不到预期的效果。培训的实用性要求培训内容不要过于理论化，一定要和饭店的实际情况相结合，但是，饭店培训最缺乏的是既有理论知识、又有实践经验的专家，经常会出现高价请来的学者没有实际解决问题的能力，对学员提出的问题无法解答和进行正确指导的尴尬局面。

2. 培训是人力资源部或培训部的事

对于培训的认识，有相当一部分管理者认为那是人力资源部或培训部门的事，与本部门工作无关。因此，对于培训工作往往持观望或不配合态度，对于培训课程仅仅提供受训员工名单，对于员工的个人职业生涯发展规划、各种培训需求、培训时间的保障、培训效果评估等一概不予关心和管理。当培训出现问题时，立即将一切责任推给人力资源部或培训部。其实，饭店的培训工作是一项系统工程，是部门管理者的重要职责之一，它需要各部门的全力支持和配合才能取得预期的效果。

3. 培训是万能的，培训要立即见成效

培训是万能的，饭店出现的一切问题都能通过培训来解决，并能立即解决。这是十分错误的观点！靠一两次培训就能解决饭店面临的一切问题，摆脱困境，这是完全不可能的。将培训学到的知识和技能转化为成果并得到利用，需要一定的时间和恰当的机会。

4. 重视管理层的培训与发展，轻视督导层的培训与发展

饭店对管理层的培训与发展较为重视，对督导层的培训与发展缺乏计划性和系统性。督导层的工作强度大、责任重，对专业技能的要求高，同时还要具备较强的沟通、协调、指导、训练等方面的能力，他们是保障饭店服务质量的中坚力量，对于该层面的培训量是非常大的。但是，饭店往往轻视对督导层的培训与培养，过分强调对他们的使用，使该层面人员受教育和培训的机会大大低于管理层，造成督导层对自身的职业生涯发展缺乏自信和明确的目标，导致这一职位的人员流动率大大高于管理层。更重要的是，饭店高层管理者并没有充分认识到督导层人员的流失对饭店经营管理所产生的不良影响。

5. 管理层的培训与发展缺乏针对性

绝大多数饭店为管理者提供了宽松和较为充足的学习机会和时间，但却忽视了因工作层面不同和管理者素质及水平的差异，对所学的内容应有所侧重的问题，缺乏针对性的培训，使管理层的培训与发展出现了重业务轻素质、重学历轻能力的现象。

6. 培训是为他人作嫁衣

一个培训较有业绩的饭店培养出来的员工和管理者容易跳槽或被其他饭店

挖走,人才的流失给饭店的培训工作设置了障碍,使饭店不断地削减对培训的投入,减缓人才培养的速度。人们开始简单地认为饭店的培训是为他人作嫁衣,而没有认识到培训是为本饭店源源不断地培养人才,以便形成梯队性人才管理队伍,实现饭店可持续性发展战略的重要组成部分。

7. 培训与使用脱节

由于受训者知识结构、业务水平和素质参差不齐,使培训内容与受训者对培训的期望值产生差异。即使通过培训,受训者学到了不少的知识、技能,但饭店、部门很少给员工创造机会和环境让他们学以致用、施展才能,因而造成受训者参与培训的热情降低或将培训作为"休息"和"游玩"的机会。

四、饭店业建立培训与发展体系的目的及管理者应承担的职责

(一)建立培训与发展体系的目的

1. 满足饭店长远发展战略的需要

为了满足饭店长远发展战略的需要,培训的目的已不局限于解决具体的问题,更多的是要寻求问题的解决方案和提高绩效。培训与发展体系将成为饭店留住人才的基础和吸引人才的重要因素。

2. 满足饭店员工职业生涯发展的需要

饭店"以人为本"的管理理念重点强调企业的发展及其组织成员的发展之间的密切关系,并将饭店发展和个人发展的高度统一和效益最大化作为饭店战略发展的需要和目标。培训与发展体系将不仅仅局限在基本技能的开发上,它将更多地被看成是创造智力资本的途径。

3. 满足饭店的岗位要求,改进现有岗位绩效的需要

员工要在自己的职业生涯发展道路上有所建树和发展,首先要立足本职工作,通过培训使员工达到现任岗位所要求的知识和技能,在此基础上不断地接受再培训,提高工作效率和工作业绩水平。

4. 改变饭店员工适应变革的需要

饭店所面临的环境日新月异,饭店为了寻求生存与发展必须进行变革。建立培训与发展体系的目的是让饭店员工适应变革,了解变革的目的、意义和变革的内容,通过学习新知识、新技能、新的管理方式,理解变革、适应变革、减少因变革引起的不适,尽快地适应新的市场,了解新的客户,掌握新的服务方法与技巧,及时调整自己的行为和习惯,保证组织变革的顺利实施,避免因工作能力问题而不适应饭店发展的需要引起的"失业"。

（二）部门经理在建立培训与发展体系中的职责和作用

饭店培训工作的顺利开展需要各部门经理的认同、支持。如果人力资源部未将培训与发展职责列入部门经理的岗位职责范畴，就会导致部门经理以不情愿的态度或帮忙的心理对待饭店的培训与发展工作，将会出现在培训与发展工作中相互推诿、不配合或拒绝工作的情况，使培训与发展工作陷入困境或无法开展。因此，有效的人力资源管理应将部门经理的培训与发展职责列入岗位职责中进行管理，才能确保培训与发展工作的有效实施。

1. 部门经理在培训与发展体系建立中的职责

（1）明确饭店的培训与发展战略，制定本部门的培训与发展规划。部门经理是制定饭店培训与发展战略的参与者，他们应该熟知饭店的培训与发展战略，并以此作为制定本部门培训与发展规划的重要依据和目标。

（2）确定部门的培训与发展方式和方法。根据本部门的培训与发展规划，确定有效实施规划的方式和方法。

（3）组织并参与部门培训与发展项目的实施。负责组织、落实部门培训与发展项目的实施工作，积极参与各项培训与发展活动。

（4）负责培养部门的训导师队伍。负责选拔、培养本部门的训导师，为他们的成长创造学习和培训的机会，保障训导师在部门中发挥重要的作用。

（5）合理运用部门的培训资源和培训费用。清楚地了解本部门的培训资源，并合理、有效地使用这些资源。负责部门培训费用的预算和使用。

（6）控制、评估、转化部门的培训效果。负责本部门培训与发展项目的评估工作，鼓励员工积极参与培训效果的转化工作，并为培训效果的转化提供环境和条件。

（7）协助建立饭店培训与发展信息系统。负责建立部门内培训与发展信息系统，建立培训与发展档案，并协助饭店做好该项工作。

2. 部门经理在培训与发展体系建立中的作用

（1）了解并分析员工的培训与发展需求，激励员工参与各项培训与发展活动。部门经理最了解本部门员工的工作绩效，要根据影响绩效的原因，分析培训与发展需求，并决定是否可以通过培训与发展解决问题。部门经理要带头参与各项培训与发展活动，并激励员工根据自己的需求和不足选择培训与发展项目，将培训与个人发展及工作改善紧密结合，使员工在培训与发展中受益。

（2）组织部门内的多元化培训与发展项目，形成学习型的团队。部门内的培训与发展活动是多种多样的，如技能大赛、主题演讲、问题研讨、案例分析、学习心得交流、现场指导、经验交流、兴趣开发等，目的是促进员工积极参与，在相互分享经验的同时形成有凝聚力的学习型团队。

(3)为新员工的入职教育提供训练与指导。根据人力资源部制订的新员工入职培训计划,进行新员工上岗前的部门业务培训,为新员工制订工作内容、试用期工作目标、考核评估方法及确定未来职业生涯发展目标。负责讲解部门的管理制度、工作质量标准,并指定专职训导师进行现场训练和指导,帮助新员工顺利走完入职教育的第一步。

(4)保持培训效果的持久性,做好部门培训成果转化工作。部门经理不仅是培训效果的评估者,还是培训效果的保障者。为了保持培训效果的持久性,部门经理应在培训后不间断地对员工进行训练和辅导,及时发现创新方法和理念,及时将培训成果转化为实际效益。称职的部门经理应该让员工将培训效果发挥到极致,并能持久性地保持下去。

第二节　饭店培训与发展体系文化概述

培训与发展体系文化是饭店文化的重要组成部分,是饭店发展新趋势下的重要特征之一,是考核饭店培训与发展状况的重要指标。培训与发展体系文化是用来衡量培训与发展在组织中所处地位的一种有效方法。不同的饭店文化有着不同的培训与发展体系文化,不同的培训与发展体系文化造就了不同的员工。饭店的培训与发展体系文化是决定员工素质高低的关键。形成饭店的培训与发展体系文化,培育饭店培训与发展体系文化,是培训管理者面临的重要任务之一。在如此艰巨的任务面前,要求培训管理者要认同饭店文化,明确饭店发展战略目标和人力资源发展规划,在此基础上不断改善培训与发展战略制定环节,提高全体员工对培训与发展的认知度,努力为员工营造一个科学、独特的培训与发展文化,使培训与发展体系文化成为造就本饭店具有竞争力人才的最佳途径。

一、建立饭店培训与发展体系文化的作用

培训与发展体系文化是饭店文化发展到一定程度的必然产物,是饭店文化的重要组成部分。建立饭店培训与发展体系文化首先要得到决策者和管理者的支持和认同,在明确饭店文化和文化发展需求的前提下,建立培训与发展文化,并强化传播与实施。

培训与发展体系文化主要有以下几方面的作用:

1. 有助于明确培训与发展体系在饭店经营管理中的重要地位

一个饭店如果不重视对人才的培训与发展,是不可能建立培训与发展体系文化的。因为培训与发展体系要依据饭店的经营管理战略目标而建立,培训与发展工作的重点是在满足饭店经营管理需要的基础上使员工得到长期学习的机

会,确保所有员工都能获得与现在或将来的工作相关的培训及发展机会,以此促进员工个人绩效和个人竞争力的提高,最终实现饭店经营管理的全面提升。因此,只有明确培训与发展体系在饭店管理中的重要地位,才能实现培训与发展体系的目标。

2. 有助于明确培训与发展体系的建立是一项对人的投资

随着培训地位的提升和饭店相关资源的整合,培训与发展体系的建立不再以提高员工的工作技能为主要目的,它日益成为饭店人力资源开发的重要保证,为饭店吸引人才、培训和发展人才、留住人才,并指引他们成功地发挥个人的聪明才智,适应时代发展的需要发挥更大的作用。

3. 有助于获得饭店决策层对培训与发展体系的认同和支持

对培训与发展工作的投资与其他形式的投资不同,它是看不到直接效益的。但是,培训投入的力度与饭店的经营效益有着密不可分的关联效应。培训与发展体系的管理者要让饭店决策层看到培训与发展体系的建立会给饭店带来丰厚的投资回报,实实在在地认识到建立培训与发展体系的价值,促使决策层下决心加大培训力度,将培训与发展体系作为饭店战略规划中的重要部分。

4. 有助于让每一位管理者承担起培训的职责

培训不仅仅是培训部或人力资源部的事,它还是饭店部门经理的职责之一。经理首先应是合格的训导师,肩负着对本部门员工进行培训、让员工发展的重任,因为部门经理更清楚下属员工的培训与发展需求,掌握下属员工的优点和缺点,并拥有帮助下属员工改进工作绩效的专业技能。部门经理应重视在本部门内营造培训与发展的氛围,形成部门的培训与发展体系文化。

5. 有助于赢得员工对培训的喜爱和参与

在饭店组织内部,培训与发展体系文化存在着较多的差异,这是因为饭店员工分属于不同的部门,来自于不同的地区,承担着不同的职务,有着不同的宗教信仰……培训部要尽快明晰培训与发展体系文化影响培训的程度,使受训者尽快适应本饭店的培训与发展体系文化,从而赢得员工对培训的喜爱和积极参与。

6. 有助于明确培训战略和目标,建立培训与发展组织

在培训与发展体系文化形成的基础上制定培训发展战略、培训与发展目标,确定与培训和发展相关的一切事宜,并围绕培训与发展战略建立培训与发展组织,明确培训与发展职责,使培训与发展组织及组织成员所履行的职责更符合饭店培训与发展文化持续性发展的需要。

二、饭店培训与发展体系文化的形成与发展

饭店培训与发展体系文化的形成及发展经历了三个主要阶段:

1. 淡薄阶段

在这一阶段，培训与发展体系文化在饭店中处于次要、被忽视的地位。饭店对培训持放任态度，培训被看做是费用和支出，而不是投资。

培训与发展体系文化在初始形成阶段主要表现为：

(1)培训管理没有明确的目标和职责，饭店管理者对培训与发展的认识十分模糊。

(2)培训被视为是一种浪费金钱和时间的工作。

(3)培训的实施是非系统性的，发展没有纳入到培训管理工作中。

(4)不掌握培训与发展需求，只进行饭店基础技能培训。

(5)培训是培训部的事。

(6)培训资源匮乏，培训形式单调，无法激发受训者的学习兴趣。

(7)饭店少数人有接受培训的机会，培训被认为是功利性的。

2. 发展阶段

当培训的重要性逐渐被决策者认知，培训与发展工作在饭店中逐渐受到了重视，培训的组织化程度大大提高，并与组织中各项活动过程的联系更加密切。此时，培训与发展体系文化进入了发展阶段，主要表现为：

(1)将培训与人力资源的需求相结合。

(2)管理者认识到培训工作的重要性，培训管理有了明确的目标和职责。

(3)培训职责被视为胜任本职工作的重要途径。

(4)强调掌握培训与发展需求的重要性，有的放矢地实施培训。

(5)培训内容不断丰富，培训形式多种多样，激发员工参与培训的兴趣。

(6)培训按计划实施，强调了培训的系统性。

(7)注重对培训效果的评估和信息的收集整理工作。

(8)注重对培训资源的整合和利用。

(9)饭店绝大多数人有接受培训和实习的机会，并有个人职业生涯发展规划。

3. 成熟阶段

这一阶段，培训及员工发展是一个完全连续的过程，它与饭店战略目标和员工个人发展需求紧密结合，从重视技能培训转向重视发展培训。部门经理承担起培训与发展职能，培训部管理者也肩负着更多的职能，他们既是管理者、咨询者、顾问，又是培训者、创新者和学习专家。

培训与发展体系文化成熟的主要表现是：

(1)培训与发展规划强调饭店经营管理战略与员工个人发展需求紧密结合。

(2)培训工作是饭店管理者的重要职责,管理者重视员工个人职业生涯规划并帮助员工实现这一规划。

(3)培训者的职能范围扩大。

(4)培训与发展规划与人力资源规划相结合,强调培训的系统性、全面性和成长性。

(5)培训与发展已成为有效的激励手段,员工可根据个人需求灵活选择培训项目。

(6)培训与发展信息日渐完善,培训资源社会化。

(7)建立了完善的培训与发展档案管理系统。

(8)培训与发展结果已成为个人发展评估的重要依据。

(9)注重培训与发展成本与饭店经营效益的关系。

(10)将培训与发展作为饭店与员工共同发展的有效途径。

饭店为员工创造良好的成长和发展环境,根据员工个人的特点,将员工个人的发展期望与饭店的发展方向相结合,通过系列培训,使员工的潜能得到充分的开发,不断地增强员工的竞争力,饭店利润持续增长。

三、培训部经理在不同发展阶段的作用

培训部经理的角色与饭店的培训与发展体系有密切关系,不同的发展阶段,培训部经理所承担的角色不同。

1. 淡薄阶段

在此阶段中,培训被认为是培训部的职责,培训是被动的工作,因此培训部经理只是一名培训的实施者。

2. 发展阶段

培训工作开始受到饭店决策者的重视,培训部经理的地位不断提高。培训部经理既是培训的实施者和管理者,又是培训战略的促进者。

3. 成熟阶段

培训部经理逐步从培训事务性工作转入到培训与发展体系战略管理,此时,培训部经理的角色已转变为培训与发展战略的促进者、创新者和顾问。

第二章

建立饭店培训与发展体系

随着饭店管理水平和管理者素质的提高，人们的管理观念发生了较大的转变，逐渐认识到人才是饭店经营成功的关键，饭店如能拥有一支服务技能优秀、价值观与行为标准符合饭店战略目标、素质良好的员工队伍，就能提高其在本职岗位上的工作效率。只有不断地培训和开发饭店的人力资源，才能保证饭店拥有一批掌握本领域内最先进服务技能，并在实践中不断创新的核心服务人员和管理人员队伍。正如丰田公司前总裁石田退三所说："世事在于人……任何事业，任何工作，要想大力发展就要打下坚实基础，而最要紧的一条就是造就人才。"饭店通过对员工进行系统的发展培训，可以使员工不断达到更高的工作标准，使服务质量得到充分保证。建立健全培训与发展体系是饭店发展战略中的重要环节，是提高饭店经济效益、保持持久竞争力的关键因素。

第一节　饭店培训与发展体系的建立

一、建立培训与发展体系的重要性

建立饭店培训与发展体系不仅对饭店重要，对部门重要，对员工也很重要。其重要性主要表现在以下几方面：

（一）建立培训与发展体系对饭店的重要性

1. 提高人力资源的素质，帮助员工适应变化

顾客在变化、需求在变化、环境在变化……在变化的世界中，人们常常心怀忧虑，因为人们习惯了既定的生活方式和工作方法。培训与发展体系可以系统地、有计划地帮助员工提高素质，适应各种变化，使员工的潜能不断地被发掘并得到合理、充分的利用。

2. 不断提高饭店的竞争力,增加饭店的生产能力或降低成本

在新经济时代,人才是竞争力的重要资产,饭店培训与发展体系可以通过系统的、有计划的培训使员工掌握更多的技能,减少成本,增加利润,不断地提升企业的竞争力。

3. 激励员工,稳定队伍,使员工和饭店达到双赢

培训与发展体系是饭店战略规划中的一部分,是让员工在知识、技能、态度、行为等方面不断取得进步,为员工未来发展、体现自身价值创造成长环境。当员工的能力不断提高时,饭店的经济效益和社会效益也会不断提高,达到员工和饭店双赢的目的。

4. 增强质量意识、客户意识,促进标准化管理

质量的保障是以员工有没有质量意识为前提的,培训与发展体系的建立有助于建立和贯彻质量管理制度,有助于提高员工对产品质量和服务质量的鉴定水平,保证员工按照同样的程序和标准进行工作。当工作程序和标准被改变和提高时,培训可以保证工作标准的连续性,以持续满足客户日益变化的需求,使客我关系更加融洽。

(二)建立培训与发展体系对部门的重要性

1. 促进团队成员之间的信息交流

有计划的、系统的培训课程和员工发展规划,将会促进部门与部门间员工的沟通和理解,为他们的观点、经验和信息提供一个交流的平台,加强彼此的认同感,学习解决问题的新方法。

2. 促进团队成员学会自我表现

培训与发展体系给员工创造了学习的机会,也给他们创造了自我表现的机会。通过培训,激励员工参与学习和探讨解决工作中实际问题的方法,通过互动式的学习方式,激发他们的想象力、创造力和表现力,使他们的观点、能力尽快地被管理者认知,引起管理者的重视和团队成员的认可。

3. 促进团队成员的思想交流,激发创新思维

培训与发展体系为激发团队成员产生新思想和新思维提供了广泛的发展空间,通过对创新思维和建议的培训与实践工作,引导团队成员重视创新,并敢于进行交流和应用,在创新中得到发展。

(三)建立培训与发展体系对员工的重要性

1. 员工得到充分的激励

培训与发展体系的实施将扩大员工看问题的视角,增强分析问题和解决问题的能力及效率,使员工在自信心不断提高的过程中知道自己在组织中的作用,

利用每一次机会来表现自己,并得到充分的激励。

2. 提高员工的学习能力,增强个人竞争力

现在是知识经济时代,知识、技能的折旧越来越快。建立培训与发展体系的目的是使员工的知识和技能不断地更新和提高,增强员工的学习能力,鼓励他们向新的领域发展,从单一型专业人才向复合型人才转变,成为饭店及市场需要的多面手,增强员工的竞争力。

二、建立饭店培训与发展体系的原则

建立饭店培训与发展体系是为了实现饭店的战略目标,增强饭店的竞争力和创新力,符合饭店可持续性发展的需要。创建这一体系的基本原则是:

1. 以饭店的战略目标为原则

根据饭店战略规划和人力资源发展规划,部署切合实际的、可持续性发展的、高效率的培训与发展体系战略。

2. 以全员发展和重点培养为原则

培训与发展体系的建立要有助于提高全员整体素质,为饭店的快速发展打下扎实的基础。该体系要明确饭店的核心需求,准确预测饭店发展对重点人才的需求及要求,提前做好重点人才的选拔和培养。

3. 以多层次、全方位的培训为原则

根据组织和个人在不同时期的不同需求,设计不同的课程和培训方式,构建多层次、多渠道、全方位的培训与发展体系。做到针对性强,渠道广,使培训的效益最大化,达到全员受益、饭店受益的目的。

4. 以饭店的需要和员工的自我发展为原则

培训的目的是为了实现饭店的发展战略目标,满足员工个人职业生涯发展规划的需求。通过培训与发展体系的建立,将员工个人发展纳入到饭店发展的规划中;通过参加不同层次和种类的培训,员工的能力得以不断提高,使培训成为实现员工个人职业生涯发展的重要措施之一。

三、建立饭店培训与发展体系的目的

1. 理论联系实际,讲求实效,学有所用

培训与发展体系要有针对性和指导性,要解决工作中的实际问题,要与受训人的素质、知识结构、年龄、职务等特点相结合,做到理论联系实际,学有所用。

2. 系统培训与发展培训相结合

系统培训的原则是有计划、有步骤、循序渐进地对饭店全体员工实施系统培

训，达到胜任本岗位职责要求的目的。发展培训的原则是对饭店的业务骨干、核心人员实施规划培训，将个人发展与饭店发展相结合，将系统培训和发展培训相结合，使培训适应未来发展的需要。

3. 激励员工

将培训与提升、奖惩、工资福利、评估相结合，使受训者得到充分的激励。将培训作为员工个人发展与饭店发展不可或缺的一项重要内容，使培训越来越受到饭店管理者的重视和员工的喜爱。

4. 督促管理者将培训视为对人的一项投资

培训是饭店对人的一项投资，饭店要认真规划和管理这项投资，使培训与发展体系的建立更适合投资的要求，使这项投资达到持续性保值和不断增值的目的。

四、建立饭店培训与发展体系的注意事项

建立培训与发展体系应做到有利于饭店战略规划的实现，有利于竞争能力的提高，有利于效益的增长，有利于可持续发展。建立这一体系应注意下列事项：

1. 注意更新员工知识和技能

为了更好地适应饭店的发展，员工要不断地更新知识和技能。培训与发展体系的建立应有助于员工拓展与其工作和发展相关的知识面，掌握更高的技能，使员工的综合素质不断地提高。

2. 注意改变态度和行为

工作态度是饭店文化建设的重点内容。培训与发展体系的建立要能促使员工认同饭店的文化和价值观，主动、积极地学习，不断完善自我。行为在某种程度上代表着饭店的形象，通过一定行为准则的培训与塑造，使员工的态度和行为符合饭店发展的需要。

3. 注意开发员工潜能和发展能力

随着时代的发展，员工知识和技能的折旧速度加快。建立饭店培训与发展体系时，应注重员工能力的提升和潜能的逐步开发，为员工的成长提供必要的条件。

4. 注意传递信息和利用资源

饭店的发展需要多方面的信息和资源，培训与发展体系的建立应注重对资源的合理利用，及时、有效地传播信息。

第二节　饭店培训与发展体系框架内容

建立饭店培训与发展体系框架，首先要明确培训、发展和教育的概念，使培训管理者能够正确区分培训、发展和教育之间的关系，在培训管理中将培训、发展和教育这三种形式有机地结合起来，正确运用到饭店的培训工作中，使饭店的培训与发展体系框架更适合成人学习的特点，满足组织目标的要求。

安东尼·M.戈兰特对培训是这样解释的："培训是一个相互协调的、以解决问题为核心的、面向结果的系统的过程，在这个过程中，培训人员帮助来自于普通人群中的个人提高工作绩效，学习人生经验，促进自我学习和个人成长。"培训是短期内有成效的干预行为，是非学历教育。

发展是一个较为复杂的过程，它包括个体通过工作实践，并参加企业为员工设计、安排的一系列培训，来满足未来工作的需求。发展是较长一段时间的培训与培养，是员工自愿参与的行为，发展的终极目标是要实现个人发展与组织永续的和谐统一。

教育是在学校里进行的有组织的正式学习过程，是学历教育，它偏重于基础性和理论性教育，通常是在政府的监管下进行的。学历教育是培训与发展的基础，是培训与发展对文化起点的要求。

饭店培训与发展体系的建立应结合饭店资源优势、员工配置特点、饭店未来发展需求、培训项目等因素，运用培训、发展和教育这三种形式，将培训活动与饭店战略目标紧密结合，使培训和发展有助于完成饭店的总体发展战略。

饭店培训与发展体系框架的主要内容有：

1. 建立培训组织

建立培训组织是保证培训与发展体系建立和实施的第一步，体现饭店决策者对培训工作的重视程度，决定了培训在饭店管理中的地位和作用，也决定了培训管理者工作的难易程度。

2. 制定培训战略和培训政策

饭店培训战略和培训政策的制定是建立在培训组织的地位和作用已经确定的基础上的。培训战略和培训政策是保证饭店培训与发展计划顺利实施的纲领性文件，必须得到饭店上下的一致配合和支持。培训组织有足够的权限调动和使用饭店资源，从而保证培训战略和培训政策的有效性、严肃性和实用性。

3. 建立饭店三级训导师培训体系

三级训导师培训体系是饭店培训与发展体系实施的重要保证。饭店如果没有组建三级训导师队伍，没有建立完善的训导师管理方法，培训与发展体系只能是不完整、不可实施的空头文件，饭店的培训与发展计划将难以实施和落实。

4. 建立饭店培训课程体系

饭店培训课程体系是以不同层级和不同职能的培训为基础而建立的。不同层级的培训是指对经营管理的各层级如决策层、管理层、督导层和基层进行的培训。不同职能的培训是指对经营管理的各职能如营销、财务、人力资源、工程、餐饮、客房、前厅等部门的从业人员进行的培训。各层级的培训是组织中的纵向培训，不同职能的培训是组织中的横向培训。培训课程体系的建立是一项具体而又细致的工作，是关系到饭店整体培训计划能否成功实施的关键，也是饭店人力资源开发战略的重要内容之一。饭店培训课程体系分为系统培训课程体系和发展培训课程体系。

5. 制订饭店培训计划

培训计划是根据饭店中、长期发展目标，结合饭店近期工作目标，对培训需求进行预测和评估后制订的培训方案。培训计划的制订是一项系统工程，它包括系统培训课程和发展培训课程两个体系。从确定培训目标、明确培训内容、确定培训范围、选择培训方式、确定培训时间、明确培训组织管理、调整培训计划等方面进行设计和管理。

6. 培训实施与控制

培训实施是在选聘合格的训导师、选择恰当的学习原则和培训方法的基础上，具体开展培训的过程。培训控制是培训实施过程的一种管理手段，培训控制注重培训的跟进和监督工作，以便于及时纠正培训中出现的问题，保证培训目标和培训投资达到预期效果。

7. 评估培训效果

培训效果评估是依据组织目标和培训需求，运用科学的理论、方法和程序从培训项目中收集数据，从培训制度、培训过程、培训计划和培训费用支出等方面综合分析、评定培训效果，以明确培训的价值，检验培训的质量。培训效果评估既是培训活动中的最后一个环节，也是下一个培训活动的开始；既考核培训活动的实际效果，也为下一个培训活动的开展积累经验。

8. 培训费用预算及管理

培训是一项投资，是需要计划和管理的。饭店培训管理者要协助饭店制定一套能使培训投资得到有效收回的培训政策。培训管理者要掌握培训费用预算编制的正确方法，合理设计能够让饭店决策者接受的培训预算。培训预算应准确、有效，尽量减少预算执行中的偏差。对已经通过的培训预算，要百分之百地严格按照培训项目投放和使用。上级管理部门应加强对预算培训项目的监控，避免随意而施、随心而动的无效投资，使培训费用预算达到以适当的投入获得最大回报的目的。

9. 培训资源配置

培训资源的合理配置和利用是预算管理的重要内容。饭店的培训资源包括内部资源和外部资源、即期资源和远期资源。培训管理者要系统规划、综合开发各类培训资源，并对培训资源进行有效管理，确保饭店更合理地进行费用投入和人力资源开发。

第三章

饭店培训组织

组织管理系统的创始人巴克斯先生说:“领导的职责就在于成功地设计一种组织并委派最恰当的人选,力求按照组织原则促使大家去达到目标。”组织机构是表现组织各部分排列顺序、空间位置、控制环节、各岗位之间相互关系的一种模式。组织机构描述了饭店内每一个岗位的职责,员工在饭店组织内的位置,并规定了沟通的方式。饭店组织机构是根据饭店规模、客源、服务要求、岗位职责、授权范围、管理系统、饭店文化等多重因素而设置的。组织机构关系有的是平行的,有的是垂直的,既是分工协作关系又是领导和隶属关系。它们是一个有机的统一体,是提高管理效率的组织保证。

饭店组织中的岗位近300种,这些岗位按照各自的性质一般分为以下几个类型:

专业岗位:指从事各类专业技术工作的岗位,如工程师、会计师、食品检验员等。

执行岗位:指根据领导的安排执行自己任务的员工。

督导岗位:指监督、指导某项工作的督导人员。

管理岗位:指管理一个或多个部门的经理人员。

决策岗位:指饭店高级管理层,如董事长、总经理、副总经理等。

饭店中的培训组织一般称为“培训部”或“训导部”(training department)。大型饭店或管理集团中的培训组织一般称为培训中心(training center)。还有一部分中小型饭店只设立培训专职人员或在人力资源部某个岗位中附带一项培训职能,如调配主管兼培训主管。

第一节 饭店培训组织的设置

一、设置培训组织机构的依据和应遵循的原则

（一）培训组织机构的设置原则

1. 职权明确，层次分明

设置培训机构应遵循职权明确、层次分明的原则，确定每一层次人员的岗位职责，并授予完成这一职责的管理权限。根据各个工作环节的关系，确定每个层次的人员配置，做到少而精，避免人浮于事、因人设岗。

2. 管理幅度合理，统一指挥

编制培训组织机构要考虑管理幅度，即一名管理者及督导能管理的合适人数。管理幅度与饭店的规模、管理者的素质和能力、管理者的技能和经验等有直接关系。如果管理幅度设计不合理，将会出现管理的空白点或越权管理的现象。管理幅度适宜可以避免多头领导，不至于让下属无所适从。

3. 信息畅通，提高工作效率

管理的艺术在于驾驭信息。培训部组织机构的设置要有助于保证各项信息准确、及时地流通，这对提高管理效率有十分重要的作用。

（二）培训组织机构的设置依据

饭店与饭店之间的培训组织设置是有一定差异的，设置饭店培训组织机构时应考虑以下因素：

1. 培训组织在饭店管理中的地位和作用

培训组织是推动饭店文化建设，促进饭店战略实施和效益提升的管理部门；是促进饭店形成核心竞争力，超前培养所需人力资源，为员工个人发展提供机会和空间的实施部门；是评估培训效果、提升服务质量的督导部门。建立培训组织的作用是促使全体员工对饭店的经营战略目标达成共识，让组织时刻掌握员工的职业教育和培训发展需求，规范员工个人的培训发展规划及实施方案，对比分析培训投资与实际效益，不断提高培训效益，为饭店和个人的共同发展创造条件。

饭店培训组织的地位和作用通常是根据人力资源管理战略水平而定的。如果饭店的人力资源管理仍停留在人事管理向人力资源管理的转变阶段，培训将不会受到管理者的重视，培训组织处于可有可无的状态；当人力资源管理向战略人力资源管理转变时，饭店会将员工培训与发展作为人力资源开发的重要内容，培训组织将受到空前的重视。

2. 饭店的规模和经营方式决定了培训组织的设置形式

饭店的规模和市场目标决定了饭店的经营方式和服务等级，也决定了对从业人员的素质和技能要求。

大中型饭店、豪华饭店员工数量多，岗位种类多，服务标准高，人员流动频繁，培训任务重，这样的饭店一般都设有独立的培训管理部门。小型、普通饭店员工数量不多，服务标准不高，人员流动缓慢，一般不设立单独的培训管理部门，培训工作只作为某个岗位的一项职能。

二、饭店培训组织的设置模式

培训组织承担的职责不同，饭店培训组织的设置模式也不同。主要设置模式有以下几种：

（一）集团培训中心、教育发展中心或大学

大型的饭店管理集团根据其业务发展的需要、培训需求的多样性以及培训工作面临的挑战等因素成立了培训中心，有的还成立了大学，如假日集团的假日大学等。集团将培训作为一个独立的机构进行运作和管理，由培训中心统筹安排集团所有的教育培训活动及人力资源发展规划。该模式采取独立经营、自负盈亏的经营管理方式，将教育和培训拓展到外延性经营，为集团外部的饭店提供教育发展等方面的服务。集团培训中心或大学既担负着课程设计和开发工作以及教材的选择和开发工作，还要为饭店的各个部门、客户、合作伙伴、员工、管理者提供源源不断的课程。

培训中心或大学的组织形式较为庞大，主要形式有：

1. 集团培训中心或教育发展中心组织机构形式

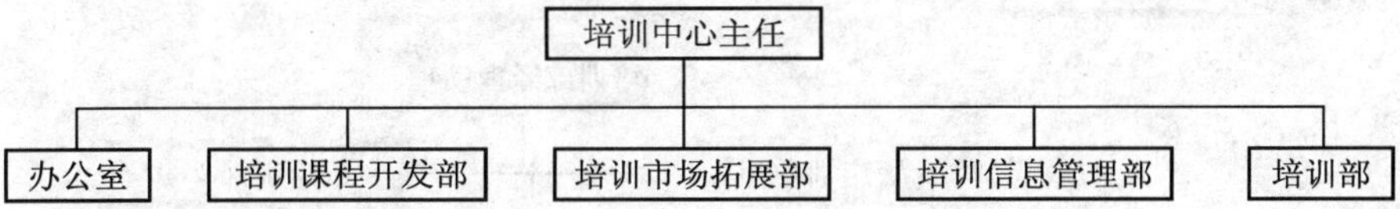

2. 集团大学组织机构形式

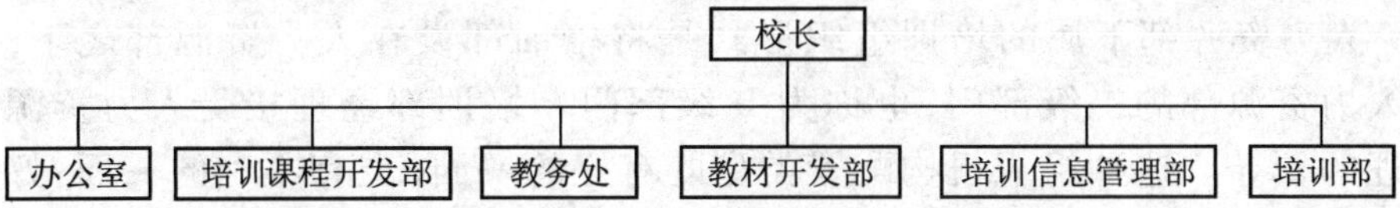

以上两种组织机构形式较为常见，其特点都是根据集团培训中心或大学的基本职能和教学管理要求而确定的。各部门的职责为：

(1)培训市场拓展部或教务处的主要职责是与集团中各个单位的人力资源开发部门保持密切的沟通与合作,定期分析组织现状与组织目标的差距,判断这些差距中有哪些可以通过培训的方式解决,以此来确定组织的培训需求,并为组织的发展提供咨询和培训方案。

(2)培训课程开发部在充分掌握培训需求的前提下,进行培训课程的设计、开发、改编或采购。培训部负责培训课程的实施、训导师的资格认证和管理、教材的采购和打印、教学设备的安排与管理、核心培训项目的管理等工作。

(3)教材开发部主要根据集团战略规划的重点和饭店经营管理形式,有目的、系统地开发适合本集团培训教材的工作。

(4)培训信息管理部负责培训信息的发布,培训课程的安排,学员培训登记、管理、评估和档案管理等工作,并负责全球网络培训课程和信息资源共享等方面的工作。

(二)饭店中的独立培训组织形式

独立形式的培训组织与饭店的人力资源部同处于一个管理层次,是密切合作的两个部门。人力资源部负责制定饭店人力资源发展战略、人才规划、员工个人职业生涯发展规划等;培训部以该规划为依据制订饭店培训计划,并负责实施,同时还要负责培训效果的评估和相关培训政策的制定等工作。由于两个部门是平行、平级部门,部门间的沟通协调就显得十分重要。大型饭店一般在两个部门之上设置一个领导职位进行组织协调工作。如图所示:

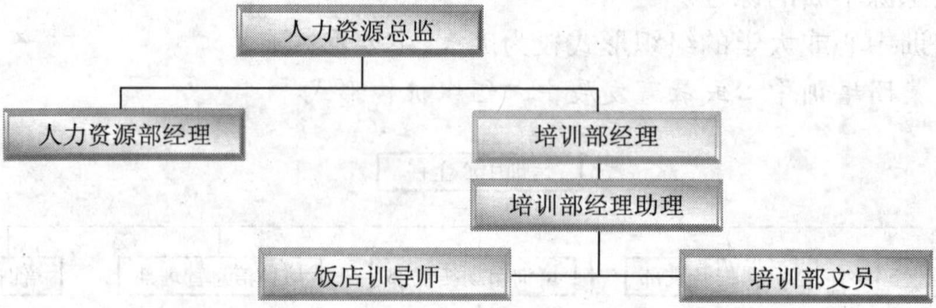

(三)饭店人力资源部下属的培训组织形式

人力资源部下属的培训组织形式是将培训部设在人力资源部之下,成为人力资源部的二级部门,也称为 B 级部门。培训部经理接受人力资源部经理的领导。这种组织机构配置类型既有好的一面,也有不利的一面:好的方面是有利于形成一个协调、统一的培训组织,增强培训效果评估和培训政策制定及执行的力度;不利的方面是培训在饭店中的战略地位没有得到充分体现，培训只是人力资源部工作的一部分，培训的连续性和培训的保障工作将受到很大的制约。

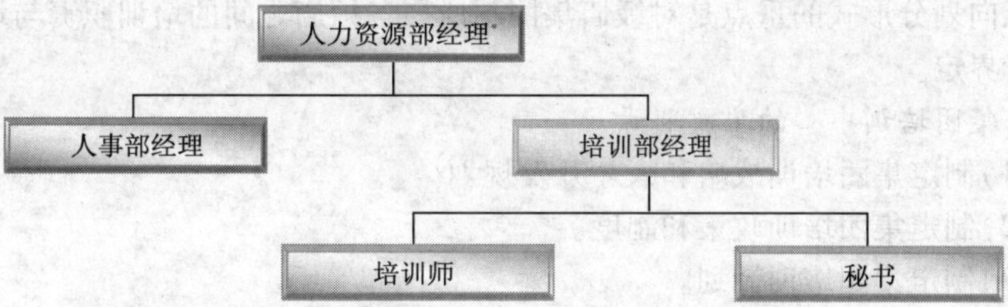

（四）饭店中的培训专职形式

小型的普通饭店员工数量不多，培训任务较轻，一般不需要设置专门的培训机构。培训工作通常是由培训专职完成或作为某个岗位的一项职责。如下图中行政人事部的人事主管一职，除了具体负责饭店的人事工作外，还承担人员培训职责。

还有一种形式是在人力资源部之下设置培训主管，承担饭店的培训工作，这种设置形式只能完成一般的入职培训工作。

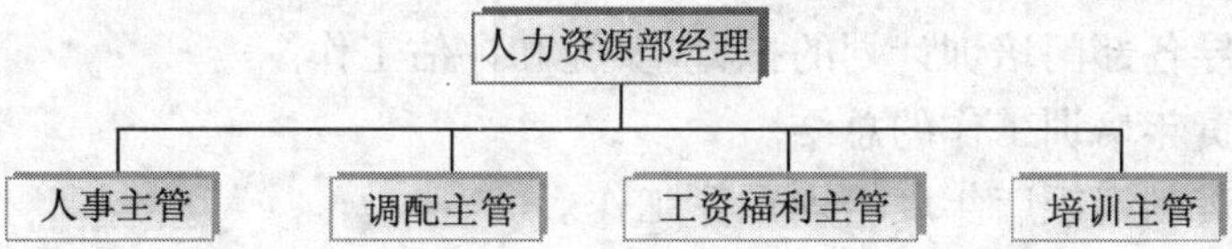

第二节　饭店培训组织的职责

一、饭店培训组织的职责划分

进行培训组织职责划分的前提是饭店所有中高层管理者应明确培训不仅仅是培训中心、人力资源部或培训部的职责，而是所有管理者的共同职责，是饭店所有部门的事情。不同的部门、不同层次的管理者承担着不同的培训职责。只有饭店所有管理者参与培训工作，培训才能得到有效的保证并达到预期的效果。

饭店培训职责的划分有以下几种形式：

(一) 纵向划分形式和职责

纵向划分形式的重点是对饭店集团与所属各饭店之间的培训职责与培训权利进行界定。

1. 集团培训中心的主要职责

(1)制定集团培训战略和人才开发规划。

(2)制定集团培训政策和制度。

(3)制定集团培训计划。

(4)制定集团培训效果评估标准。

(5)集团培训预算与管理。

(6)举办全集团共性培训课程和关键岗位管理课程培训。

(7)审批集团外派培训项目。

(8)负责建立集团培训信息管理系统和实施网络培训。

2. 各饭店培训部的主要职责

(1)根据集团的培训战略和人才开发规划，制定本饭店的培训战略和人才开发规划。

(2)制定本饭店培训政策和制度。

(3)根据集团培训计划制订本饭店培训计划。

(4)举办饭店内部的培训。

(5)评估饭店内部培训效果。

(6)督导各部门培训计划的拟订、实施和评估工作。

(7)负责年培训工作的总结。

(8)负责制定饭店年度培训预算工作。

(9)负责饭店训导师的选聘、培训和管理工作。

(9)负责通用性教材的编写和修改工作。

(10)负责建立培训信息管理系统。

(11)负责建立员工培训档案。

(12)负责集团培训计划的落实和沟通协调工作。

(二) 横向划分形式和职责

横向划分形式是各部门之间培训职责的划分，侧重于人力资源部或培训部与各部门之间协作关系的确立和培训实施过程中横向分工关系的建立。

部门之间的培训职责是：

(1)根据饭店的培训战略，负责制订本部门年度培训计划和呈报工作。

(2)负责本部门专业培训规范的制定和修改工作。

(3)负责本部门专业培训教材的编写和修改工作。

(4)负责本部门专业培训课程的实施、评估和培训成果转化工作。

(5)负责培训结束后的实操指导和服务质量监督工作。

(6)负责训导师的推荐工作。

(7)负责建立本部门培训信息管理系统。

(三)培训者之间的培训职责划分

培训者指的是饭店的各级训导师。总经理是总训导师,人力资源部经理或培训部经理是执行训导师,部门经理是训导师,各级主管是分部门训导师。这些人应是不同层级的合格训导师,能够履行各层次的培训职能,充分发挥培训在饭店发展战略和经营管理中的作用。

各级训导师的职责请见本章的相关内容。

二、培训部工作流程

培训部的工作流程主要分为以下几个方面:

1. 收集并分析培训信息

培训工作的第一步是进行培训需求信息的收集,并将收集到的信息进行分析。需要收集的信息主要有:

(1)饭店战略发展规划。

(2)饭店客源市场及经营业绩。

(3)饭店人力资源开发与管理规划。

(4)部门员工现状及相关管理制度等。

收集到信息后,要运用合适的方法对上述信息进行分析。

2. 制订培训计划

培训计划分为长期培训计划、中期培训计划、短期培训计划和单项培训计划。培训计划主要包括:

(1)确定培训目标和培训内容。

(2)完成培训实施方案。

(3)确定培训对象。

(4)选择培训时间。

(5)确定培训方式。

(6)编制培训预算。

(7)制订培训与发展进度。

(8)确定培训实施评估标准。

3. 组织实施培训

培训实施是一套组织工作系统，是保证培训实施有效和成功的关键，具体工作有：

(1)确定培训实施者和组织者的责任。

(2)制订培训课程实施方案。

(3)选择训导师。

(4)培训资料的选择、编写和确定。

(5)确定培训时间和地点。

(6)实施培训课程。

(7)培训考核。

4. 评估培训效果

培训评估是为了评价培训的全过程，发现培训工作中的问题，及时采取纠偏措施，为今后培训工作的完善提供依据。

(1)明确评估标准。

(2)收集培训评估资料。

(3)测评培训的实际情况。

(4)将实际情况与现实情况进行比较评估。

(5)总结培训差距，制订纠偏方案。

(6)反馈评估效果。

5. 实现培训效果转化

培训效果转化是将培训中所学到的知识、技能、态度等持续地运用到工作过程中。这一过程越长、越持久，转化的效果就越好。

(1)制定培训转化制度，强化部门在培训转化工作中的重要作用和责任。

(2)制订分阶段评估方案，使培训效果转化工作更有成效、更持久。

(3)随时指导、支持受训者做好培训转化工作，跟踪培训效果转化工作进程，做好信息反馈工作。

三、培训部各岗位职责与任职条件

岗位职责用来规定某一具体岗位承担者必须完成的任务及胜任这一岗位所需要的能力和经验等。不同规模和类型的饭店，岗位职责差异较大。制订岗位职责时要做到量体裁衣，适合本饭店工作的具体需要。岗位职责要随着工作任务的改变及时得到修订。

每个岗位都要有本岗位职责说明书，使员工在接受这一岗位工作时明晰自己的责任、任务、权利和承担这项工作应具备的条件。岗位职责说明书也是管理者评估各岗位工作的具体标准。

任职条件是用来规定胜任某一岗位或职务所需要的能力要求。它一般包括以下几项内容：

(1)基本素质：主要规定胜任某岗位的基本素质要求。

(2)文化程度：在饭店中任职，一般要求文化程度为高中以上，不同的级别有不同的文化程度要求。

(3)语言文字能力：根据岗位要求，确定语言种类及熟练程度，并对文字表达能力提出明确的要求。

(4)专业知识：不同的岗位应有不同标准的专业知识和技能要求。

(5)工作经验或经历：根据岗位职责要求，明确规定所需工作经验和经历的具体年限。

(6)其他要求：该项为变动要求。根据岗位不同、职务不同，要求任职员工具备除上述五项必备能力之外的附加能力，如：熟知政策法规知识、通晓管理知识、有组织协调能力、有决策能力、有社会活动能力、有营销能力等。

培训部经理岗位职责及任职条件

直接上级：主管副总经理或人力资源总监

直接下级：经理助理或训导师

(一)岗位职责

1. 建立饭店培训体系、促进饭店经营管理战略实施的职责

(1)负责确定饭店的培训战略和培训目标。

(2)负责建立饭店的培训文化并推动其发展。

(3)负责为部门培训提供支援。

(4)负责建立开放式的培训信息系统。

(5)负责开发并合理利用培训资源。

(6)负责建立饭店的培训体系。

(7)负责建立并管理培训组织。

(8)负责制订培训政策和管理制度。

(9)负责开发超前的培训供应系统。

(10)负责组织培训评估。

2. 组织、落实饭店的培训计划

(1)负责实施培训需求调查。

(2)负责制订饭店整体培训计划。

(3)负责组织培训计划的实施。

(4)负责全面评估培训效果。

(5)负责配合训导师实施培训课程。

(6)负责合理使用和分配培训资源。

(7)负责提供和收集培训信息。

(8)负责编制培训预算。

3. 实施培训

(1)负责培训需求分析,制订培训课程。

(2)负责培训课程及培训技术的开发。

(3)监督、配合培训课程的实施。

(4)负责教授部分培训课程。

(5)配合对受训者的管理工作。

(6)实施培训管理和咨询工作。

此外,培训部经理还要负责指导培训成果转化工作,重视各种反馈信息,主动到部门或工作岗位了解情况。掌握饭店人才需求,用专业的培训系统和独特的教育方法,为饭店培养人才和留住人才。

(二)任职条件

(1)基本素质:工作认真,顾全大局,关注客人,善于沟通,勇于创新,讲求效率,有较强的事业心。

(2)自然条件:身心健康,仪表端庄,有较高的职业道德素养及吃苦耐劳的精神。

(3)文化程度:具有大学以上学历。

(4)语言能力:有较强的口头和文字表达能力,能用一门外语与客人交谈,并进行教学。

(5)工作经验:有3年以上培训、服务质量管理经验,有扎实的培训、服务质量管理及相关岗位工作经验,经过系统的饭店专业知识和技能培训,具备娴熟的待客技巧,能熟练应用饭店电脑管理软件和办公自动化设备进行文字处理、编辑、统计和分析工作。

(6)特殊要求:熟悉饭店管理基本知识,了解饭店主要客源国概况,通晓合同法、消费者权益保护法、治安管理条例、饭店管理法规及消防安全管理条例。熟练掌握培训的方法和培训技巧并能在工作中灵活运用。有较强的沟通协调能力、组织管理能力和知识讲解与传授能力。

训导师的岗位职责和任职条件

直接上级:培训部经理

(一)岗位职责

(1)协助部门经理完成新员工岗前培训工作。组织做好各类专题培训工作。负责各项培训的总结工作,并及时呈报部门经理。

(2)根据培训内容负责编写、购买、复印培训教材。负责培训设备的配置和管理工作,保证培训设备安全、有效。

(3)负责制订培训项目实施计划,以保证每项培训工作的顺利实施。

(4)协助饭店各部门实施培训活动,对各部门训导师的培训工作进行指导和评估。

(5)定期到各部门调查部门的培训需求,检查培训效果,督导部门完成月、季、年度培训计划。

(6)负责编写、出版培训专刊或专栏,做好培训宣传工作。

(7)负责对受训者的管理和评估工作。

(8)负责饭店服务质量的检查工作,及时将发现的服务质量问题和改进建议向部门经理汇报。

(9)负责服务质量案例的收集和总结工作,并对典型的、具有代表性的案例进行专题案例分析。

(10)完成部门经理交给的其他工作。

(二)任职条件

(1)基本素质:工作认真,顾全大局,关注客人,善于沟通,勇于创新,讲求效率,有较强的事业心。

(2)自然条件:身心健康,仪表端庄,有较高的职业道德素养及吃苦耐劳的精神。

(3)文化程度:具有大学以上学历。

(4)语言能力:有较强的口头和文字表达能力,能起草、编写培训质检教材和资料,有较强的专业外语基础和应用能力。

(5)工作经验:有3年以上饭店工作经验,掌握饭店各部门的业务和工作质量标准,熟悉培训计划的制订工作,有较强的知识传授能力和授课能力,具备娴熟的待客技巧,能熟练操作饭店电脑管理软件,会使用教学设备。

(6)特殊要求:熟悉饭店管理的基本知识,了解主要客源国概况,掌握合同法、消费者权益保护法、治安管理条例、饭店管理法规及消防安全管理条例,熟练掌握培训的方法和培训技巧并能在工作中灵活运用,有较强的沟通协调能力和业务实施能力,受过业务教育方面的专业培训。

培训部文员的岗位职责和任职条件

直接上级:培训部经理

(一)岗位职责

(1)负责整理培训资料和培训教室的管理工作。

(2)协助编写、制作饭店岗前培训教材。

(3)负责培训部各项课程的实施工作。

(4)负责部门内部文字打印、考勤和培训档案管理工作。

(5)负责协调各部门的培训工作。

(6)协助本部门训导师完成各项培训工作。

(7)完成部门经理交给的其他工作。

(二)任职条件

(1)基本素质:工作认真,顾全大局,关注客人,善于沟通,讲求效率,有事业心。

(2)自然条件:身心健康,仪表端庄,有较高的职业道德素养及吃苦耐劳的精神。

(3)文化程度:具有中专以上或同等学力。

(4)语言能力:有较强的口头和文字表达能力,具有较好的外语水平和专业知识。

(5)工作经验:有3年以上饭店工作经验,掌握培训质检工作的程序、标准和要求,具备熟练的待客技巧,能熟练操作饭店电脑管理软件及教学设备。

(6)其他要求:熟悉饭店服务的基本知识,具有起草文件和报告的能力,能熟练制作各类报表,有较强的沟通能力。

四、培训部经理的角色

作为饭店的培训部经理，没有一个完全的职业标准模式和职业角色模式。其角色定位是随着饭店培训文化的发展而发展，随着饭店各因素的变化而变化的。它受下列诸多因素的制约：如饭店对管理者职责确定的范畴，对人力资源发展规划的重视程度，对培训功能设计、实施和评估所要求的专业化程度，对组织需求与个人发展需求分析和评价的主动参与程度等。

由于饭店对培训工作的重要性认识在不断深化，培训部经理这一岗位越来越受到决策层的重视，对培训部经理的任职要求日渐规范和提高。

培训部经理应掌握足够深度和广度的核心知识和技能，如培训理论、培训技巧、饭店专业知识和技能等，还要有较强的分析能力、沟通能力和学习能力。培训部经理作为传授知识、技能和态度的人必须接受高层次的教育、创造性的教育、实践性的教育、新颖性教育及系列化教育，才能胜任各种角色。

培训部经理的主要角色有：

1. 培训管理者

作为管理者，培训部经理已经开始脱离培训的事务性工作，在保证饭店培训目标实现的前提下，担负起制订培训计划、配置并获得培训资源、监督培训标准执行、控制培训预算、评估培训效果的任务。

2. 培训提供者

作为培训提供者，培训部经理要随时掌握饭店的培训需求，设计、实施和发展培训计划，提供满足培训需求的多层次、全方位的培训课程。作为培训的提供者，要亲自把好每一项培训活动和每一道工作程序的关，保证培训的有效实施。

3. 执行训导师

培训部经理是饭店中的执行训导师，这一角色要求培训部经理具备较强的学习能力、激励能力以及传授知识、技能和信息的能力，为受训者提供适应性课程。在此基础上，选择和使用具体的学习方法，实施教学工作。执行训导师还应具备较强的培训课程及培训形式的开发能力，并能进行培训的咨询工作。

4. 指导员

指导员是某一具体领域内的专家，他与同一领域内资历较浅的实践者一起工作，帮助他们获得知识、技能和经验，关注下属个人发展，随时提供建议，帮助员工不断发展。

5. 顾问

培训部经理有时还要承担顾问的角色。当饭店存在问题时，培训部经理首先要评估使用培训方式解决问题的可能性，认定培训的作用，调整培训计划，为部门实施培训提供支援，推动组织文化的发展。

6. 创新者

培训部经理还要担当创新者的角色，当好饭店决策者的战略促进者。作为创新者，要根据饭店发展战略目标，随时掌握市场及外部环境变化，预测饭店未来发展趋势，为饭店遇到的各种问题出谋划策，及时调整和更新培训战略，教会管理者应对变化了的形势，对员工的发展提供新思路。

7. 学习专家

培训部经理又是学习专家，他应该具有全面、扎实的饭店管理知识和专业知识，能运用各种激励手段和监督措施，选择合适的培训和管理方法，指导受训者高效率、高质量地完成个人学习计划。

第四章

饭店培训与发展体系战略及政策

目前,饭店的组织环境已经从平稳、确定的状态改变为不可预期和动态的状态,这是由新的市场环境所决定的,如全球化的竞争加剧、饭店对高科技技术的依赖越来越强、对服务质量的要求越来越高、消费者的成熟度不断提高等。这种变化引起了饭店文化的改变、组织要求的改变、工作内容和服务质量的更新和提高,使得饭店的培训与发展体系战略、培训与发展体系政策也在日新月异的改变中不断地变化和提高着。

第一节 饭店培训与发展体系战略

培训与发展体系的建立是一项价格昂贵的活动,它们既花费组织的资源又占用员工的时间,因此,选择最有价值的培训与发展体系战略是十分重要的。培训与发展体系战略是饭店对开展培训与发展工作所制定的全面性、方向性、根本性的谋略。培训与发展体系战略要根据饭店中长期发展规划和人力资源战略管理的绩效定位,承诺饭店在人力资源发展和培训方面的原则、立场和规范。通过培训与发展体系的建立,明确员工个人在企业中的受训和发展方向,增强员工的竞争力,帮助员工树立责任感和主人翁意识。

一、制定饭店培训与发展体系战略应遵循的原则

1. 满足学习目标的需求

满足学习目标是培训与发展体系战略中的关键因素,但是,学习目标的满足必须与饭店的培训与发展体系政策相协调,才能保证培训与发展体系战略与实现学习目标相吻合。

2. 满足学与用的转化过程

学与用是需要一段时间的转化过程的,脱产培训项目更是如此。在制定培

训与发展体系战略时，要减少或避免制定学用转化时间长或转化能力差的战略，采用转化时间短、转化能力强的战略。

3. 满足受训者的需求

培训与发展体系战略的制定要得到饭店上下级人员的全力支持，保证培训能够在工作岗位上迅速发挥作用，帮助每一位组织成员很好地走完各自的职业发展道路。

4. 满足培训资源的需求

在制定培训与发展体系战略时要充分考虑培训资源的可用性，如时间、金钱、专家、教材、设备等。同时还要认真分析、评估这些资源是否具有促进培训成功的能力和在培训与发展方面的投资是否最具有效率。

5. 满足饭店发展战略的需求

制定培训与发展体系战略要能满足饭店发展战略需要，将人才获得、人才培养、人才开发、人才使用纳入到培训与发展战略中，做到在饭店的不同发展阶段为饭店培养和输送各类合格人才。

二、培训与发展体系战略的主要内容

1. 总体目标

明确培训与发展体系的总目标是培训与发展战略的核心，是培训与发展工作实施的指导方针。总目标应以饭店中长期发展规划为依据，以人力资源发展规划为标准，在确定培训文化的基础上制定。

2. 培训组织发展体系

培训与发展体系战略的实施要依靠一支高效率的培训管理队伍。饭店培训组织发展体系的重点是建立三级训练指导员和训导师队伍，他们的职责是为各层级员工的发展创造条件、指明方向，并提供直接的指导与培训。培训组织发展体系是实现饭店管理目标的重要手段。

3. 培训与发展管理体系

培训与发展管理体系的核心是要建立一套切实可行的系统培训与发展培训体系，该体系应将饭店发展目标与员工个人职业生涯发展规划相结合，通过系统培训和发展培训，建立饭店人才培养梯队，使员工的潜能得到充分的开发，员工的竞争力不断地增强。

4. 员工素质能力达标体系

饭店培训与发展管理部门应根据岗位职责和任职标准，结合饭店未来发展需要，制订适合本饭店员工素质能力的达标体系。根据体系的要求制订完善的评估方案并进行素质评估，结合评估结果制订素质达标培训方案，使饭店员工的整体素质适应饭店发展的需要和时代变化的需要。

5. 员工职业生涯管理体系

员工职业生涯管理体系是人力资源管理和培训管理的重要组成部分，是企业与员工共同发展的奋斗目标。做好这项工作，对促进饭店组织的发展和员工个人职业生涯发展都有十分重要的意义。员工职业生涯管理体系包括职业潜能评估、职业分析和选择、职业目标设计和实施、培训提升职业潜能、职业实践管理等。员工职业生涯管理体系是由人力资源部和培训部共同来完成的。

第二节　饭店培训与发展体系政策

培训与发展体系政策是饭店为保证培训与发展工作的实施，保证培训取得预期效果，保证培训投资发挥最大效益而建立的一套完善、有效并具有权威性的培训与发展管理指导框架，是饭店人力资源管理政策的一种细化和补充。

培训与发展体系政策分为两部分，即培训与发展体系管理制度、培训与发展体系保障制度。

一、培训与发展体系管理制度

饭店应结合实际情况，经过全面、具体的分析后拟订各项培训与发展体系管理制度。为了保证该制度的权威性和有效性，饭店应成立培训与发展体系管理制度编写组，广泛征求饭店各层级人员的意见，制定出适合本饭店实际情况的、行之有效的培训与发展体系管理制度，并不断修改和完善，经过决策层审批后颁布实施。

培训与发展体系管理制度主要包括以下几方面的内容：

（一）培训学员管理制度

培训学员管理制度一般包括培训学员守则，培训学员考勤管理制度，培训学员违规、违纪处理制度，培训学员奖励制度，培训学员宿舍管理制度等。

培训学员考勤管理制度

1. 学员考勤管理由培训部负责。

2. 学员要按时参加培训，如因工作关系不能参加培训，应提前1天填写培训学员请假单，经本部门经理签字同意后，交培训部办公室审批。审批批准后交人力资源部备案并按考勤规定处理。如遇紧急情况不能按规定请假者，必须由部门打电话通知培训部，事后及时补办请假手续。

3. 凡请假时间超过培训课程时间1/3以上者，要按规定重新补修该课程。

4. 培训期间学员不得迟到、早退。凡迟到、早退次数累计超过四次者将视为不合格学员，按培训惩罚制度处理。

5. 学员因病请假，应持医生开具的假条填写请假单，经培训部审批后有效。病假超过 2 天者应重新补修该课程。

6. 自开课之日起，凡学员要请假的，应按培训请假程序执行。对违反请假规定的学员，一律按旷工处理。

7. 学员请假审批授权：

(1) 早退 2 小时以内，由训导师批准。

(2) 因工作请假的，由部门批准后上报培训部。

(3) 因个人私事请假的，由人力资源部或培训部审批。

(4) 部门经理级以上人员请假的，由总经理批准。

（二）培训档案管理制度

培训档案是饭店开发人力资源，对员工进行考核、提升、奖惩、深造、评估等管理活动的重要参考依据，也是评估培训管理工作的重要管理制度之一。

培训档案一般分为培训部工作档案、培训档案、受训者培训档案等类型。

1. 培训部工作档案

培训部工作档案主要包括：

(1) 培训部工作职责

(2) 培训工作管理文档（如已参加培训和未参加培训人员情况等）

(3) 培训设备设施档案

(4) 培训资料及音像资料档案

(5) 培训教材档案（如岗前培训教材、入职培训教材、提升培训教材、技术性专项培训教材、外语培训教材、礼仪培训教材等）

2. 培训档案

培训档案详细描述了以往的培训活动信息和培训记录，这些信息和记录为今后制订培训计划提供参考，为管理培训部和各部门的培训工作提供评估依据，为控制培训预算提供有效的数据。

培训档案主要包括：

(1) 培训部中长期培训计划

(2) 培训部年度培训计划

(3) 各部门培训计划

(4) 岗前培训计划

(5) 提升培训计划

(6) 专项技术培训计划

(7) 外语培训计划

(8) 礼仪培训计划

(9) 消防安全培训计划

(10) 脱产培训计划

(11) 考察培训计划

(12) 管理层培训计划

(13) 对外培训计划

(14) 员工交叉培训计划

3. 受训者培训档案

受训者培训档案可以细分为以下 6 种类型：

第一种：员工培训档案

(1)受训人基本状况，如学历、专业、工作年限、工作经验、现任岗位等。

(2)上岗培训情况，如参加过的培训课程、考评成绩、个人特长、喜欢从事的岗位等。

(3)员工参加系统培训的情况，如培训课程、培训时间、培训成绩、受训类型等。

(4)考核评估情况，如考核定级、领导评议、群众评议等。

员工培训档案

<table>
<tr><td>姓名</td><td></td><td>出生时间</td><td></td><td>入店日期</td><td></td></tr>
<tr><td>部门</td><td colspan="2"></td><td>原工作单位</td><td colspan="2"></td></tr>
<tr><td rowspan="6">学历</td><td>学校</td><td>学历</td><td>专业</td><td colspan="2">毕业日期</td></tr>
<tr><td>1.</td><td></td><td></td><td colspan="2"></td></tr>
<tr><td>2.</td><td></td><td></td><td colspan="2"></td></tr>
<tr><td>3.</td><td></td><td></td><td colspan="2"></td></tr>
<tr><td>4.</td><td></td><td></td><td colspan="2"></td></tr>
<tr><td>5.</td><td></td><td></td><td colspan="2"></td></tr>
<tr><td rowspan="8">内部培训</td><td>培训日期</td><td colspan="2">培训内容</td><td>培训时间</td><td>评估</td></tr>
<tr><td>1.</td><td colspan="2"></td><td></td><td></td></tr>
<tr><td>2.</td><td colspan="2"></td><td></td><td></td></tr>
<tr><td>3.</td><td colspan="2"></td><td></td><td></td></tr>
<tr><td>4.</td><td colspan="2"></td><td></td><td></td></tr>
<tr><td>5.</td><td colspan="2"></td><td></td><td></td></tr>
<tr><td>6.</td><td colspan="2"></td><td></td><td></td></tr>
<tr><td>7.</td><td colspan="2"></td><td></td><td></td></tr>
</table>

续表

	培训日期	培训内容及证书	培训时间	发证单位及有效年限
外部培训				
喜欢的工作				
特长				
备注				

第二种:提升培训档案

提升培训档案主要包括原有职位、任职时间、拟提升职位、拟提升职位应培训的课程、课程评估、拟提升职位实习评估等。

提升培训档案

姓名		出生时间		入店日期	
部门			原工作单位		
提升记录	职务		任职时间		
	1.				
	2.				
	3.				
	4.				
	5.				
	6.				

续表

	培训日期	培训内容	培训时间	评估
内部培训课程	1.			
	2.			
	3.			
	4.			
	5.			
	6.			
	7.			
外部培训课程	培训日期	培训内容及证书	培训时间	发证单位及有效年限
备注				

第三种：管理者培训档案

管理者培训档案主要记录了管理者参加各类发展课程和讲座的培训情况，如发展课程内容、培训时间、培训方式、考核方式、培训效果转化评估等。

管理者培训档案

姓名		出生时间		入店日期	
部门		现任职务			
提升记录	职务	任职时间			
	1.				
	2.				
	3.				
	4.				

续表

<table>
<tr><td rowspan="8">内部培训课程</td><td>培训日期</td><td>培训内容</td><td>培训时间</td><td>评估</td></tr>
<tr><td>1.</td><td></td><td></td><td></td></tr>
<tr><td>2.</td><td></td><td></td><td></td></tr>
<tr><td>3.</td><td></td><td></td><td></td></tr>
<tr><td>4.</td><td></td><td></td><td></td></tr>
<tr><td>5.</td><td></td><td></td><td></td></tr>
<tr><td>6.</td><td></td><td></td><td></td></tr>
<tr><td>7.</td><td></td><td></td><td></td></tr>
<tr><td rowspan="8">外部培训课程</td><td>培训日期</td><td>培训内容及证书</td><td>培训时间</td><td>发证单位及有效年限</td></tr>
<tr><td></td><td></td><td></td><td></td></tr>
<tr><td></td><td></td><td></td><td></td></tr>
<tr><td></td><td></td><td></td><td></td></tr>
<tr><td></td><td></td><td></td><td></td></tr>
<tr><td></td><td></td><td></td><td></td></tr>
<tr><td></td><td></td><td></td><td></td></tr>
<tr><td></td><td></td><td></td><td></td></tr>
<tr><td>职业生涯发展规划</td><td colspan="4"></td></tr>
<tr><td>发展评估</td><td colspan="4"></td></tr>
</table>

第四种：专业技术人员培训档案

专业技术人员的培训课程一般为外训课程。专业技术人员档案主要包括各种专业技术培训班档案、各种专业技术证书班培训档案、各种等级考核档案等。

专业技术人员培训档案

<table>
<tr><td>姓名</td><td colspan="2"></td><td>出生时间</td><td></td><td>入店日期</td><td></td></tr>
<tr><td>部门</td><td colspan="3"></td><td colspan="2">专业技术职称</td><td></td></tr>
<tr><td rowspan="5">专业记录</td><td colspan="3">已获得的专业职称</td><td colspan="3">专业技术能力或成果概述</td></tr>
<tr><td colspan="3">1.</td><td colspan="3"></td></tr>
<tr><td colspan="3">2.</td><td colspan="3"></td></tr>
<tr><td colspan="3">3.</td><td colspan="3"></td></tr>
<tr><td colspan="3">4.</td><td colspan="3"></td></tr>
<tr><td rowspan="7">内部培训课程</td><td>培训日期</td><td colspan="3">培训内容</td><td>培训时间</td><td>评估</td></tr>
<tr><td>1.</td><td colspan="3"></td><td></td><td></td></tr>
<tr><td>2.</td><td colspan="3"></td><td></td><td></td></tr>
<tr><td>3.</td><td colspan="3"></td><td></td><td></td></tr>
<tr><td>4.</td><td colspan="3"></td><td></td><td></td></tr>
<tr><td>5.</td><td colspan="3"></td><td></td><td></td></tr>
<tr><td>6.</td><td colspan="3"></td><td></td><td></td></tr>
<tr><td rowspan="6">外部培训课程</td><td>培训日期</td><td colspan="3">培训内容及证书</td><td>培训时间</td><td>发证单位及有效年限</td></tr>
<tr><td></td><td colspan="3"></td><td></td><td></td></tr>
<tr><td></td><td colspan="3"></td><td></td><td></td></tr>
<tr><td></td><td colspan="3"></td><td></td><td></td></tr>
<tr><td></td><td colspan="3"></td><td></td><td></td></tr>
<tr><td></td><td colspan="3"></td><td></td><td></td></tr>
<tr><td>专业综合能力评估</td><td colspan="6"></td></tr>
</table>

第五种:外语培训档案

外语培训档案包括语种培训项目、受训时间、使用教材情况、员工目前外语水平、实际应用情况等。

第六种:训导师档案

训导师档案是对训导师进行培训、提高训导师水平、考核评估训导师资格的重要资料。饭店每年应对训导师进行综合培训、考核和评估。训导师档案除了应包括受训内容、实际应用情况等内容外,还应增加专业知识、培训技巧、表达能力、个人魅力、教学业绩评估等方面的记录。

（三）训导师资格管理制度

饭店应规定严格的训导师资格管理制度，这是保证饭店整体服务质量和培训质量的重要环节。训导师管理制度应包括训导师任职条件、训导师考核制度、训导师聘用及解聘制度、训导师受训制度等。

（四）培训奖惩管理制度

培训奖惩管理制度是保证饭店培训计划顺利实施、培训投资有效回收的重要管理措施。饭店应努力将这一制度与人力资源管理制度紧密结合，与工资、福利、奖金、晋升、降职甚至是辞退等管理制度相结合，加大培训管理力度，强化培训奖惩管理制度的严肃性和权威性，保证培训奖惩制度能够顺利实施。

培训奖惩制度主要包括以下几方面的内容：

(1)建立培训奖励与惩罚制度的目的和意义。

(2)奖励与惩罚认定标准。

(3)奖励与惩罚标准。

(4)奖励与惩罚的执行组织和执行程序。

(5)奖励与惩罚的具体方法和执行方式。

(6)奖励与惩罚对象说明。

（五）持证上岗管理制度

我国饭店业行业管理日益规范，各种资格证书已被纳入到行业管理中，并作为获得工作机会的必要条件之一。培训管理者应充分了解国家或行业认可的证书种类、各类证书的管理规定、持证上岗的具体要求等政策，制定并完善本饭店持证上岗管理制度，使各种证书成为提高管理水平和技术水平的重要手段。

饭店各岗位的主要证书有总经理及部门经理资格证书、英语等级证书、普通话证书、厨师等级证书、电工证书、锅炉工证书、健康证书、外币兑换证书、会计证书、消防证书、调酒师证书、服务师证书、救生员资格证、按摩师资格证、食品检验员资格证等。

（六）外派培训管理制度

外派培训分为全脱产、半脱产及全业余三种形式。外派培训是饭店培训计划中的一部分，是为了使饭店核心人员能够学习先进的管理理论、方法和技能而在饭店经常使用的一种培训方式。

为了保证外派培训的效果，培训管理部门要制定严格的管理制度，这些制度主要有：

(1)外派培训审批制度。外派培训要建立严格的申请和审批制度，从个人提出申请、部门领导审核、培训管理部门审批到饭店管理层最终批准，应规范外派人员的资格和各层次人员审核及批准的标准，做到公正、公平地对待每一位申请人。

外派培训审批程序

1. 外派培训应依据年度培训计划执行。

2. 培训部根据年度培训计划中确定的外派培训项目和确定的外派人员提前2周填写“外派培训课程申请表”。

3. 培训部根据年度外派培训计划进行审批，并报请主管领导批准。

4. 临时外派培训课程（没有列入年度外派培训计划中）申请人须提前2个月到培训部填写“外派培训课程申请表”、培训课程通知单，送交培训部。培训部根据课程的重要程度、培训资格、培训费用等对临时培训课程提出审批建议，并报请主管领导批准。

5. 临时外派培训课程获得批准后，培训部将申请计划外培训费用，并将这一费用列入下月的培训经费中。

6. 培训部与受训者签订“培训合同”后，外派培训人员的人事关系由人力资源部管理。

7. 外派培训管理将按“培训合同”规定的内容执行。

外派培训课程申请表

姓名		部门		职位	
培训单位			课程名称		
课程内容	开课日期	结课日期	学费	住宿、交通费	总计
申请培训理由 申请人签字：			审批人意见 审批人签字：		

（2）外派培训人员资格要求。外派培训人员要有一定的资格，如人事关系应在本饭店，并志愿长期服务于本饭店，在本饭店工作满3年以上，无重大过失，年度考核成绩优秀等。对于外派培训项目的具体要求，还应制定有关学历、外语、技能等方面的标准。

（3）外派培训费用报销制度。根据外派培训预算建立报销制度，并上报给财务部审核,经批准后执行。

(4)外派培训效果评估制度。根据不同的外派学习内容制定不同的评估制度。

(5)外派培训总结汇报制度。所有形式的外派都应规定在学习期满后2周内向培训管理部门上交1份不少于3000字的培训总结。

(6)外派培训合同管理制度。所有外派培训人员不论培训时间长短都要与饭店签订一份培训合同,规定甲乙双方应遵守的规则和享有的权利。

外派培训协议书

××饭店(以下简称甲方)与××饭店职工__________(以下简称乙方),就甲方派遣乙方参加培训事宜签订如下协议。

一、甲方根据饭店战略发展和人力资源开发配置需要,派遣乙方参加培训,乙方自愿接受甲方派遣。

二、甲方派遣乙方参加______________(机构)__________专题培训。时间为____年____月____日至____年____月____日。

三、乙方培训期间,由甲方提供如下培训费用(含培训时由饭店及相关机构支付的学费、资料费、交通费、住宿费及其他与培训有关的费用),事先不可确知的合理费用于培训结束后核实,并附相应被认可的正规报销凭据:

________________费:____________(元人民币)

________________费:____________(元人民币)

________________费:____________(元人民币)

________________费:____________(元人民币)

共计:____________________(元人民币)

四、乙方培训期满后,应向甲方提交能说明培训结果的成绩证明和培训证书等资料,并附书面培训总结,如被选派出国培训,要及时交回护照等有关证件。

五、乙方培训后服务期为__年(自乙方培训结束后次年1月1日起算)。如乙方"劳动合同"截止日期早于服务期截止日期,则乙方"劳动合同"的截止日期顺延至服务期截止日期。

六、乙方不论何种原因,如在培训过程中或在培训结束后以及____年的服务期内提出与甲方解除劳动关系,须退还未履行服务期应分摊的培训费用。服务期及培训费用的退还分为:

1. 国内培训

国内培训的服务期为3年。不满3年的,按以下标准退还甲方为乙方支付的培训费用：

(1)服务满2年的，退还培训费用的30%。

(2)服务满1年的，退还培训费用的70%。

(3)服务不满1年的，退还全部培训费用。

(4)培训费用包括：培训费、食宿费、交通费，共计人民币______元。

2. 国外培训

国外培训的服务期为5年。不满5年的，按以下标准退还甲方为乙方支付的培训费用：

(1)服务满4年的，退还培训费用的20%。

(2)服务满3年的，退还培训费用的40%。

(3)服务满2年的，退还培训费用的70%。

(4)服务满1年的，退还培训费用的90%。

(5)服务不满1年的，退还全部培训费用。

(6)培训费用包括：培训费、食宿费、交通费、保险费，共计______美元(欧元)。

七、协议有效期内，乙方严重违反甲方有关规章制度或触犯国家法律，被甲方辞退时，乙方应按本协议第六条的规定向甲方赔偿。

八、若乙方能在培训结束后1个月内将培训内容、收获和体会向饭店员工(参加人员及规模由饭店商定)做一次全面的反馈和汇报，并能在课后反馈中获得好评(具体评价标准由饭店培训部制订)，或在实际工作中为饭店创造明显的效益，可相应缩短其______年的服务期。

九、因乙方个人原因未完成培训(包括成绩不合格)或被培训机构中途退回者，费用全部由乙方承担。

十、本协议为特定培训项目协议，并作为劳动合同附件。有关服务期责任、培训费用、违约金等具体事项如与饭店有关员工培训的其他规定不一致时，以本协议为准。本协议并不影响员工在劳动合同或其他相关合同项下所承担的赔偿责任。甲方与乙方签订的劳动合同期限，在本协议签订后变更至____年____月____日。

十一、本协议在执行中如发生争议，可协商解决，协商不成，须在甲方所在地有管辖权的人民法院诉讼解决。

十二、本协议一式两份，甲乙双方各执一份。

十三、本协议自签署之日起生效。

甲方　　乙方

授权代表：　　职工：

签署日期：　　签署日期

二、培训与发展体系保障制度

1. 培训计划管理制度

饭店应将培训计划管理作为重要的培训管理内容之一，明确规定培训计划管理制度，要求培训部和各部门对饭店和部门所开展的一系列培训实施计划管理，以保证培训工作的持续性和有效性。培训部负责制订饭店的长期、中期和年度培训计划，各部门要根据培训部的年度培训计划制订本部门培训计划。培训部负责监督、管理饭店和部门培训计划的落实和实施。

培训计划管理制度主要有培训计划制订制度、培训计划审批制度、培训计划实施制度、培训计划实施效果评估制度等。

2. 培训路径制度

人力资源部和培训部要根据饭店发展战略目标，规划出所有职位的培训路径图，向全体员工公布，培训部根据培训路径制订晋升培训计划，并严格按照培训路径实施晋升前的培训。

3. 岗前培训管理制度

为了保证服务质量，饭店应制定新员工岗前培训管理制度，规定所有新入店员工，不论担当何种职务、在何种岗位、是否有工作经验，都必须参加饭店的岗前培训教育。岗前培训管理制度应根据饭店的规模、星级标准、客源状况、新员工素质等因素制定，一般包括岗前培训对象、培训时间、培训内容、培训教材、培训考核等要求。

新员工岗前培训评估表

<table>
<tr><td>姓名</td><td></td><td>分配部门</td><td></td><td>培训日期</td><td></td></tr>
<tr><td rowspan="10">岗前培训内容</td><td>培训课程</td><td colspan="2">考核成绩</td><td colspan="2">收获</td></tr>
<tr><td>1. 饭店知识</td><td colspan="2"></td><td colspan="2"></td></tr>
<tr><td>2. 消防安全知识</td><td colspan="2"></td><td colspan="2"></td></tr>
<tr><td>3. 饭店规章制度</td><td colspan="2"></td><td colspan="2"></td></tr>
<tr><td>4. 企业文化</td><td colspan="2"></td><td colspan="2"></td></tr>
<tr><td>5. 礼节礼貌</td><td colspan="2"></td><td colspan="2"></td></tr>
<tr><td>6. 服务技巧</td><td colspan="2"></td><td colspan="2"></td></tr>
<tr><td>7. 沟通</td><td colspan="2"></td><td colspan="2"></td></tr>
<tr><td>8. 时间管理</td><td colspan="2"></td><td colspan="2"></td></tr>
<tr><td>9. 服务用语</td><td colspan="2"></td><td colspan="2"></td></tr>
</table>

续表

实操培训内容	部门实操培训	考核成绩	收获
训导师评估			
部门经理建议			
被评估者签字			

某饭店岗前培训管理制度

第一章　总则

第一条　凡本饭店新入职员工，必须参加由培训部举办的岗前培训班，有关事项均按本制度执行。

第二条　岗前培训的宗旨是，通过向新员工介绍饭店的概况、饭店文化和价值观、各项规章管理制度等，使新员工了解、熟悉饭店的一般情况，掌握饭店的各项管理制度，从而适应饭店的环境，并胜任所从事的工作。

第三条　岗前培训内容

1. 饭店的历史及文化

2. 饭店组织机构

3. 饭店规章制度（员工守则）

4. 饭店消防及安全管理知识

5. 部门业务和工作知识介绍

6. 礼貌礼仪要求

7. 职业安全与防范

8. 劳动法、食品卫生法等相关法规

9. 专业外语

第四条　岗前培训期为 7 天，每月 1 次，具体时间为每月的 20 号，遇休息日顺延。

第五条　培训部应制订培训计划表、培训进度实施表和培训评估表。

第二章　岗前培训阶段

第六条　新入职员工岗前培训需经历三个阶段：

1. 饭店培训部组织的岗前培训(7 天)。

2. 各部门的岗位知识培训，具体时间由部门自定。

3. 实操培训，具体时间由部门确定。

岗前培训期一般不超过 3 个月。

第七条　各部门的培训必须由部门训导师实施。

第八条　各部门岗前培训的重点：

1. 部门管理制度

2. 岗位职责

3. 工作程序和标准

4. 实操培训

5. 服务礼仪

6. 服务用语

7. 服务质量标准

8. 专业外语

9. 职业安全

第九条　有关态度和语言的培训应达到能够促进新员工养成乐观、自信、主动、热情的工作态度的效果，以优质服务、顾客至上的信念履行职责。

第十条　实操训练应在专业人员的指导下进行，专业人员要协助受训者按照规定的服务程序和质量要求完成培训。专业指导员应及时将实操培训中发现的问题和改进的方法与受训者沟通，必要时给予实际操作指导。

第十一条　岗前培训考核评估

1. 新员工在接受 7 天的岗前培训后必须参加由培训部组织的培训考核，

达到培训部规定的考核分数，不达标者将有一次补考的机会，再次不达标者，饭店将不予录用。达标者将获准参加部门进行的岗前培训。考核达标分数为：

(1)饭店规章制度（员工守则）:100 分

(2)饭店消防及安全管理知识:100 分

(3)职业安全与防范:100 分

(4)综合考试:85 分

2. 部门应按照培训部确定的评估标准，对新员工进行严格的岗前培训评估。评估合格者，饭店将正式录用；评估不合格者，饭店将视具体情况延长培训期、延期录用或不录用。部门可以根据实操培训的情况安排技能考核。

第十二条　饭店应给予训导师、实操指导人员适当补贴，激励他们圆满完成培训指导工作。

第三章　附则

第十三条　本制度自公布之日起实施。

4. 晋升培训制度

晋升培训制度应明确规定不同层级被提升候选人或培养对象应接受的培训项目、培训标准和培训评估标准，对所有被提升的候选人或培养对象，不论现任职位高低，都应提前进行晋升培训，并达到规定的培训课时、培训内容和培训考核标准，评估将作为职位晋升的主要参考依据。

5. 换岗、轮岗培训制度

换岗、轮岗培训是为饭店所有人员提供公平发展的环境与资源，使每位员工的才智和技能有展示和发展的机会，使员工得到及时的激励和公平合理的薪酬待遇。换岗、轮岗培训制度应明确规定参与换岗、轮岗培训人员的资格，在本岗位的工作年限，工作经验，参加换岗和轮岗培训的时间、部门、岗位、训导师、考核标准、评估标准等。

换岗培训制度一般分为：

(1)员工、督导层换岗培训制度（cross-training）。员工、督导层换岗培训或交叉培训一般是在部门内部或与现有工作岗位相关联的其他部门之间所进行的培训。培训的目的是使员工在熟练掌握已有技能的基础上，获得另外一项或多项职业技能，时刻准备着胜任更具有挑战性的工作。换岗培训制度应包括换岗培训的条件、换岗培训的时间、换岗培训的实施方案等。

(2)管理层轮岗培训制度（management training）。轮岗培训是对现任岗位和待提升更高职位管理者所实施的一种有效的培训方式。其目的是使管理者全面掌握饭店经营管理战略、熟悉各部门工作程序和管理方法。管理层轮岗培训制度应包括轮岗培训的岗位、每个岗位的受训时间、岗位培训的内容、训导师人选、评估标准等。

6. 下岗培训制度

当从业人员未达到饭店规定的服务、管理标准时,饭店将对这类人员实行下岗培训,并给予重新选择上岗工作的机会。下岗培训是一种强制性管理行为,饭店要严格规定下岗培训的条件、在下岗培训期间的工资待遇、培训的时间、培训内容、考核标准及未通过考核的处罚措施等制度。

7. 脱产培训制度

脱产培训是将饭店的骨干人员有计划地派到相关饭店、培训机构、大专院校等观摩学习或深造。脱产培训形式可以是全脱产,也可以是半脱产。

脱产培训制度应包括:

(1)参加脱产培训人员的条件。包括对参培人员的能力要求、学历要求、专业工作经验要求、年度评估结果、在本饭店的工作年限要求等项内容。

(2)脱产培训计划。脱产培训计划应根据饭店年度培训计划而制订,是饭店培训计划的一部分。脱产培训计划是一对一的个性化培训实施方案。

(3)脱产培训人员的产生方法。一般有个人申请、管理者推荐或饭店指定三种形式。

(3)脱产培训人员的合同及福利待遇标准。

(4)脱产培训期间的管理办法。

(5)脱产培训结束后的工作安排。

(6)脱产培训费用的报销标准等。

8. 出国培训制度

出国培训一般分为短期(不足1个月)、中期(半年之内)和长期(半年以上)三种形式,它是饭店中、长期培训计划的一部分,是为了培养饭店骨干员工及管理者的专业技能和综合素质、提升饭店经营管理水平的一项发展培训,是外派培训的一种形式(详细内容请见外派培训)。该项培训投资大、风险高,饭店应根据出国培训时间、培训内容、培训投资等制定不同的管理制度。

9. 专业技术人员培训制度

饭店应鼓励在职的专业技术人员获得中、高级专业技术资格,建设高素质专业技术员工队伍。专业技术人员培训制度应规定从事饭店某项专业技术岗位应具备的专业资格、获得高一级专业技术证书的激励方案、培训费用报销方法及考核评估制度等。

10. 外语培训制度

饭店应根据客源市场，严格规定不同岗位的从业人员所需掌握的外语语种及熟练程度，并就这一要求有计划地实施外语培训。外语培训是一项较为持久和难度较大的培训，需要部门和员工的支持和配合。饭店应规定具体岗位对外语水平的要求和外语达标上岗的标准（外语水平一般分为三个等级，即初级、中级和高级），同时还应制定对达标者的激励方案和对未达标者的处罚方案及强制达标的措施。

11. 培训时间保证制度

饭店应明确规定在职员工每年应参加培训的次数和时间要求，并根据员工的工作岗位、工作性质、技能要求、职务等的不同，制定不同的标准。培训时间一般为每周不得少于 2 小时。培训部负责监督、统计、检查培训时间的落实情况和培训效果的评估工作。

12. 培训评估制度

为了保证培训质量，提高培训效率和培训回报率，培训管理部门应对所有培训项目进行评估并纳入制度化管理。不同的培训项目应有不同的评估标准和评估方法。培训评估制度主要包括以下几方面的内容：

（1）确定被评估人和被评估的组织。

（2）确定评估的项目。

（3）制定评估的标准。

（4）确定评估的形式。

（5）明确评估结果的签署确认。

（6）制定评估结果的证明（发放证书）和反馈标准。

（7）制定评估结果的使用标准（即对奖惩制度的应用标准）。

13. 培训质量跟踪制度

培训质量跟踪制度是将培训质量跟踪与培训效果评估相结合的一项制度。受训员工回到工作岗位后，饭店应进行定期的跟踪和现场评估，以发现受训员工的进步和存在的问题，评估受训前后的培训效果，为下一个培训计划的制订和实施提供参考依据。该制度主要是针对培训部的工作而建立的，要求培训管理者在规定的时间内到受训员工的工作部门进行实地检查，对比受训者在培训前后的改变和培训对现任工作所产生的效果。培训质量跟踪制度应规定具体实施方案。

14. 培训资源保障制度

培训活动要想正常开展，离不开培训资源的支持和保障。培训资源包括培训资金、培训设备、培训教材、训导师等，其中，培训资金是最关键、最难保障的培训资源。培训资金一般是由培训部经理对1年的培训费用进行预算，报请饭店决策层讨论审批。对于批准后的培训预算，培训部经理要严格执行，任何人无权随便挪用或削减。培训费用一般占饭店年销售总额的1%～3%，平均为1.5%，最高的为7%左右。培训经费应随着饭店的发展、利润的增长进行适当调整和提高。高效的培训制度只有在培训资源的开发、利用和维持等各个环节得到有效保障的前提下才能有效执行。

第五章

建立饭店三级训导师培训体系

饭店的培训分为两种形式，一种是外包型的培训，另一种是自主型的培训。

外包型的培训，即饭店通过社会上的专业培训机构来实施培训。外包型培训具有快捷、方便、培训资源丰富等特点，一些小型的、培训资源匮乏的饭店较多采用这种培训形式。在大型饭店，有些培训课程的训导师和培训师也是从专业培训机构引进和聘请的。

自主型的培训也称为内部培训，即饭店内设培训部或培训中心，有独立的、以训导师为主体的培训队伍，可以自主举办和实施绝大部分的培训项目。

目前，培训的自主化日益成为饭店培训的主流，它以方便性和实用性强而使饭店加大了对自主培训的投入。越来越多的饭店为培训配置了培训教室，购置了先进的培训设备和教材，并建立了饭店三级训导师培训体系，使培训达到全程化、全员化和体系化。训导师已成为饭店的重要岗位之一。大型饭店在部门中还设立了专职训导师的岗位，以强化训导师在部门培训中的作用。

有些饭店在建立三级训导师培训体系过程中，忽略了训导师、训练师和培训师之间的差异，使得训导师的作用得不到有效的发挥。

训导师是某一领域的专家，他通过与相同领域资历较浅的实践者或新成员一起工作，帮助他们获得知识、技能和经验，培养专业素质，使其成为该专业领域的合格工作者。

训练师是教授具体技能的技术训练者。他通过一个固定的过程，要求一定数量的员工去学习一套具体的技能。

培训师是帮助他人自我学习和自我发展的专家，帮助他人找到解决问题的方案。培训师不必拥有某一领域的特殊专长。

明确训导师、训练师和培训师的区别，是让饭店决策者和培训管理者正确认识训导师在饭店培训中的作用，认识培训与工作实践相结合可以使培训的效果大大提高，保证受训者在培训期间获得的专业知识能够尽快转化为实际工作技能。

第一节　训导师的职责

一、饭店三级训导师培训体系的构成形式

饭店的三级训导师培训体系是由决策层、培训管理部门和各部门的经理或主管组成，分为总训导师、执行训导师、部门训导师三个等级(见下图)。

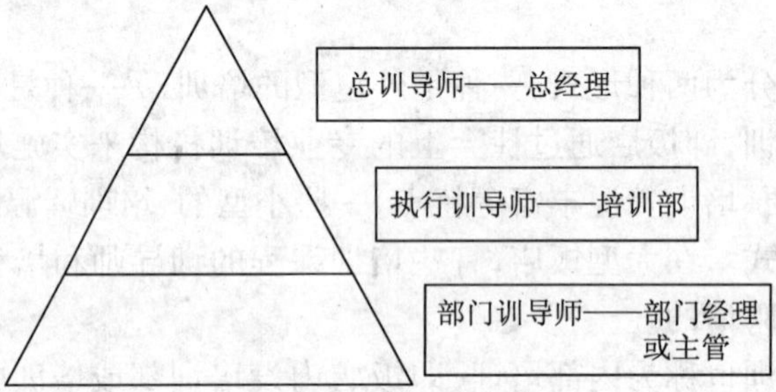

饭店三级训导师培训体系图示

不同等级的训导师承担的责任和任务是不同的：

总训导师和执行训导师主要承担的是培训师的责任，他们依据培训内容、培训场地等条件选择合适的培训方法和激励手段，将各类实用信息和专业技能进行整合，传授给组织和个人。

部门训导师主要承担训导师和训练师的角色，对教学活动有充分的了解和准备，能够培养受训者的观察能力、推理能力，增强受训者的实践经验和服务技能，并能培养受训者的动手能力和创新能力。部门训导师的任务是为饭店员工创造学习条件，以启发、指导、训练等方式，推动每一位成员在个人的职业发展道路上前进。

二、训导师应具备的素质

1. 热情、有活力并具有较强的自信心

训导师首先应热爱培训工作，善于学习，通过积极、自信、负责的人生态度和正确的价值观，激发培训对象的热情和潜能，通过培训引起组织的重视，影响组织的决策。

2. 有充足的知识和经验、优秀的辅导和培训技能

训导师要精通与培训工作相关的工作知识和与培训课程相关的专业知识，

有双向交流的授课技巧和优秀的辅导能力，能满足成人培训的需要和兴趣，能把自己的知识与成功经验有效地传授给受训者。

3. 足智多谋，有灵敏的观察能力

训导师要有客观、冷静的观察能力，能正确地认识环境的变化，有较强的控制能力，使培训效果更完美。

4. 谦虚、耐心，有幽默感和人格魅力

训导师应具有高尚的情操、博大的胸怀、广博的学识和丰富的见闻，成为学习者的榜样、课堂上的领导者、人际关系的艺术家、学习者的知心朋友。帮助那些吸收知识较慢的受训者赶上学习的步伐，以良好的心态迎接一次次培训活动的挑战。

5. 善于发现优质信息，有较强的表达能力

训导师要能发现优质信息的来源，弥补自身知识不足的缺陷，运用适当的表达技巧提高培训内容的价值。

三、训导师的主要职责及能力要求

训导师是由饭店各级管理者和业务骨干来充当的。总经理是总训导师，人力资源部经理或培训部经理是执行训导师，部门经理是训导师，各级主管是分部门训导师。训导师在饭店管理中的职责是多重的，是随着环境和岗位的变化而变化的。

不同层级的训导师他们所承担的职责和应具有的能力是不同的：

1. 总训导师职责

负责确定饭店的培训战略，审批饭店的培训规划和年度费用预算，参与重要的培训活动，承担专项培训课程，签发培训证书，评估执行训导师的工作等。

2. 执行训导师职责

按照培训规划的原则负责制订饭店的培训计划和费用预算，组织、协调、督导各部门培训实施工作，承担饭店管理课程的培训和训导师培训课程，负责训导师的评估工作。

总训导师、执行训导师的具体工作职责及能力要求见下表：

总训导师、执行训导师的职责与能力要求

职　责	能 力 要 求
1. 建立符合饭店发展战略的培训目标和培训与发展战略体系	1. 组织策划能力 2. 分析判断能力 3. 专业培训知识和技能 4. 战略意识

续表

职　责	能力要求
2. 推进饭店培训文化的不断完善	1. 沟通能力 2. 顾问能力
3. 建立培训与发展信息管理系统	1. 反应能力 2. 思考能力
4. 开发超前性的培训与发展供应系统	1. 组织策划能力 2. 创新能力 3. 应变能力 4. 分析判断能力
5. 开发、整合并合理利用培训资源	1. 组织策划能力 2. 协调控制能力
6. 为各部门的培训提供支援	1. 专业培训知识和技能 2. 顾问能力 3. 应变能力
7. 组织培训评估和培训效果转化	1. 组织策划能力 2. 分析判断能力 3. 创新能力 4. 沟通能力

3. 部门训导师职责

组织和督导本部门各岗位的专业技术、技能和实操培训，承担本部门主管、领班的督导管理培训课程，负责主管训导师的评估工作。

4. 主管训导师职责

负责本班次、本小组的专业技术、技能和实操培训，负责本小组新员工的岗位技能培训和评估工作。训导师、主管训导师具体职责及能力要求见下表。

训导师、主管训导师职责及能力要求

职　责	能力要求
1. 部门培训需求调查分析	1. 分析能力 2. 观察能力
2. 制订部门培训计划	1. 组织能力 2. 策划能力
3. 组织实施部门培训计划	组织能力

续表

职　责	能 力 要 求
4. 提供培训信息	1. 团队意识 2. 应变能力
5. 组织并参与培训评估	1. 分析判断能力 2. 团队意识 3. 观察能力
6. 培训技巧和技能的应用	1. 专业知识和技能 2. 授课能力
7. 培训课程的讲授及配合执行训导师或主管训导师的课程讲授	1. 专业知识和技能 2. 授课能力 3. 团队意识

四、训导师的角色

训导师的角色是多重的,也是变动的。训导师在不同的时期、不同的部门、不同的环境、不同的工作中,扮演着不同的角色。训导师的主要角色有:

1. 培训体系的建立者

在饭店经营与发展过程中,训导师扮演着建立和完善饭店培训体系的重要角色。这一角色的作用是在明确饭店发展战略的前提下,建立饭店的培训体系,使培训体系与人力资源发展规划紧密结合,与人才需求和人才培养紧密结合。

2. 培训政策的制定者

培训政策制定者的角色是在全面掌握饭店经营管理政策和制度的前提下,制定饭店的培训政策,使培训政策成为饭店人力资源管理政策中的重要组成部分。

3. 培训需求的分析者和确认者

能准确地掌握饭店各层次人员的培训需求和不断变化的需求,使培训项目的设计和实施更适合饭店的发展和员工个人发展的需要。

4. 培训文化的推广者

形成饭店的培训文化是训导师的重要职责之一。训导师要推广饭店的培训文化,使饭店的培训文化不断地发扬光大、深入人心,得到饭店全体员工的认同。

5. 培训计划的设计者

部门训导师是部门培训计划的设计者,执行训导师是饭店整体培训计划的设计者,他们共同承担着由局部到整体的培训计划设计任务。

6. 培训资源的调配者

培训资源的调配者是执行训导师的重要职责之一。执行训导师要根据本饭店培训资源现状,结合培训计划合理调配、使用培训资源。当培训资源不能满足培训计划的要求时,应考虑使用外部培训资源。

7. 培训组织者和管理者

培训活动的成功实施与高效的培训组织和科学的管理是密不可分的。培训的组织者和管理者是训导师的重要角色之一。

8. 培训实施者

训导师承担着饭店各种类型的培训课程,是培训的实施者。饭店根据对训导师的培养计划和综合评估,为训导师安排能够发挥其特长的培训课程。

9. 培训评估者

饭店的各级训导师都要承担培训评估者的重任。培训管理部门根据不同层级的培训内容设计不同的评估方案,由不同层级的训导师完成不同的评估项目和内容。培训管理部门根据评估结果,及时调整培训计划。

10. 培训项目的设计者和推广者

饭店各级训导师要随时了解员工培训需求的变化趋势,根据饭店组织目标,不断地设计新的培训项目,并进行推广和实施。

第二节　训导师的管理

一、训导师的选拔及聘用

饭店高层管理者和部门经理是训导师的理想候选人,他们具有良好的综合素质,有丰富的实践经验,在所从事的专业领域中有所建树,对饭店的经营管理和企业文化有全面的了解。除此之外,训导师的候选人应喜欢培训工作,善于学习,在培训过程中充满热情,关注受训者的发展需求,有丰富的知识积累,并能满足本饭店受训者的需要和兴趣。训导师还应谦虚自信,态度友好,能赢得受训者的尊重和爱戴。

培训部经理应按照训导师的任职条件从候选人中选拔出最合适的人选,通过《培训培训者》课程的学习,经考试合格后正式聘用为部门训导师,聘用期限根据饭店的情况而定。

(一)训导师的任职条件

(1)有良好的职业道德和职业形象。

(2)知识丰富,思维敏捷,机智幽默,易于沟通。

(3)以饱满的情绪激发受训者的热情,有效地控制和灵活调节教学气氛,满足受训者的需求。

(4)能清楚、简练、准确地表述授课内容,重点突出,形式适宜。

(5)培训实施过程细致周到,能引发受训者深思,各项教学设备运用得当、安全有序。

(6)严格按照培训目标设计培训内容,达到受训者期望的效果。

(7)理论与实践相结合,为受训者提供工作改进建议。

(8)注重培训评估的效果,不断提高培训质量。

饭店对选聘训导师的要求是十分严格的,对训导师的培养已逐渐引起饭店决策层的重视,尽管如此,培养一名合格训导师的过程仍然是漫长的。

(二)训导师必备的知识和技巧

训导师必备的知识和技巧是训导师在实际工作中不断总结、积累,并需要较长的时间才能获得和利用的。

1. 饭店知识和专业知识

训导师要全面掌握本饭店的组织机构、组织文化、管理模式、产品、服务、工作程序等知识,以便在今后的教学、训练和指导中能够正确地传播和应用。他们还要掌握与培训课程和培训工作相关的专业知识,如人力资源管理知识、财务管理知识、市场营销知识等,并能结合自己成功的经验将这些知识有效地传授给受训者。

2. 培训知识和技能

训导师要根据成人学习的特点,掌握培训创新理念,灵活运用各种教学方法和手段实现培训目标。

3. 人际关系技巧

人际关系技巧意味着训导师要掌握聆听的技巧、提问的技巧、回答的技巧、激励的技巧……并能运用这些技巧向受训者传授知识和技能,使受训者理解和记忆所学的知识,并在培训实施过程中得到充分的激励。

4. 良好的职业态度和人格魅力

职业态度和人格魅力对训导师的教学效果影响是很大的。训导师应以积极向上的人生态度激发受训者的热情和潜力。训导师的人格魅力是训导师综合素质的集中表现,它能在无形中影响到受训者的学习态度、学习效果、奋斗目标,并影响他们今后的发展。

(三)训导师的类型

训导师有多种类型,我们主要从他们的知识和经验、培训技巧和个人魅力这三方面对训导师进行分类(见下表)。

训导师类型表

类型 \ 能力	知识和经验	培训技巧	个人魅力
专业型	非常丰富	丰富	高
命令型	非常丰富	偏下	偏下
沉闷型	偏下	偏下	一般
劝说型	一般	丰富	高
可爱但不善表达型	一般	偏下	偏下
不自知之明型	偏下	偏下	偏下
傲慢型	偏下	一般	偏下

训导师的类型有:

1. 专业型训导师

专业训导师在培训技巧、培训方法和培训手段上有着丰富的经验,他们关心受训者的需求,并尽量满足这些需求,甚至不惜修改培训教材。专业训导师有良好的人际关系,能很好地控制培训局面,不紧张,没有压力地完成每一个培训步骤,能运用合适的培训技巧和方法,出色地完成培训课程。

2. 命令型训导师(讲师型)

命令型训导师的培训目标十分明确,是为了保证受训者学会培训的内容,并能在工作岗位中加以运用。这类训导师的培训方式比较机械,授课时充满了命令的味道,使受训者较难接受和服从。

3. 沉闷型训导师

沉闷型训导师常以特约演讲人的身份出现,他们明确培训内容,但不太注重培训方法和技巧的应用,很少考虑受训者的需求。他们的培训面面俱到,仔细认真,但20分钟左右,就会失去听众。整个培训过程实际是在浪费时间。

4. 劝说型训导师

劝说型训导师往往是被强行分配给培训任务的,不管他们自己是赞成还是反对这些培训内容。这类训导师有较强的培训方法和技巧,并能运用这些方法和技巧使受训者接受组织的要求。

5. 不善表达型训导师

这类训导师是主题培训专家,他们不重视研究培训方法和培训技巧,他们有满肚子学问,但常常不能有效表达,培训效果较差。

6. 不自知之明型的训导师

这类训导师常常以“演说专家”的身份出现,实际上他们并不专业,缺乏培训和演示的技巧。他们没有意识到自己的问题或无人告知其问题所在。

7. 傲慢型的训导师

傲慢型的训导师也是以"演说专家"的身份出现的,对饭店专业并不熟悉,他们很清楚自己的缺陷,但会用一些明显的教学技巧或知识专长巧妙地掩饰明显的缺陷,傲慢地吹嘘自己而不考虑受训者的需求。这种训导师很快就会被受训者识破。

(四)训导师易出现的错误

美国人盖瑞·凯朗特在他的《培训探秘》一书中将训导师易出现的、带有普遍性的错误进行了较为精辟的总结。他将训导师易出现的错误分为以下两种类型,了解和分析这些错误,对训导师的教学工作是十分必要的。

1. NINCOMPOOP 蠢蛋型错误

(1) Not being prepared 准备不充分

(2) Inadequate content 内容不充实

(3) Not delivering the goods 培训资料不完整

(4) Constantly boring the trainees 让受训者经常感到乏味

(5) Overload of information 培训中给予过量或与培训内容不符的信息

(6) Misreading the group 误解组织对培训的要求

(7) Poor pacing 过于简单的培训过程

(8) Omission of the practice 忽视或遗漏了训练内容

(9) Odd or distracting visuals or verbal 让人迷惑不解的言谈举止

(10) Poor handling of questions 难以把握受训者提出的问题,不能给予满意的解答

2. POOR RESULT 不理想的教学效果

(1) Poorly planned visuals 缺乏对培训计划的表述

(2) Offensive or inappropriate humour 不恰当的幽默

(3) Over-dressing or under-dressing 不适宜的着装

(4) Running overtime 讲课超时

(5) Running late for the start 上课迟到

(6) Eyes-contact missing 缺乏眼神交流

(7) Showing your back too often 不面对着受训者讲课

(8) Under-utilizing the media available 不能有效地使用多媒体教学

(9) Lack of enthusiasm 缺乏感染力

(10) Total lack of conclusion 缺乏总结和给予正确的结论

有了愚蠢的错误,才会出现不理想的教学效果。即使你是一名资深训导师,也不能保证就不会出现上述错误或失误。因此,训导师要学会在培训过程中不断地总结经验和教训,不断地提高自身修养和教学水平,这样才能减少上述错误或失误发生的几率。

(五)训导师的聘用

选聘训导师通常要经过以下程序:

首先,要确定本饭店所需训导师的类型,根据任职条件,逐级选拔训导师候选人。

其次,要根据本饭店的培训项目,针对训导师经常出现的错误及容易产生的不理想的教学效果,对训导师候选人进行培训。

最后,经过个人报名、部门推荐、培训管理部门进行笔试、试讲等形式,最终确定训导师人选。

饭店培训管理部门要为被选中的训导师发放训导师聘书,为训导师设计培训计划,设置训导师必修培训课程,并在执行训导师的指导下,不断地改进和提高授课技能,直到成为一名合格的训导师。

二、训导师的培训与管理

不论是哪一级别的训导师,都必须参加下列课程和培训活动:

(一)《培训培训管理者》课程

该课程的主要培训对象是饭店从事战略促进的培训管理者和负责饭店培训实施工作的人员。《培训培训管理者》课程主要达到的目标是明确饭店战略与培训发展战略之间的关系,明确饭店培训与发展战略和策略,明确饭店人力资源开发与培训、发展之间的关系,掌握适合饭店发展现状的培训模式,掌握培训需求和培训实施控制方法,学会运用现代培训技术,掌握培训评估和培训资源的管理方法等。

主要课程有:

(1)饭店发展规划及培训与发展规划

(2)饭店培训政策和培训制度

(3)饭店人力资源发展规划

(4)饭店培训信息管理

(5)培训需求、培训计划及培训实施控制管理

(6)培训评估管理

(7)饭店培训与发展体系

(8)培训案例分析

(二)《培训培训者》课程

该课程是训导师的必修课程。通过该课程的学习,使训导师明确自身在饭店培训中的角色和作用,掌握课程开发的基本方法,强化运用现代培训技术提高授课效果,并学会灵活运用辅助教学工具的开发方法和运用方法。

该课程的主要内容是:

(1)教育学、心理学

(2)训导师的角色和地位

(3)训导师的素质要求及自我成长

(4)认识培训的重要性

(5)掌握成人学习的规律

(6)掌握课程开发与授课准备工作

(7)掌握并运用四步培训法

第一步:解释

- 告诉受训者要学习的内容
- 告诉受训者学习的目的
- 具体、详细地讲解学习的内容

第二步:示范

- 示范如何操作某个技能
- 按每个操作步骤进行示范和讲解
- 强调操作步骤的重点
- 以提问的方式对重点进行重复和复习

第三步:演练

- 要求受训者按照你示范的方式演练
- 受训者要边演练边解释技能要领
- 对受训者正确的演练要及时进行表扬
- 不要催促和打搅演练者
- 演练后要及时进行评估和纠正

第四步:检查

- 让受训者独立工作
- 定时进行检查,但不要太频繁
- 当正确表现变成习惯时训导师逐渐隐退

(8)学会在培训实施过程中提问的技巧

(9)学会在培训实施过程中反馈和激励的技巧

(10)学会培训评估方法和技巧

(三)训导师授课技巧演练课程

设计该课程的目的是让训导师了解授课的全过程。通过授课技巧演练的培训,使训导师全面掌握各种培训技巧,在培训实施过程中能灵活运用和实施,使培训课程更具有吸引力,得到受训者的喜爱和支持。

该课程主要包括:

1.培训大纲的拟订和培训教案的准备

(1)课程目的

(2)课程内容

(3)课程模式(有效地表现教学内容的教学方法)

(4)课程策略(教学程序和教学资源的选择)

(5)教材、教具

(6)受训者(了解学习能力和知识水平)

(7)课程时间(与课程内容相符合的时间)

(8)课程评估(确定授课效果的评估标准)

2.培训前的准备

(1)教室的准备(干净、明亮、整齐)

(2)座位安排(便于学员与讲师交流)

(3)教具的准备(视听教具处于工作状态)

(4)教材的准备(事先印好,装订好)

(5)问题准备(学员可能提的问题,讲师准备提的问题)

(6)心态准备(提前使自己冷静下来准备好开场白)

3.建立自信心

(1)仪表整洁

(2)声音洪亮

(3)对学员负责,对培训负责

(4)不要显得慌张

(5)节奏不要快

(6)用自己的专业水平和素质作为控制课堂的手段

4.鼓励学员参与

(1)学员的参与是有效掌握所学知识的关键。

(2)给学员讲座或操作演练的时间。

(3)鼓励学员提问,并对答案给以适当的肯定。如:“这个问题提的角度新颖。”“这是一个好的想法。”

(4)创造一种自由提问或回答问题的气氛,避免学员感到尴尬,被哄笑。

5.控制教学局面

(1)训导师要控制课堂秩序。

(2)不要让一两个人垄断课堂。如出现此问题,应掌握礼貌、果断地改变当前局面的方法和技巧,如“谢谢张经理,但我们想听听其他经理的想法,李经理请谈谈您的看法。”

(3)提问题的时间尽量不要影响整个课程的进展。

6.给予反馈

(1)给学员的反馈要积极。

(2)在技巧培训课中,要让学员了解到自己的完成程度。

(3)指出完善操作的关键。

7.总结

(1)将课堂所讲的内容综合成重点,便于学员记忆。

(2)指出对学员在今后工作中如何有效地使用知识和技巧的期望。

(四)培训指导及培训经验交流

在训导师实施培训课程的过程中,执行训导师要给予现场指导和评估,激励训导师不断地总结教学经验,增强自信心,必要时将教学过程进行全程摄像,以实例的形式进行讲评,以便收到更好的效果。

(五)训导师评估

饭店培训管理部门要对训导师制定严格的评估管理制度,使训导师队伍的素质水平不断提高。对训导师的评估工作分为两部分:训导师工作表现评估和训导师教学水平评估。

1.训导师的工作表现评估

(1)训导师的工作效率。主要评估训导师是否严格执行饭店规定的训导师工作标准和绩效标准。

(2)训导师对培训成本的控制。评估训导师是否按培训预算严格控制培训成本。

(3)训导师对受训者培训后所创造的附加值。通过培训解决了饭店、部门或员工的问题,使受训者从培训中获得了知识和技能,并在工作中产生了附加价值,这种附加价值甚至超过了培训所付出的费用及成本。

(4)训导师的名声对饭店产生的影响。训导师在饭店外受到专业机构的邀请、主持或讲授专业会议和课程,或在专业性报纸、杂志上发表文章及专著等。

2. 训导师教学水平评估

(1)受训者评估。一般采用由受训者在培训结束后填写评估表的形式,评估内容主要针对教学内容、教学方法、教学效果等方面。

(2)训导师自我评估。训导师的自我评估可以采取面谈、问卷等方式进行。评估内容主要针对培训目标的确立与培训目标的实现之间的差距、培训课程实施全过程评价、培训内容与受训者实际水平之间的差距、训导师在授课过程中存在的问题和解决建议等。

评估训导师时,可设计不同类型、不同形式的评估表。下面以训导师自我评估问卷调查表为例。

训导师自我评估问卷调查表

训导师姓名:

培训课程名称:

请您协助培训部完成此份问卷调查,您的自我评估对于改进培训工作是十分重要的。请您在所列问题后面的横线上填写答案。谢谢您的配合!

1. 您本次培训课程的主要目的是:______________________________

____

2. 您认为本次培训课程是否达到了培训目的?

____

____

____

3. 您认为本次培训课程哪些方面表现得比较出色?

____

____

____

4. 您认为本次培训课程哪些方面做得不够好?

____

____

5. 您将准备如何改进?

____

____

6. 您认为本次培训活动的安排有哪些好的方面?

____

____

7. 您认为本次培训活动安排有哪些不足之处？您的建议是：

____

____

____

8. 对于本次培训取得的效果，您认为投入的时间和费用值得吗？为什么？

____

____

____

培训部

(3)讲授现场录像评估。对于训导师的课堂教学效果，培训部可以采取全程录像的评估方式，与训导师一起在课程结束后观看教学录像，就教学的优缺点进行讨论和点评，提出改进方案。这是一种十分有效的评估方法，它以现实的案例对训导师进行有说服力的培训，对训导师教学效果的提高产生积极的影响。但是，该项评估要求培训部经理有较丰富的成人教学和管理经验。

(4)培训教案评估。培训管理部门依据培训教案的编写规定，对训导师的教案进行定期的检查和评估。培训教案的评估是对培训部经理专业能力的一项严峻挑战，要求培训部经理有较丰富的成人教育管理经验和较扎实的培训实施技能。

第六章

培训需求分析

随着培训工作的飞速发展，培训需求分析在培训与发展管理中的地位越来越重要。制订培训计划时，如果没有进行培训需求分析或没有做好培训需求分析，这个计划就会偏离正确的方向。培训需求分析既是确定培训目标、制订培训计划的前提，也是进行培训效果评估的基础。

从饭店的角度来认识，培训需求分析将确保饭店为培训所投入的一切资金都用在刀刃上，保证培训投资得到丰厚的回报；从员工的角度来认识，培训需求分析有利于为员工提供具有针对性的培训，为实现员工个人的进步与发展提供学习和训练的保障。因此，培训需求分析是一个健全、完善的培训与发展体系不可或缺的一部分。

第一节　培训需求概述

一、什么是培训需求

当饭店员工现有的知识、技能和态度水平低于组织所要求的标准时，即员工本人目前的实际水平与饭店对员工的期望标准之间存在差距时，就会产生培训需求。另外，饭店组织根据未来组织内外环境的变化，来确定对未来人员的要求，这些要求是未来组织发展的需求，也是组织的培训需求。这两方面的需求构成了饭店培训需求的主体。

培训需求又可以细分为以下两类：

1. 主动产生的培训需求

饭店为了满足培养人才、增强竞争力、实现发展战略目标等管理活动的需要而确定的具有前瞻性的培训需求。

2. 被动产生的培训需求

为了应付饭店日常经营管理中出现的问题或突发性事件而被动产生的培训需求，常被称为滞后性培训需求或纠正性培训需求。

值得指出的是，当培训需求被满足后，新的培训需求还会产生。

二、培训需求的双向性

培训需求的产生是双向的：

一方面，饭店出于实现战略发展目标，扩大市场份额，提高工作效率和经济效益，减少客人投诉，节约成本等管理目标的需要，要进行一系列的培训，这种培训需求是自上而下的。

另一方面，员工个人职业生涯发展，需要增强个人的竞争力和创新能力，需要扩大自己的知识面，需要选择满意的工作和得到不断的提升，员工的学习需求由此而生。这种需求是自下而上的。

两个层次的培训需求是不同的。培训部门要做的就是将这两方面的培训需求有机地结合在一起，使培训既能满足组织发展的需要，又能满足个人发展的需要。

确定培训需求要根据培训计划实施时间的长短、培训计划执行期、饭店经营管理要求等因素来综合进行。

第二节 培训需求分析

培训需求分析是指在规划和设计每一项培训计划之前，由培训管理部门采用各种方法对组织目标及组织成员的知识、态度、技能等内容进行系统的鉴别与分析，以确定是否需要培训并进而确定培训内容、培训先后顺序和培训最佳时机。

培训需求分析对饭店的好处是可以确保饭店为培训投入的资金得到有效利用，使投资获得丰厚的回报；培训需求分析对员工的好处是为员工提供具有针对性的培训，帮助员工实现未来发展目标。

培训需求分析一般由培训管理部门组织开展，该项工作是饭店培训工作的首要环节。

一、培训需求分析的主要内容

培训需求分析主要涉及饭店经营管理战略分析、工作分析、员工个人基本状况分析等重要环节。

1. 饭店经营管理战略分析

饭店经营管理战略分析主要针对以下几方面的内容：

(1)饭店战略目标分析。明确饭店的战略目标及对饭店发展所起的作用，以此来确定培训的总目标。

(2)饭店资源分析。确定可被利用的人力、财力、物力、时间等资源,以保证培训的有效性。

(3)饭店环境分析。掌握组织文化、经营业绩、服务质量、客户资料、人员素质等情况,准确地找出饭店存在的问题及问题产生的根源,以确定培训是否是解决这些问题的最好方法。

2. 工作分析

工作分析主要是按照饭店的工作标准及承担某项工作的任职条件,对各部门、各岗位状况进行的比较分析。工作分析的目的是在明确工作性质、工作职责的基础上确定工作标准,并制订履行这些职责、达到工作标准的素质要求,如专业知识要求、技能要求、能力要求等,以确定组织成员在各自的工作岗位上是否胜任所承担的工作,了解从事该项工作的员工的技能素质与实际工作要求的符合程度,进而确定饭店培训与发展的需求结构,编制符合饭店绩效标准和工作程序要求的培训课程。工作分析的主要内容有:

(1)工作内容和形式的变化分析。饭店的工作内容和形式会随着饭店的发展而变化。因此,在进行培训需求分析时要对饭店未来可能发生的工作变化有一定的前瞻性。

(2)工作的复杂程度分析。如对客服务时,每天要面对无法预知的、形形色色的客人,满足不同类型客人的不同需求,这将使对客服务工作的复杂程度增加。

(3)工作满负荷程度分析。工作的负荷程度主要包括工作量的大小、难易程度、所耗时间的长短、工作环境现状等。不同类型的工作负荷程度对培训的需求内容是不同的。

3. 员工个人基本情况分析

通过对员工现有状况与饭店要求的差距进行分析,确定谁需要接受培训以及接受培训的具体项目等。员工个人基本状况分析的重点是评价员工的实际工作能力和工作绩效,主要有以下几方面的内容:

(1)员工知识结构分析。通过对员工的知识结构进行分析,掌握员工现有的知识水平是否能够满足工作需要和饭店未来发展的需要,以便准确地制订培训计划,使培训更适合员工的需求和饭店发展的需要,并取得更好的效果。

(2)员工专业结构分析。对员工所从事的专业、专业兴趣、专业发展趋向等进行分析,确定合适的培训项目和适宜的培训方法,培养员工多方面的技能,为饭店储备所需人才。

(3)员工年龄结构分析。员工的年龄不但会影响工作效率、工作速度,还会对培训效果产生直接影响。因此,在进行培训需求分析时,应考虑不同年龄段在不同岗位上的合理配置,并以此确定岗位培训内容。

(4)员工能力分析。分析员工的实际能力与完成工作所需能力之间的差距,是掌握员工是否能胜任工作的关键,也是制订培训计划的重要依据。

(5)员工个性分析。分析员工的个性,正确判断员工是否具有所从事工作要求的个性特征和个性潜质。通过制订有针对性的培训,使员工的个性特征和个性潜质在合适的工作岗位上发挥更大的作用。

(6)员工满意度调查。从对员工的满意度调查中,分析员工的满意指数和需求点,分析饭店在管理方面存在的问题,找出哪些是可以通过培训来解决的问题。

员工满意度调查表

请根据你个人满意和不满意的标准,从下面的项目中挑选出前三项令你最满意和最不满意的内容:

最满意	最不满意
1.	1.
2.	2.
3.	3.

调查项目:

目前的工作	管理实习	激励政策
职务	脱产培训	能力、特长的发挥
薪酬	国内/国外考察	成就感
带薪假期	岗位轮换	被认可
工作环境	岗位证书培训	人际关系
工作工具	职业发展	沟通技巧
平等竞争机会	工作时间	自我表现的机会
提升	加班	员工餐
选择自己喜欢的工作	直接上级	员工倒班宿舍
福利	决策层	工装
奖金	奖惩制度	班车
住房	奖金评定方法	娱乐活动
实操培训	评估方式	
理论知识培训	评估标准	

其他(没有列出,但也是您非常满意或不满意的)______________________

____

请提出您的具体建议:______________________________

____

谢谢您的合作!

人力资源部

4. 掌握培训效果期望标准

在实施培训前,培训部应了解受训员工和受训部门的培训期望,明确员工个人和部门在培训中所希望达到的目标。培训部可以在培训实施前掌握培训效果期望标准,为培训效果评估做好充分准备。

5. 培训环境因素分析

培训环境因素主要包括饭店培训文化的成熟度、决策者对培训的支持和认知程度、培训对饭店和员工个人发展产生的作用、部门管理者对培训的支持程度、已开设的培训课程是否满足受训者和饭店发展的需要、员工对培训的参与热情和期望、培训资源状况等,通过对这些因素进行分析,明确培训环境对培训需求产生的影响。

二、培训需求分析的四个步骤

1. 发现问题

通过多种培训需求调查形式,从员工层面和组织层面发现和确认饭店实际存在的问题。

员工层面存在的问题主要有:

(1)工作效率低下,达不到组织要求的标准。

(2)员工情绪波动,旷工、迟到现象增加,怠工、服务质量下降等。

(3)对组织的变革有抵触情绪,不能适应变化的需要。

(4)成本增加。

(5)员工现有技能不能胜任现职工作或无法满足饭店发展的需要,急需学习新技能。

(6)员工期盼实现个人职业生涯发展规划。

组织层面存在的问题主要有:

(1)新的工作及工作标准需要新的技能。

(2)饭店发展需要进行人才培养。

(3)饭店战略和市场变化。

(4)客户及客户需求变化

(5)竞争对手出现显著变化。

(6)饭店行业出现显著变化。

2. 收集信息

找出员工层面和组织层面存在的主要的、普遍的问题,然后对培训需求信息进行收集。培训需求信息主要来自于饭店高层决策者、部门管理者和员工。培训部可以采用个人申报方式,了解员工申请参加培训的理由和依据;采用人力资源考核评估方式,确定培训内容和培训对象;采用人事档案调查方式,分析员工现状与历史状况的差距并确定培训需求;采用人员测评技术,用同一标准的统计分析量表,对饭店各类人员的素质进行评估,根据评估结果确定培训内容和培训对象。培训部在收集源头信息和资料时,一定要保证信息的准确性。

3. 分析数据和信息

由于资料和信息来自于饭店的方方面面,信息的数量是庞大的、种类是繁多的、关联是复杂的,因此,要注意在分析培训需求信息时千万不可孤立、单一地看待问题,而应从知识、技能、态度的角度,或是从组织、个人、职务的角度,用联系的观点来分析获取的信息,去伪存真。只有发现对培训有决定影响的本质因素,才能体现出培训需求分析的价值。

4. 确定结果

分析信息的目的就是要得出结论,确定谁需要培训、需要何种培训以及培训实施的时间和周期等。同时要开展确定培训目标、制订培训计划、评估培训效果、提出改进工作建议并监督落实和实施等一系列工作,并将这些内容向员工和管理层汇报,得到他们的认同和支持。

有关培训需求分析步骤参见下图:

三、培训需求分析的参与者

为了保证培训需求分析的结果更为真实、客观和全面,需要饭店各级人员积极参与,他们是:

1. 饭店决策层

董事长、总经理和副总经理,他们将从饭店发展战略的角度提出培训需求,并分析培训需求是否能满足饭店发展战略目标的要求。

2. 管理层

部门经理是管理层,他们对本部门员工的优点和缺点掌握得比较准确,对员工的培训需求较为了解,清楚员工需要在哪些方面进行培训和提高,能协助培训部制订培训目标和培训内容。

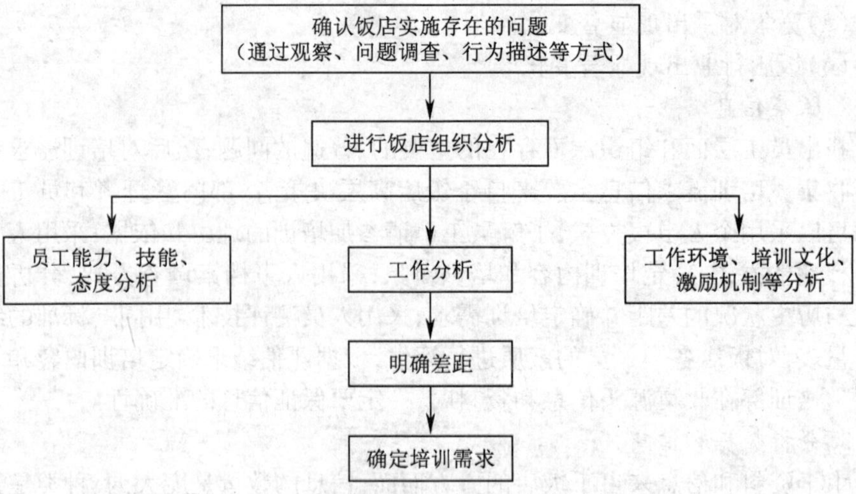

培训需求分析实施步骤图

3. 员工本人

饭店培训的对象是员工。培训管理部门只有准确地掌握他们最想学什么，需要在哪个领域发展，培训才能得到员工的支持和喜爱。

4. 人力资源部、培训部

培训需求分析的全部工作是由人力资源部和培训部主持完成的。人力资源部和培训部掌握饭店各级人员的技能、素质等方面的资料，并对每个岗位的要求和变化了如指掌。

5. 饭店外部客户

俗话说："旁观者清，当局者迷"，饭店的客户、供应商等对饭店存在的问题能给予较为客观和准确的分析，这对培训项目的设计将有很大的帮助。必要时，饭店还可聘请培训专家、专业顾问从外部资源的角度来分析培训需求。

第三节　培训需求分析的方法

培训需求分析通常采用一般性分析方法和全面性分析方法。培训管理部门应根据饭店的具体情况选择适合本饭店的培训需求分析方法，达到准确掌握培训需求的目的。

一、培训需求一般性分析方法

一般性分析方法是在收集信息和资料的基础上，确定是否通过培训解决饭店经营管理存在的问题。具体分析方法有：

1. 问卷调查法

通过发放调查问卷了解培训需求。问卷的形式分为开放式、强迫选择式、投射式和等级排列式。问卷的种类分为随机型、分层次型和综合型等。

在编写问卷调查表时，要确定所需信息的种类，并用通俗的语言进行问题表述，方便被调查者理解。在进行问卷调查时，应留给被调查人充足的思考时间，对于模糊的问题要给予解释。回答问卷调查的时间最好不要超过 20 分钟。采用问卷调查法需要回收足够的问卷，以获得较为全面和准确的信息。

某饭店员工培训需求调查问卷

下面是有关培训部为未来拟订培训新计划的问题，请您协助回答：

1. 就职前您是否接受过培训？接受了哪些内容的培训？

____

____

2. 为了更好地工作，您最需要学习哪些课程（请列出您最想学的前五位课程）？

（1）______________________________

（2）______________________________

（3）______________________________

（4）______________________________

（5）______________________________

3. 您愿意参加以下的培训课程吗？

培训项目	是	否
(1)饭店知识介绍		
(2)培训培训者		
(3)安全知识培训		
(4)处理客人投诉技巧		
(5)与客人沟通的技巧		
(6)关注客人		
(7)客户关系		
(8)主管管理技巧		
(9)时间管理		
(10)如何评估下属		

续表

培 训 项 目	是	否
(11)员工部门内岗位交换培训		
(12)员工饭店内交换培训		
(13)接听电话技巧		
(14)电脑知识培训		
(15)饭店英语初级水平培训		
(16)饭店英语中级水平培训		
(17)日语初级水平培训		
(18)礼仪培训		

4. 除上述内容外,您还可以介绍哪些培训项目为员工进行培训?

____

____

____

谢谢您的合作!

某饭店培训部

2. 申报法

通过向各部门发放培训需求申报表了解各部门员工的需求。培训需求申报表是在制订饭店年度工作目标和部门年度工作目标的基础上,结合个人培训需求来确定部门培训需求。培训管理部门根据饭店年度工作目标和各部门上报的培训需求,制订饭店年度培训计划。培训部在征求各部门对年度培训计划意见的基础上,经过反复修改,定稿后上报饭店决策层审批。

3. 面谈调查法

面谈调查法是通过对受训者、培训者、督导者、管理者、决策者、顾问等关键人物进行面谈,经过全面、系统的分析之后,确定培训需求的一种调查方式。面谈调查法分为正式的和非正式的两种形式。正式的形式,是以标准的、统一的模式向所有被面谈者提出相同的问题;非正式的形式,是由面谈者针对不同的面谈对象提出不同的问题以获取所需信息。面谈调查法需要调查人员具备较高的沟通技巧,能够营造平等的沟通氛围,巧妙地运用提问技巧,引导被调查者的兴趣,达到调查的目的。

某饭店部门经理培训需求调查面谈问卷

__________部门__________经理

1. 您对培训部有哪些期望或要求？

2. 对您的部门来说，哪些培训项目是最重要的和最紧急的？

如：服务技巧、礼节礼貌、沟通技巧、服务程序及标准、安全知识、服务英语等。

3. 您部门的员工在入店前都参加岗前培训了吗？如果参加了，您认为培训效果如何？没参加培训的是何种原因？

4. 请您根据本部门的实际情况，按照非常重要、重要、不重要的程度选择以下培训项目：

培训项目	非常重要	重要	不重要
(1)饭店知识介绍			
(2)培训培训者			
(3)安全知识培训			
(4)处理客人投诉技巧			
(5)与客人沟通技巧			
(6)关注客人			
(7)客户关系			
(8)主管管理技巧			
(9)时间管理			
(10)如何评估下属			
(11)员工部门内岗位交换培训			
(12)员工饭店内交换培训			
(13)接听电话技巧			
(14)电脑知识培训			
(15)饭店英语初级水平培训			
(16)饭店英语中级水平培训			
(17)日语初级水平培训			
(18)礼仪培训			

5. 除上述培训内容外，您认为还有哪些培训项目对您的部门或饭店是非常必要的或急需的？

6. 您本人需要哪些方面的培训？

____

____

____

____

7. 您认为哪种培训方式适合您？

(1)管理实习

(2)参观、考察

(3)半脱产式培训

(4)脱产培训

(5)参加短期专项培训班

(6)自学

4. 观察法

观察法是一种通过各种层面的、较长时间的、多种角度的细致观察，或具有典型和普遍意义的案例分析来确定培训需求的方法。用该种方法能够最直接发现员工工作表现中的长处、不足以及工作中的难点和存在的问题。观察法是一种连续性的培训需求调查方法，需要较长的周期和各部门的配合，同时还要建立一套较为客观的评估标准。该方法常用于了解后备人才的培训需求和中高级管理人员的培训需求。

5. 资料分析法

通过对各种报表、文件、审计结果、预算报告、工作计划、总结、数据分析、客人投诉、工伤及处罚报告等记录进行分析，找出饭店存在的问题，确定培训需求。

6. 差距分析法

差距分析法是一种通过发现的问题判断培训需求的方法。其主要依据是饭店发布的、正在执行中的工作标准和各项管理制度。采用这种方法时，要明确客观的评估标准，分析员工现状与既定目标和标准间的实际差距，从而确定培训需求。

7. 任务分析法

通过分析工作任务的难点和关键环节来确定培训需求。

二、培训需求全面性分析方法

全面性分析方法是一种通过对饭店进行全面、系统的调查，分析理想状况与现实状况的差距，确定是否进行培训和培训具体内容的一种方法。全面性分析法是一项较为细致、工作量较大的、时间较长的工作，需要一定的人力、物力的支持和保障才能完成。实施全面性分析方法要经过计划阶段、研究阶段、任务或技能目标阶段、任务或技能分析阶段等过程。

培训需求分析方法的应用是依据培训需求分析的目的来决定采用何种分析方法。也就是说，不同的分析目的决定了不同方法的使用。培训管理部门应学会使用最适宜的培训需求分析方法，灵活、有效地运用这些方法，才能达到准确掌握培训需求的目的。

某饭店管理人员培训需求分析

饭店培训必须立足于组织发展的需要，组织的培训需求主要来源于饭店业务的发展需要和实施策略，培训也要为员工个人的职业发展提供支持，以达到个人与组织共同发展的目标。此次培训需求分析的主要依据是：

◆ 饭店战略发展规划
◆ 饭店人力资源规划
◆ 营销战略及核心竞争力需求
◆ 饭店年度经营目标
◆ 员工业绩及行为表现评估
◆ 员工任职能力状况分析、各岗位流程分析

以上述内容为依据，对饭店管理人员培训需求具体分析如下：

一、目前饭店缺编状况

全饭店现有员工总数为 325 人，预计再招聘 240 人左右：

序号	岗位	招聘人数	备注
1	总监级	2	
2	部门经理级	5	
3	部门副经理级	8	
4	主管级	27	
5	领班级	32	
6	员工级	172	

二、现有人员状况

1. 在现有人员中，大部分员工没有参加过系统培训。

2. 管理层岗位缺编比较严重，而且管理者水平参差不齐。

3. 预计招聘的人数约占现有人数的 35%，如果没有一个系统的培训计划，

将会给饭店的发展带来严重的影响。

4. 目前饭店有一部分已工作八九年的老员工需要接受发展培训。

三、管理人员培训需求分析

管理人员培训需求调查统计

调查对象:部门正、副经理

参加调查的人数:18 个

1. 学历统计

研究生	本科	大专	高中	初中	
人数	1	4	10	2	1
百分比	5.6%	22.2%	55.5%	11.1%	5.6%

2. 各种数字统计

种类	数量	
年龄	30~40 岁:8 人	40 岁以上:10 人
性别	男:11 人	女:7 人
有饭店工作经历的	5 年以上:12 人	
有合资饭店工作经历的	3 年以下:1 人	5 年以上:4 人
以前没有饭店工作经历的	9 人	
担任过训导师的	9 人	

3. 目前工作中最大的障碍是什么?

(1)饭店管理方面的专业知识和实践经验欠缺。

(2)工作程序应简洁,办事效率要提高。

(3)依靠摸索经验,而不是按照一套有效的管理体系去做。

(4)缺乏有效的理解和沟通方式,造成各部门间不能互相补台,常出现互相拆台的现象。

(5)工作程序、标准不统一,随意性比较强或是按经验办事。

(6)饭店设备管理、能源管理有较大的问题。

(7)团队精神较差。

(8)员工整体外语水平较低,不能与外国客人进行正常的交流。

4. 饭店管理人员现状分析

(1)管理人员自身素质及管理水平参差不齐。

(2)有些管理人员没有基层工作经验,对部门的管理工作有一些空白点。

(3)有些管理人员已经成为救火队员,每天都非常辛苦,通常做一些紧急但不重要的事情,忽略了一些重要而不紧急的事情,每天都在忙于琐碎的小事。

(4)缺乏沟通意识和正确的沟通方法。

(5)团队意识有待加强。

(6)管理者害怕承担责任。

(7)缺乏站在对方的角度上考虑问题的意识。

(8)管理人员对培训的重视程度不够。

(9)饭店没有建立一套比较完整的培训体系,造成培训不到位。

5. 管理人员的培训需求分析

根据部门经理的培训需求,主要分为三类:

第一类:经营部门的培训需求

(1)进行高星级饭店的培训考察,掌握目前高星级饭店的发展趋势和特点。

(2)现有饭店内部的管理程序及标准。

(3)沟通技巧。

(4)市场营销与客户关系。

(5)领导艺术。

(6)英语。

第二类:非经营部门的培训需求

(1)系统地学习本部门的管理程序、标准及相关政策法规。

(2)沟通技巧。

(3)英语培训。

(4)对没有饭店工作经历的人员需要系统学习饭店管理(采取理论、实践相结合的培训方式)知识。

(5)激励方法。

第三类:技术性较强的部门(工程部、电脑机房)的培训需求

为了适应当前高科技发展的需要,对技术含量较高、更新较快的管理人员,应不断地外派充电,以适应技术变化的需要。

综上所述,我们将根据大家的培训需求及目前管理人员的现状,制订开业前的培训计划。

第七章

制订培训计划

培训计划是根据饭店的近期、中期和长期战略发展目标，在对饭店员工培训需求进行正确预测的基础上，按照时间跨度制订中、长期培训计划、年度培训计划和单项培训活动方案的过程。培训计划主要包括确定培训需求、明确培训目标、制订培训内容、选择培训方式、选择训导师、实施和调整培训计划、组织培训管理、培训效果评估与转化等内容。

饭店的培训计划主要分为两部分，即系统培训计划和发展培训计划。在制订系统培训计划和发展培训计划时，饭店应具有超前性，使培训计划不仅与饭店现在的需求相结合，还能和饭店未来发展的需要相结合。

第一节　培训计划的制订准备

一、制订培训计划的原则

如何制订培训计划，才能既满足饭店和员工的需求，同时兼顾饭店资源条件和员工素质基础，并充分考虑到人力资源开发与培养的超前性和培训的不确定因素呢？这要遵循一定的原则。

制订培训计划的原则主要有：

1. 以培训需求为主要依据，强调培训计划的有效性

制订培训计划要以饭店的发展规划为基础，以促进饭店发展为动力，以提高员工素质、能力、个人竞争力和工作效率为目标，充分关注培训需求分析中发现的各类问题，充分考虑培训计划对工作绩效产生的积极影响。

培训计划的有效性应体现在以下几个方面：

(1)针对岗位要求制订培训计划。培训计划要明确取得工作绩效所应具备的知识和技能，要做到这一点，培训管理部门就必须准确掌握各岗位对员工应具备的知识和技能等方面的具体要求，才能使培训课程符合各岗位的要求。

客房部楼层主管的任职条件和岗位职责

一、任职条件

1. 基本素质：工作认真，顾全大局，关注客人，善于沟通，勇于创新，讲求效率。

2. 自然条件：身心健康，仪表端庄。

3. 文化程度：具有高中以上学历。

4. 语言能力：有较强的口头和文字表达能力，能用一门外语与客人交谈。

5. 工作经验：有 2 年以上客房楼层工作经验，掌握客房服务的程序、标准和要求，能熟练掌握和应用客房设备、清洁设备及各种清洁剂的安全使用方法，具有娴熟的待客技巧和应变能力。

6. 特殊要求：了解主要客源国概况，掌握消费者权益保护法及消防安全管理条例，了解餐饮、前厅、财务、工程等相关部门的工作程序，有较强的沟通协调能力和实施培训的能力。

二、岗位职责

负责所辖楼层客房的日常清洁、保养和对客服务工作，使服务的每一个步骤和程序顺利、完整地实施，保证客房的清洁、卫生和安全，使客房的工作计划保质、保量、按时完成。负责处理日常投诉和一般性的突发事件。负责新员工实操培训和实操质量的检查和指导工作。

(2)注重培训计划的相关性。制订培训计划要注意其全面性和相关性，切不可孤立地为解决某一个问题而制订培训计划。

(3)注重培训计划的有效性。培训计划是否有效是通过实施结果来检验的，要通过培训评估工作检验培训计划是否对培训工作绩效产生积极的影响。

2. 以员工素质水平为依据，强调培训计划的系统性

培训计划要以员工的知识水平、专业水平、人力资源配置结构、管理水平、管理权限等为依据，做到标准化、一致性和可靠性。对做什么、如何做、何时做、以何种方式做、达到何种效果、适用哪些标准等应进行系统设计，并在计划实施过程中严格遵守和应用。

3. 以部门工作计划为依据，强调培训计划的全面性

培训计划必须适应不同的工作岗位，要明确每一种岗位的培训要求，通过培训达到符合岗位要求的目的。培训计划还要适应不同员工的需求，不论是素质高或素质一般的员工，还是从事管理工作或实操工作的员工，有效的培训计划都能适应他们，满足他们的需求，使培训计划成为饭店开展培训工作的指导工具和实施标准。

4. 以可支配的资源为依据，强调培训计划的标准化

制订培训计划时，还要充分考虑饭店内部和外部一切可支配的资源，如教

师、设备、资金、参考资料、时间、信息等。充分考虑培训职责与任务、部门培训计划与其他部门培训计划之间的关联关系，运用全面、严格的培训管理制度，规范培训计划的编制和实施标准，使培训课程能有效地进行。

二、制订培训计划的程序

培训计划一般是按照各部门培训工作的关联性和时间段而确定的。有关培训计划的制订程序请见下面两个表格。

培训计划的制订程序表(一)

步骤		内容	实施部门
1		饭店决策层提出培训战略要求	总经理办公室
2		培训部发出制订培训计划的通知，根据饭店的培训战略，请各部门经理针对工作岗位的需求提出培训动议	培训部
3	提出培训动议	通过招聘评估、转岗评估、阶段性工作绩效评估等活动，对相应岗位工作技能的完善性培训需要提出培训动议	人力资源部
		为满足近期和中期的经营需要，以推动销售为目的，提出经营目标与现实服务的差距和支持性培训动议	各部门
		为使岗位任职人员的知识、技能和态度满足饭店未来发展的需要，使饭店更具竞争力，提出前瞻性的培训动议	各部门
		为提高饭店员工的凝聚力和核心竞争力提出周知性和特知性培训动议，如有关加强团队意识的培训动议	培训部及各部门
4		培训动议汇总	培训部
5		制订饭店培训计划编制指南	培训部
6	进行培训需求分析	弥补任职差距的技能完善性培训	人力资源部及各部门
		满足服务及销售需求的培训	营销部、质检部及各部门
		提高饭店员工竞争力的培训	决策层、培训部、人力资源部
		员工职业生涯发展规划及核心人员的发展培训	人力资源部、培训部、决策层
		技术性培训	工程部、财务部、保卫部
		非技术性综合素质培训	服务的辅助部门
		语言培训	对客服务部门
7		汇总培训需求并进行分析、排列	培训部
8		根据培训资源制订培训计划	培训部
9		召开部门会议，公布培训计划，征求意见	培训部
10		修改培训计划，上报决策层审批	培训部
11		向饭店各部门下发培训计划和培训实施次序表	培训部
12		实施培训计划	培训部

培训计划的制订程序表(二)

决策层工作	培训管理部门工作	各部门经理工作
1. 提出饭店培训战略	2. 制订饭店培训计划编制指南	3. 准备本部门培训计划的相关工作
	4. 召开培训计划会议对培训计划编制指南进行评估	
5. 审批培训计划编制指南		6. 制订部门培训计划上交培训部
	7. 制订饭店培训计划	
	8. 进行培训计划评估并上报决策层审批	
9. 提出修改建议		
	10. 修改培训计划,再次上报审批	
11. 批准培训计划		
	12. 向饭店各部门下发培训计划并准备执行	

三、编制培训计划的方法

编制培训计划是由饭店培训部负责的。培训部按照饭店的发展战略总目标,结合培训部的培训与管理工作记录,在全面掌握培训需求的基础上编制而成。

编制培训计划的常用方法有以下几种:

1. 培训计划编制会议

培训计划编制会议由饭店培训管理部门组织召开,饭店主管培训工作的总经理参加,必要时,饭店决策层全部出席。会议目的是对培训计划制订的合理性、可行性、效益性进行论证和评估,使培训计划得到饭店上下一致的认可和支持,最终获得通过。

2. 部门经理沟通会

部门经理沟通会主要是饭店培训主管部门与部门经理和训导师对部门的培训需求和部门的培训计划进行分析和沟通,以保证饭店供应性培训计划能满足各部门的培训需求,获得部门的支持和训导师的认可,保证培训项目的顺利实施。

3. 培训管理部门内部沟通会

广泛征求培训专业人员和管理人员对饭店培训计划的意见和修改建议,确定最终的培训计划。

4. 征求决策层意见

决策层可以从饭店整体发展的角度，发现培训计划的不足之处，帮助培训管理部门完善培训计划，提高其准确性、实用性和可操作性。

5. 征求员工代表意见

培训部向员工公布培训计划，通过征求员工代表意见，掌握一线员工的培训需求和对培训计划与培训管理的建议，使培训计划更具有针对性。

四、制订培训计划应参考的资料和信息

一份切实可行的培训计划，应参考如下资料和信息：

1. 饭店发展战略规划

制订培训计划首先应掌握饭店未来3~5年的发展战略目标，明确发展战略对人力资源开发与培训的要求，确定培训在发展战略中应发挥的作用。掌握的重点是：

(1)饭店目前管理现状

(2)饭店年度经营计划分析

(3)饭店人力资源发展规划

(4)竞争对手变化分析

(5)饭店客户构成形式及满意度分析

(6)客户需求波动对饭店产品、服务、人员、设备等方面产生的影响分析

(7)客源市场的变化及需求分析

(8)饭店设备设施更新改造计划

2. 各部门基本情况

通过对各部门基本情况的分析，掌握各部门实际水平与应达到目标之间的差距，正确评估部门培训效果，准确掌握运营层面的培训需求，使培训计划符合部门经营管理目标的需要。掌握的重点是：

(1)部门管理及管理层现状分析

(2)部门督导层队伍分析

(3)部门员工现状分析

(4)部门经营目标及差距分析

(5)部门上一年度与本年度培训效果比较分析

(6)部门被投诉情况分析

(7)部门培训实施与管理状况

(8)员工离职率及原因分析

(9)部门培训需求分析

(10)部门激励方法的应用及应用效果

3. 员工基本情况

通过对员工基本情况的分析，掌握员工个人发展期望，让培训计划能够调动员工主动学习、自觉学习的积极性，提高培训的吸引力，使培训计划更适合员工工作需求和个人发展的需要，使培训成为一种激励员工努力工作的手段。掌握的重点是：

(1)员工基本素质状况分析

(2)员工技能状况分析

(3)员工工作态度分析

(4)员工学习态度分析

(5)员工处理问题能力分析

(6)员工个人发展需求分析

4. 培训部基本情况

通过对培训部管理现状、培训资源配置、培训计划实施状况、培训效果评估、培训预算执行情况等方面的分析，明确培训在饭店战略管理中的地位，为培训计划的顺利实施做好准备。掌握的重点是：

(1)培训部组织结构及培训职责分析

(2)饭店现有培训资源分析

(3)饭店需要的培训资源分析

(4)培训管理与实施现状分析

(5)培训政策及策略执行情况分析

(6)上一年度与本年度培训计划实施效果比较分析

(7)培训计划合理性分析

(8)培训效果评估分析

(9)培训经验及教训分析

(10)培训效益分析

(11)培训预算执行情况分析

(12)次年度培训工作的重点和难点分析

(13)饭店培训需求分析

第二节　培训计划的制订

一、培训计划的拟定步骤(以年度培训计划为例)

年度培训计划应以饭店未来3~5年的培训战略为目标,以上一年度的培训计划为依据,制订出下一年度的培训计划。年度培训计划主要包括以下几个方面的内容:

1. 饭店外部环境分析

(1)行业发展现状分析

(2)竞争对手现状分析

2. 饭店经营管理现状分析

(1)饭店发展战略目标与现实的差距分析

(2)饭店本年度经营状况分析

(3)饭店人力资源现状分析及人才需求分析

(4)客源结构及客户需求分析

(5)饭店目前存在的主要问题

3. 饭店培训需求分析

培训需求分析是指在规划和设计每一项培训计划之前,由培训管理部门采用各种有效的方法对组织目标及组织成员的知识、态度、技能等方面进行系统的鉴别与分析,以确定培训内容、培训先后顺序和培训最佳时机的过程。培训需求分析的主要内容有:

(1)饭店战略目标分析

(2)工作分析

(3)员工个人基本状况分析

(4)培训环境分析

(5)培训效果期望标准分析

有关培训需求的分析内容详见本书第六章中的相关内容。

4. 本年度培训工作总结

(1)本年度培训计划执行情况总结

(2)本年度培训效果评估

(3)本年度培训工作的不足

5. 下一年度培训计划及预算

根据上述综合分析结果制订次年度培训计划和预算方案。

6. 下一年度培训计划实施关键问题

(1)培训经费的保障

(2)管理层和决策层的支持

(3)培训保障及激励制度

(4)培训资源的使用与保障

7. 培训管理部门的职能分工

将培训管理部门的职能分工明确列入培训总计划中,保证培训计划的有效实施。

二、培训计划的核心内容

1. 明确培训目标

培训目标是考核培训效果的标准,它分为总培训计划目标和单项培训计划目标。制订培训应本着简单明了、便于理解的原则。

制订培训目标要满足以下几方面的要求:

(1)满足培训内容应适应饭店行业发展和竞争对手变化的要求。

(2)满足饭店发展战略对人力资源开发与培训的要求,促进新员工尽快适应饭店内部环境,掌握工作知识和技能;促进老员工适应不断变化的环境,实现可持续发展。

(3)满足饭店各职能部门对培训的要求,促使各部门员工改进工作态度,提高工作效率和服务水平。

(4)满足饭店员工、管理者对适应新岗位和新职位的要求,为员工转岗、学习新技术及人员提升等工作做准备。

(5)满足饭店安全生产的要求,提高全员安全意识,降低或避免意外事故发生。

(6)满足员工个人发展的要求,使培训能够激发员工的学习兴趣。

2. 设计培训内容

培训管理部门应针对不同部门、不同岗位、不同层次的工作人员,分别设计不同的培训内容,使培训内容既相对独立,又能分能合,并有较强的实用性。

培训内容(详见本书第八章)主要包括:

<u>系统培训课程</u>

(1)岗前培训。主要针对新员工上岗用,目的是为了让新员工了解本饭店的一般情况如企业文化、饭店历史、组织机构及职权,了解必须掌握的规章制度、消防安全知识、员工的权利和义务等,增强员工对饭店的责任感和

主人翁意识。

(2)职前培训。主要针对新老员工在就任新职或接受新的岗位前用,以岗位专业知识和实际操作技能为主要培训内容,目的是使培训内容与岗位需要相结合,帮助新、老员工尽快适应饭店发展的需要。职前培训是一种个性化、专业化较强的培训形式,是保证饭店服务质量标准、持续提供优质服务的重要手段。培训管理部门要根据所在饭店的性质、环境、管理要求、任职条件、技能要求、服务质量标准、发展需要等因素拟定职前培训计划和实施方案。

(3)在岗培训。在岗培训是为了使员工在饭店或在行业领域内得到进一步发展,增强个人竞争力的有效培训形式,是更新知识、掌握新技能和新技术的有效培训途径,也是为了弥补岗前培训和职前培训的不足所采取的一种培训补救措施。在岗培训主要强调分职能培训,如财务管理人员的培训、营销人员的培训、工程技术人员的培训、人力资源管理人员的培训、保卫人员的培训等。

(4)脱产培训。脱产培训是指员工暂时离开现职或岗位,脱产到专业培训机构、其他饭店、大学等参加较长时间的培训或考察。

发展培训课程

饭店的发展培训是针对核心层和业务骨干而设计的,是在充分掌握他们的培训需求的基础上,根据饭店发展培训战略和对各层级管理者技能和能力要求的最优化组合而制订的。发展培训将根据核心层和业务骨干所承担职责的差异,为他们制订个性化的学习和训练内容。发展培训的第一步,也是最关键的一步是要确定本饭店对各层级管理者和业务骨干的技能和能力要求的最优化组合,根据这一组合对不同层级的人员实施不同内容的培训。发展培训课程分为初级发展培训、中级发展培训和高级发展培训。发展培训要按照饭店的人才培养计划有的放矢,逐级实施。

发展培训课程应侧重以下几方面的内容:

(1)知识补充与更新

(2)技能开发

(3)转变观念

(4)领导行为

(5)思维技巧

(6)心态调整

3. 确定受训者

准确地选择受训者,了解他们所具备知识、技能和经验的程度,对培训的期望值，接受培训的能力，工作环境的状况和特点等，以此来区分主要培训对象和次要培训对象。在进行培训之前，必须明确培训的目的是为了集中解决目前工作中存在的问题，还是要激励和提拔明星员工，或是既要解决问题又要提拔明星员工。澄清这一问题，将有助于强化培训的目的性，增强培训效果，控制培训成本。

4. 选择训导师，确定培训管理者

训导师是培训活动的主角，培训部应根据培训内容提前选聘训导师，使训导师对所授课程有充分准备。本书第五章对训导师的选用做了较为全面的讲述，这里就不再赘述。

5. 确定培训方式

培训方式有多种多样，它受培训内容、受训者状况、培训目的、培训环境、培训时间长短等因素的影响，在制订培训计划时，要根据具体情况选用恰当的培训方式。

6. 确定培训时间

及时、合理地选择培训时间是保证培训目标实现的关键。选择培训时间要做到既不过于超前，也不过于滞后。培训时间的选择还要与饭店的经营现状紧密结合，最好选择饭店的淡季进行。

7. 选择培训地点

培训地点的位置、培训教室的大小等受多种因素的影响，选择时应考虑受训人数、培训内容和培训方式等方面的要求，对培训地点周围的环境进行全面考察，特别是对可能发生的安全隐患等的问题进行评估，最后将确认后的培训地点及时通知到训导师和受训者。

8. 实施培训考核

为使培训达到预期目标，要进行培训考核。考核分为即时考核和应用考核，训导师和培训管理部门可根据培训项目确定具体的考核方法。

9. 培训费用预算

培训费用预算是对整体培训计划或单项培训计划所进行的直接费用预算。旨在提高培训预算的实用性和准确性，有效地控制培训成本，将培训费用用在最合适的培训项目中，达到激励员工发展，提高饭店的经营管理效益的目的（详见第十二章培训费用预算）。

某饭店开业前的培训计划

<table>
<tr><th colspan="2">序号</th><th>培 训 题 目</th><th>课程时间</th><th>训导师</th><th>备 注</th></tr>
<tr><td rowspan="13">第一阶段</td><td colspan="2">成建制培训，对饭店部门经理及以上管理者进行饭店管理知识的系统培训</td><td>总课时
66 小时</td><td>外聘训导师</td><td>每门课都要考核，课堂教学采取互动式教学法和案例教学法</td></tr>
<tr><td>1</td><td>中外饭店业的发展趋势及管理比较分析</td><td>4</td><td></td><td></td></tr>
<tr><td>2</td><td>管理创新</td><td>4</td><td></td><td></td></tr>
<tr><td>3</td><td>人际关系</td><td>6</td><td></td><td></td></tr>
<tr><td>4</td><td>饭店业的政策与法规</td><td>4</td><td></td><td></td></tr>
<tr><td>5</td><td>饭店的危机与风险管理</td><td>6</td><td></td><td></td></tr>
<tr><td>6</td><td>饭店人力资源开发与管理</td><td>6</td><td></td><td></td></tr>
<tr><td>7</td><td>饭店营销管理</td><td>6</td><td></td><td></td></tr>
<tr><td>8</td><td>财务管理</td><td>6</td><td></td><td></td></tr>
<tr><td>9</td><td>饭店客务管理</td><td>6</td><td></td><td></td></tr>
<tr><td>10</td><td>饭店餐饮、会展管理</td><td>6</td><td></td><td></td></tr>
<tr><td>11</td><td>饭店工程管理</td><td>6</td><td></td><td></td></tr>
<tr><td>12</td><td>服务质量控制与管理</td><td>6</td><td></td><td></td></tr>
<tr><td rowspan="4">第二阶段</td><td colspan="2">饭店内部培训阶段。根据成建制的培训结合饭店的实际情况，对部门经理级以上人员进行有针对性的培训</td><td>总课时
110 小时</td><td>饭店训导师</td><td>进行解决实际问题的培训，重点强调培训成果转化工作</td></tr>
<tr><td>1</td><td>管理者应具备的素质</td><td>2</td><td>总经理</td><td></td></tr>
<tr><td rowspan="2">2</td><td>(1)提升绩效管理课程
• 目标建立
• 领导力
• 身为督导
• 激励员工、团队建设
• 时间管理
• 沟通技巧
• 冲突的种类及解决问题的方法
• 如何管理员工表现</td><td>60</td><td>执行训导师</td><td></td></tr>
<tr><td>(2)财务管理
• 固定资产的管理
• 成本控制
• 各类报表的阅读
• 物品申购、使用、保管、报损</td><td>12</td><td>财务部经理</td><td></td></tr>
</table>

续表

序号		培训题目	课程时间	训导师	备注
第二阶段	3	饭店客源市场及竞争对手比较分析	6	营销总监	
	4	员工职业生涯规划管理 评估及激励 招聘管理	10	人力资源总监	
	5	培训培训者	18	执行训导师	全封闭式培训
	6	各类报告的书写格式及要求	2	总办主任	
第三阶段		考察培训和拓展培训。将理论知识和饭店实践相结合，通过体验式培训达成共识，并形成团队的合力	总时间 12~21天		
	1	拓展培训（全封闭式培训）	3天	拓展训练营教师	所有部门经理级以上人员必须参加，并作为考核评估的内容
	2	培训考察 • 上海、广州、深圳、青岛 • 新加坡、马来西亚、香港、日本	6天 15天	副总经理 总经理	将部门经理分为两个考察组分别由总经理和副总经理带队
第四阶段		培训总结、考核、评估。根据前一阶段的各项培训工作，采取多种方式进行总结、考核和评估	3天	总经理	饭店决策者对评估结果进行分析，公开表彰和评估总结
第五阶段		全员培训阶段即岗前培训	总课时 39	饭店各部门训导师	制订严格的培训评估与管理制度，并严格按制度执行，不合格者不能上岗
	1	企业文化、价值观及品牌意识	4小时	总经理	
	2	主要部门功能及在饭店中的作用	2小时	部门经理	
	3	员工守则	4小时	人力资源部经理	
	4	饭店员工素质及职业道德	2小时	培训部经理	
	5	仪表仪容及个人卫生标准	2小时	同上	
	6	消防及安全知识	4小时	保卫部经理	
	7	形体训练（站姿、走姿、坐姿）	3小时	外请	
	8	关注客人（一）	6小时	培训部经理	
	9	关注客人（二）	6小时	培训部经理	
	10	食品卫生	2小时	外请	
	11	参观饭店 进行考核	4小时	培训部 培训部	

续表

序号	培训题目	课程时间	训导师	备注
第六阶段	此阶段是分部门进行部门技能培训阶段。由部门制订详细的培训计划,上报培训部审核备案并严格按计划实施培训,培训部进行督导检查			
第七阶段	此阶段是全员考核评估阶段。以技术比赛的形式进行考核评估,掀起技术训练高潮,为开业做好准备			

第八章

系统培训课程体系

培训课程体系分为系统培训课程体系和发展培训课程体系。建立科学、完善的培训课程体系是一项具体而又细致的工作,是关系到饭店整体培训计划能否成功实施的关键因素。

建立饭店培训课程体系应遵循以下几项原则:

1. 培训课程体系的设置要与培训目标相结合

培训课程体系要以饭店组织目标为核心,将员工的个人发展目标与组织发展目标统一起来,满足员工自我发展的需要,发挥培训对饭店的积极作用,增强企业的凝聚力,实现饭店、员工共同发展的目标。培训课程要相对集中,有连续性,按照培训目标进行设计和实施,保证培训课程的完整性。

2. 培训课程体系的选择应满足绝大多数受训者的需求

培训课程的选择应满足绝大多数受训者的需求,使受训者充分认识到培训的重要性,积极支持和参与培训活动,同时还要努力赢得饭店中高层管理者的支持和认同,使他们主动为下级的培训创造各种有利条件,提供物质上、经济上和时间上的保证,使培训计划在各层次、各部门中顺利贯彻。

3. 培训课程体系的选择要突出实用性

设计培训课程体系时,要避免为追求学历、文凭、证书等而设计时髦的、价值不高的培训课程,而要从受训者的需求出发,以学有所用为考虑一切问题的出发点。

4. 培训课程体系的设计要符合成人学习知识的规律

培训内容的编排、教学方式和方法的选择、培训师的挑选、教材的确定等都要考虑成人认知的特点,符合成人教学的特点,做到理论与实践相结合、理论与案例分析相结合。

系统培训课程体系是通过一系列符合逻辑和突出实际应用的课程设计活动,将某次培训项目与其他培训项目的内在关系相结合而有计划、有规律地实施的。目前,我国绝大多数饭店实行的是系统培训课程体系。

系统培训课程体系是以饭店管理战略为基础,对饭店当前面对的挑战、机会及存在的问题进行全面分析，由饭店决策层确定培训总目标，最后得以实施的。该课程体系强调的是技能和态度方面的培训，是为特定时期的培训实施服务的。它是一项全员参与培训的工作。主要课程包括：岗前培训课程、职前培训课程、在岗培训课程和系统培训课程实施步骤。

第一节　岗前培训课程

岗前培训是一个组织通过帮助新员工轻松、愉快地进入职业新角色，适应新的工作岗位，循序渐进地将其从局外人转变成组织人的过程。岗前培训是适应性培训，培训课程设计应从岗前培训的目的出发，确定培训内容，将周知性培训和专业培训巧妙地结合在一起。

一、岗前培训的目的

岗前培训的目的是使新员工全面了解饭店基本情况和各项规章制度，了解岗位工作职责和绩效评估标准，掌握岗位工作方法和安全操作规范，熟悉相关部门的工作流程，认识相关部门员工和本岗位领导及相关管理者，使受训员工能够较快适应工作环境，自觉遵守员工行为规范，认同饭店的企业文化和价值观，提高团队意识和沟通技巧。

二、岗前培训课程的特点

1. 强调基础性培训

强调基础性培训的目的是缓解新员工的焦虑和困惑，培养其积极工作的态度，养成良好的工作习惯，上岗后减少事故的发生，使其尽快融入到新的工作环境中，成为一名合格的员工。基础性培训涉及的内容较多，一般由饭店的高层管理者、培训部和新员工的工作部门共同实施完成。

2. 强化适应性培训

在被录用的员工中，有相当一部分人是有相关工作经验和管理经验的，他们是不是就不需要培训了呢？答案是否定的。这些人虽然有工作经验，但各饭店在管理方式、工作程序及工作标准方面存在较大差异，其新入职时，还需要按照现职饭店的培训制度参加岗前培训课程和适应性训练，经过严格的考核成绩达标后才能上岗。

3. 实施非个性化培训

岗前培训是以饭店的要求和岗位要求为培训标准的，这种培训很少考虑员工间的差异，因而无法有效满足所有人的培训需求，是非个性化的培训方式。它由培训部负责确定培训内容并编制培训手册，并严格按照培训手册规定的内容实施培训。培训部根据人力资源部每月招聘员工的数量及饭店营业的淡旺季，确定每月的培训时间。各饭店可根据自己的具体情况确定岗前培训课程的周期，一般讲，已开业的饭店岗前培训期一般为3~7天，筹备开业的饭店岗前培训时间较长，一般为3~6个月。

三、岗前培训课程的主要内容

岗前培训课程主要以常识性课程为主，重点包括以下几个方面的内容：

1. 认识饭店及饭店组织，消除新员工对饭店的陌生感

这项内容是岗前培训的开场白，是饭店能否给新员工留下美好印象的关键点。饭店的中高层管理者要利用好这一时机，亲临培训现场与新员工见面，对新员工的到来表示热烈的欢迎和真诚的感谢。这项培训的主要内容有：

(1)饭店组织介绍。将饭店组织的构成形式、组织机构的设置特点、各职能部门的管理职责、各部门工作的衔接点等向新员工进行详细的介绍，使他们对饭店组织有较为全面的认识和了解。

(2)饭店中高层管理者介绍。通过对饭店中高层管理者进行介绍，让新员工了解饭店管理团队。很多大型饭店的中高层管理者还要亲临培训现场与新员工见面，这样能在较短时间内缩小新员工与管理者之间的距离。还有的饭店采取召开迎新招待会、送纪念品、和管理者共进午餐、和管理者合影留念等方式，向新员工传递“家”的氛围和感受。

(3)介绍饭店概况。饭店概况主要包括饭店店徽及其含义、饭店的性质、饭店的位置、饭店的设备设施、饭店的内部和外部环境、工作场所和自然环境等，并告诉新员工学习这些内容的用途和道理。

2. 介绍饭店发展战略和饭店文化，培养员工对饭店的认同感

介绍饭店的发展史、发展规划和饭店文化，能增强新员工对饭店发展前景的信心和对企业文化的认同感，明确自己的责任和使命。培训的主要内容有：

(1)饭店发展史。介绍饭店的创业史，必要时，请新员工观看饭店的创业图片或影像记录，了解饭店的竞争特色和优势。

(2)饭店发展战略。介绍饭店组织的使命和远景规划，介绍组织的目标以及实现这些目标的规划，让新员工认识到他们是完成这些规划和使命的重要一员，企业的发展需要他们的智慧和力量，激发新员工对工作的自豪感和责任感。

(3)饭店文化。饭店文化主要体现在企业精神、企业作风、企业宗旨、企业价值观、企业道德、员工精神面貌和榜样的作用等方面。开展这方面的培训是为

了增强新员工对企业文化的认同感。有关饭店文化的培训要避免走形式、喊口号,因为饭店文化的形成和人们对这一文化的认同是需要经历较长时期的培养的。

3. 开始新职业、新工作应具备的积极心态

对饭店来说,让员工具备积极的心态是饭店人力资源可持续发展的需要;对员工来说,培养积极的心态有助于自己顺利走上成功之路。开展这项培训的主要要求有:

(1)让员工工作有目标。通过岗前培训,管理者应帮助新员工确定自己的奋斗目标,制订职业生涯发展规划,使员工在新的起点上朝着正确的目标前进。

(2)让员工工作有决心。通过岗前培训,要让新员工勇于面对工作中出现的问题,敢于接受挑战,为完成预期目标下定必胜的决心。

(3)让员工能主动工作。通过岗前培训,培养新员工主动提问、主动做事、主动表现和争取机会的意识,主动创造锻炼条件,使自己尽快达到组织要求的目标。

(4)让员工工作有自律。教育新员工从点点滴滴做起,严格遵守工作质量标准,强化自律能力,将工作完成得很出色。

(5)让员工懂得成功来自于坚持。告诉新员工,无论在哪个岗位工作,都需要日复一日、年复一年地去做,这样容易使人产生厌倦心理,容易使人放弃。但是,如果能在枯燥的工作中长期坚持做到最好,就会取得成功。一个人的命运,并不取决于他是否聪明,而取决于他能否坚持既定目标。

(6)让员工对职业岗位有正确认识。员工在上岗之前需要对自己所从事的工作有详尽的了解,掌握职业必备知识,才能在工作中有良好的表现。主要内容有:

岗位职责:新员工必须掌握具体工作内容,知道在工作中“应该做什么和如何做”。饭店在进行该项培训时,应事先准备好岗位职责说明书,详细规定各岗位的工作标准和操作规范,做到人手一份,利于新员工学习和记忆。

任职条件:让新员工清楚地知道承担某岗位所必须具备的资格和技能条件,评估自己与岗位要求的差距,明确努力方向。

权限:新员工应清楚为完成个人职责需取得哪些授权,应如何合理有效地使用自己的权利,同时还要明白,员工一旦有了正式的职务,就意味着有了与职务相对应的责任和完成职责的义务。

4. 职业人的具体要求

新员工应清楚地认识到职业人应具有职业意识,如客户意识、主动工作意识、竞争意识、团队意识、学习意识、沟通意识、效率意识等,并学会在工作中有效

地应用。

5. 职业礼节和礼仪要求

职业礼节和礼仪主要有:

形象礼仪:如职业着装、职业仪态、职业用语、微笑服务等行为规范。

商务礼仪:如交换名片礼仪、握手礼仪、待客礼仪、拜访礼仪、电话礼仪、用餐礼仪等。

6. 掌握饭店的各项政策及管理制度

饭店的政策和管理制度是依据国家、行业要求,结合本饭店实际情况而制定的关于人事、薪酬、福利、社会保障、财务、安全、服务质量以及员工行为规范等一系列事项的制度和管理文件,饭店统称为员工手册。员工手册以内部刊物的形式发放给员工,做到人手一册。饭店的政策及管理制度是每一位从业人员与饭店建立合作关系的基础,是员工在饭店工作的标准,是员工获取福利、报酬的标准,是个人与饭店权利义务关系的标准,是人人必须遵守的准则。

饭店的政策及管理制度主要分为以下几方面的内容:

(1)饭店政策。饭店政策主要包括绩效评估制度、管理者权限制度、决策制度、培训制度、管理责任追究制度、管理者离任审计制度、员工职业生涯规划制度等。

(2)劳动关系制度。劳动关系制度主要有劳动合同制度、用工制度、实习制度、晋升制度、工作时间与值班制度、旷工处分方法、解聘规定、员工利益与责任、不公平申诉处理程序、薪酬福利制度(基本工资制度、绩效工资制度、工资支付方式、加班及节假日工资补偿制度等)、奖惩制度、有薪年假制度、纳税方法、住房公积金及贷款制度等。

(3)社会保障制度。社会保障制度主要按照国家的法规执行,如医疗保险、失业保险、大病统筹、养老保险及保险金的缴纳及提取方法,病假、事假、工伤、产假管理制度,退休制度等。

(4)财务管理制度。财务管理制度如出差制度、报销制度、采购制度、库房管理制度、盘点制度、成本管理制度、备用金管理制度、预算制度、费用支出权限制度、签单授权制度、宴请制度、审计制度、信用制度等。

(5)公平合理待遇的保证。有些国家颁布了公平就业制度,明文规定所有的人都有机会获得工作的权利,不论种族、肤色、宗教信仰、性别或国籍,并享受公平的待遇。许多饭店在公平就业制度的基础上制定了《员工公平合理待遇的保证》制度。它是公平就业制度的细化和延伸,是公平就业制度的保障。以MARRIOT 集团的保证为例。

MARRIOT 管理集团明确规定:不管员工的职位高低,集团始终为每一位员工提供公平合理的待遇,所有的人都将有机会被录用、晋升、培训,这一切仅仅是依据员工的能力,而不管他们的种族、肤色、宗教信仰、性别或国籍。当错误一旦发生,我们要尽快地纠正它,我们能做到这一点的唯一方法是知道员工的问题和抱怨。如果员工有问题和抱怨,应该做的事是:

第一步:告诉你的直接主管。你可以坦率地向他说明一切,你的主管将友好、礼貌地倾听你的意见,他将了解所有的事实,努力用一种公平合理与平等的方法解决你的问题。

第二步:如果你的主管在规定的时间内不能帮助你解决问题或你认为解决得不合理、不公平,你可以找部门经理解决问题。如果你还不满意的话,他将安排总监或总经理帮助你解决问题。

第三步:你的总监或总经理将与你和相关人员一同商议,重新仔细调查事实,彻底讨论给予解决。如果你仍不满意,你可以向饭店区总部反映,要求他们采取行动。

MARROIT 的政策使所有员工都得到了公平、合理的待遇。

7. 消防安全教育

安全是饭店经营之本。岗前的安全教育是保证饭店经营活动正常进行,保证客人和员工安全的重要措施。饭店一般都会印发消防安全手册,并将其作为培训教材和执行标准发放给新员工,做到人手一册。保卫部经理负责消防安全培训课程的实施和培训效果的评估工作。

消防安全培训内容主要有:

(1)消防安全知识。主要进行消防安全意识的培训,以案例的形式讲解重大消防安全事故给企业和员工个人带来的惨痛教训和重大的经济损失。根据企业的实际情况讲解消防安全程序和消防安全管理制度,教授消防安全设备的使用和保养方法。同时还应进行社会治安方面的安全防范知识的培训,如发现可疑人、可疑物、通缉犯等事件的处理方法,发现危险物品、枪支弹药的处理方法,发现嫖娼卖淫、赌博、酗酒斗殴的处理方法,发现恐怖事件的处理方法,等等。

(2)火警报警程序。主要培训火警的报警程序,报警电话、火警报警设备的使用方法等。

(3)紧急疏散程序。饭店一旦发生火灾,应如何疏散客人,有效保护饭店财产,有效保护客人和员工的生命安全……这需要进行相关知识的培训,其中,疏散集中的地点、疏散时的安全措施等是培训的重点,必要时可以进行紧急疏散的演习。

(4)紧急情况处理程序。紧急情况处理程序主要涉及饭店内突发事件及突发事件的处理方法,如各种自然灾害事件的处理方法、治安事件的处理方法、客人财物被盗事件的处理方法,劫持、恐怖事件的处理方法等。

(5)急救知识。由饭店专职医生或防疫站的医生对员工进行必要的急救知识的培训,如心肺复苏法、常见创伤的处理、骨折救护措施、止血方法、突发心脏病的处理方法等。

8. 食品卫生及饮食安全教育

饮食卫生与饮食安全是保证饭店安全生产的必要条件。为了保障饭店经营的饮料与食品的卫生与安全,保障消费者的身体健康,饭店加强了对餐饮从业人员的食品卫生及饮食安全教育,要求餐饮从业人员一律持健康证上岗,并严格规范了食品卫生、个人卫生、餐具卫生和环境卫生等管理标准。

食品卫生与饮食安全教育是饭店岗前培训的一项重要内容,主要涉及以下几方面的内容:

(1)生产环境的卫生控制与管理。首先,要保证生产环境设计必须符合食品卫生的要求;其次,要制定严格的卫生标准,如墙面、地面卫生标准,通风照明设备卫生标准,洗手池设备卫生标准,更衣室卫生标准,垃圾处理设施卫生标准等,保证清洁工作的质量。

(2)原材料的卫生控制与管理。食品原材料是否符合卫生标准决定着产品卫生质量的优与劣,因此,正确选择、鉴定、取用原材料,保证原材料的新鲜、纯正是十分重要的。

(3)生产过程的卫生控制与管理。主要培训点有:各种食品的解冻控制方法和解冻温度要求,罐头食品的开启与取用卫生要求,容易腐烂食品的卫生控制与管理要求,冷菜食品的卫生控制与管理标准,烹饪食品的卫生加工标准和安全管理标准等。

(4)餐饮设备、餐具的卫生管理。主要培训点有:加工食物原料用的设备、厨具的卫生控制与管理,烹饪设备和工具的卫生控制与管理、冷藏设备的卫生控制与管理、清洁消毒设备的卫生控制与管理、储藏和运送设备的卫生控制与管理等。

(5)餐饮从业人员的健康、卫生管理。主要培训点有:对餐饮从业人员健康检查的要求,个人卫生管理要求、工作卫生管理要求等。

(6)有害昆虫与动物防治标准。老鼠、蟑螂、苍蝇等害虫会污染食物、炊具、餐具,传播各种传染病,是对饮食卫生的极大威胁,饭店应注重对有害昆虫与动物的防治,并制定严格的防治标准。

(7)食物中毒的种类及预防。以案例培训的方式讲解食物中毒的种类及预防措施,讲解食物中毒会给客人和饭店造成的损失和影响,强调预防的重要性,提高新员工的食品卫生安全意识。

(8)餐饮操作安全管理。培训餐饮设备安全操作使用方法,如正确地使用刀具、和面机、绞肉机、灶具等,安全开启酒瓶和罐头类食物的方法等,防止工作中扭伤、烫伤、电击伤、火灾等安全事故的发生。

(9)餐具的清洁与消毒标准。餐具是食物中毒和疾病传播的媒介之一,加强对员工的相关培训尤显重要。主要培训点是:餐具的洗涤、消毒和保存标准。

(10)食品卫生法。学习《中华人民共和国食品卫生法》,严格按照法律规定的内容经营和管理餐饮设施。

(11)公共场所卫生管理条例。学习公共场所卫生管理条例,维护好公共场所的卫生,保证达到卫生标准。

(12)《中华人民共和国传染病防治法》。培训该项法规是为了让饭店从业人员认清饮食业中传染病的危险程度,提高对传染病预防的意识。

9.职业安全教育

职业安全是保证员工工作安全的一项重要管理制度,是员工福利的一种体现。职业安全教育由培训部负责实施。主要培训点有:员工体检制度、化学危险品使用安全与保管制度、岗位安全制度、作业安全制度、劳动保护制度、员工娱乐健身制度、女员工劳动保护制度、工作中可能发生的意外事件及处理原则等。

10.熟悉饭店环境,参观饭店

饭店环境包括自然环境、人际环境和工作环境。熟悉饭店环境主要采取讲授与实地参观相结合的形式。由培训部设计好参观路线,带领新员工参观,进行实地讲解,加深员工对饭店的印象。

(1)自然环境。自然环境包括饭店地理位置及周围情况、饭店各部门办公地点及服务区域、员工食堂、休息室、倒班宿舍、理发室、医务室、员工卫生间、图书室、更衣室等及行走路线。

(2)人际环境。人际环境包括饭店各部门之间的沟通渠道及方式,员工之间的沟通渠道及合作方式,对客服务中的沟通技巧、公共关系与服务质量等。

(3)工作环境。工作环境包括饭店的设施设备、部门的设施设备及服务程序等。

四、岗前培训程序

岗前培训程序分为这样几个步骤(如图):培训准备、培训实施、培训考核、颁发上岗合格证书。

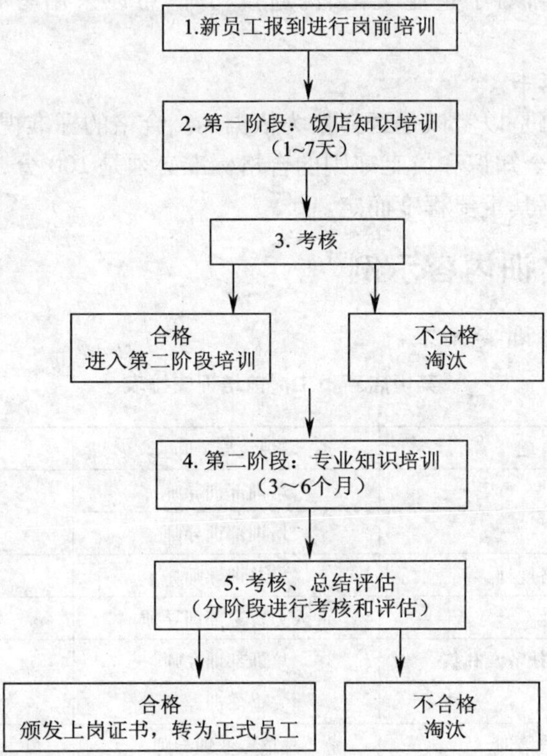

岗前培训实施流程图

1. 岗前培训的准备

培训准备工作主要是确定培训时间、培训地点、训导师、考试方式和标准。岗前培训课程一般要求在固定的培训时间,拟定统一的培训内容、统一的考试方法、统一的评分标准并统一颁发上岗证书。训导师由饭店相关业务部门的培训骨干或部门经理担任。

2. 岗前培训的实施

岗前培训是以集中授课、自学和实操培训相结合的形式进行的,具体的培训形式是根据培训内容确定的,如饭店政策和制度方面的培训课程以新员工自学为主要培训方式,加上集中答疑指导达到培训目的;消防安全知识培训则以面授的形式,集中讲解、实操训练、统一考核。

3. 岗前培训的考核

考核的形式有试卷考核和写心得体会。对于应知应会的培训内容必须通过试卷考核的形式检查新员工的掌握情况和熟悉程度，如员工守则、消防知识、安全常识等；对于企业文化、沟通技巧等，可以采用写心得报告的形式进行考核。

4. 颁发上岗证书

颁发上岗证书是以考试是否合格为依据的。合格的标准视培训内容的重要性而定，如消防安全知识和员工守则的合格标准必须是100分，其他课程的合格标准饭店可以根据其重要程度而定。

五、岗前培训内容示例

（一）岗前培训安排表

某饭店新员工岗前培训安排表

培训内容	训导师	时间
1. 饭店概况	培训部训导师	半天
2. 饭店管理层介绍	培训部训导师	
3. 饭店文化及发展战略规划	总训导师	半天
4. 饭店政策及管理制度	人力资源部训导师	一天
5. 认识职业岗位、职业礼节及礼仪	培训部训导师	一天
6. 消防安全知识	安全部训导师	半天
7. 食品卫生与食品安全培训	外请专业训导师	一天
8. 职业安全教育	培训部训导师	半天
9. 参观饭店	培训部训导师	半天
10. 考试	培训部	半天
11. 颁发培训证书	培训部	一两个小时

（二）岗前培训课程内容

新员工岗前培训课程案例

1. 饭店的地理位置

饭店名称（中、英文）

饭店的地理位置

饭店的门牌号

饭店邮编

饭店总机号码

饭店传真号码
饭店预订号码
饭店网页
饭店 E-mail
饭店建筑面积
饭店的层高
饭店大堂的面积
饭店停车场的位置
饭店周边的著名景观

2. 饭店的组织机构

饭店的上级单位名称
上级单位的办公地点
上级单位的组织机构设置
上级单位主要管理者的姓名
上级单位所管理饭店的名称
饭店总机电话
饭店总经理姓名
饭店所在地理位置
饭店部门的数量
饭店部门的名称
饭店各办公室地点
饭店各部门办公室电话号码
饭店部门经理姓名

3. 饭店的形象

店徽
店徽的内涵
店徽色的含义
饭店的经营口号
饭店的服务口号
饭店楼梯背景画的内涵
楼梯背景画设计者的姓名
楼梯背景画制造者的姓名
前台接待台背景画的名称
接待台背景画的作者

接待台背景画的制作工艺
饭店吉祥物
大堂视觉中心及“镇店之宝”
镇店之宝的内涵
4.饭店的文化
饭店的经营方针
饭店的管理理念
饭店的服务宗旨
饭店人力资源开发的目标
5.饭店的服务设施
客房的数量
客房的房号
客房房型的种类
客房房态的种类
客房房态的代码
客房的房价
特色客房
客房的尺寸
客房床的种类
每种床的尺寸
客房卫生间的配置
无烟楼层
客房的代码
客房服务项目
客房服务中心电话
房间酒水的种类
酒水的价格
电视频道的数量
主要电视频道名称
收、送客衣的时间
服务电话
客衣快洗服务时间
快洗服务收费标准
送餐服务的电话

送餐服务的时间
餐厅的名称
餐厅的营业时间
餐厅经营风味
餐厅的位置
餐厅的招牌菜
各餐厅电话
宴会厅的位置
宴会厅的电话
会议设备
健身设施
服务电话
健身设施收费标准
健身服务的时间
健身设施的地点
美容美发服务项目
美容美发服务电话
美容美发收费标准
美容美发营业时间
美容美发营业地点
演艺中心营业时间
演艺中心收费标准
演艺中心营业地点
演艺中心服务电话
商务中心服务项目
商务中心服务时间
商务中心服务地点
商务中心收费标准
商务中心服务电话
各出租场所名称
出租场所服务项目
出租场所地点
出租场所电话
出租场所负责人

停车服务地点
停车服务收费标准
租车服务的种类
租车服务电话
接、送机服务收费标准
接、送机服务电话
饭店对客服务电话（大堂值班经理）
行李服务电话
机票服务电话
机票服务地点
旅行社服务电话
旅行社服务地点
外币兑换服务电话
外币兑换服务地点
贵重物品存放服务
照看小孩服务电话
叫醒服务电话
前厅接待电话
前厅收银电话
信用卡使用的种类
店内消防报警电话
客房间电话拨打方法
天气预报服务电话
急救中心电话
金钥匙服务电话

6. 饭店安全标准

消防安全
治安管理
食品卫生
职业安全

7. 饭店规章制度

（详见各饭店员工守则）

8. 合同管理

（见员工合同书）

9. 新员工应避免发生的错误

得过且过

无危机感

无所事事

胡乱兼职

事不关己

惧怕机会

急于表现

白纸一片

10. 正确认识自己

(1)被饭店聘用的原因

个人形象

专业特长

沟通能力

经验背景

临场发挥

重在表现

(2)树立正确的个人职业发展观

努力比选择重要

过程比结果重要

行动比空想重要

11. 饭店对职业化员工的要求和职业化守则

(1)职业化要求

责任为中心

结果为导向

工作为首选

理性为基础

服务为灵魂

品质为保障

(2)职业化守则

比客户期待的做得更好,做到客户第一、团队至上。

不断提升工作效能和效率。

在指定时间内按质量标准完成工作任务。

集中精神专心工作,不占用工作时间办个人私事。

用心防止失误或错误出现,一旦出现,立即采取补救措施。

养成节约节俭习惯,树立成本意识。

12. 用积极的心态迎接每一天的工作

(1)积极心态的作用

激发热情

增强创造力

让你遇到好运

(2)消极心态的后果

限制潜能

消耗精力

丧失机会

希望破灭

(3)保持积极心态的信念

过去不代表未来

自信、永不放弃

做事先做人

立即准备行动

13. 与同事和睦相处

(1)学会自我管理。自我管理是获得别人尊重的起点。做好分内事,不要给他人的工作带来困难和干扰是合作的前提。

(2)做到将心比心。站在别人的立场上考虑问题容易达成共识。但是要记住,站在别人的立场上并不等于要牺牲自己的立场。

(3)主动关怀他人。以真诚的态度对待他人,才会赢得他人的合作和尊重。记住,自尊与尊重从来都是一起产生的。

14. 礼仪

服务礼仪

(1)服务礼仪的基本要求

文明服务

礼貌服务

主动服务

感情服务

(2)仪容仪表

化妆

着装

(3)仪态

表情

站姿

坐姿

蹲姿

走姿

手势

(4)语言礼仪

礼貌用语

服务用语

电话用语

商务礼仪

称呼礼仪

介绍礼仪

握手礼仪

交换名片礼仪

拜访礼仪

宴请礼仪

涉外礼仪

第二节　职前培训课程

职前培训是指新老员工在就任新职或接受新的岗位前必须经过的一系列专业知识和技能培训。职前培训是一种个性化、专业化较强的培训形式,是保证员工持续提供优质服务的重要培训内容。培训管理部门要依据本饭店的性质、环境、管理要求、任职条件、技能要求、服务质量标准、发展需要等因素拟订职前培训计划和实施方案。职前培训课程要依据规范性、系统性、全面性、标准化原则实施。

一、职前培训的特点

1. 受训者全部是就任新职或接受新岗位的员工

对接受新岗位和新职务的员工实施培训一定要按不同岗位、不同职位、不同级别的不同需要,安排内容不一、层次不一的培训,但要形成一个完整的培训体系。

2. 培训内容具有实用性和全面性

职前培训应以干什么学什么、缺什么补什么为原则，达到让受训者尽快适应新岗位要求的目的，同时还应兼顾完善受训者自身知识结构、提高业务技术水平。

3. 培训方式具有灵活性和多样性

因岗位职务不同、培训内容不同、各部门工作环境不同，要求职前培训能采用突出灵活性、多层次、多样化的形式。

4. 培训制度具有规范性

职前培训应有严格的培训大纲、培训教材和培训计划，并严格规定岗位对技术等级标准和岗位资格证书的要求，还要制定严格的考核和评估方法。

5. 培训方案具有阶段性和延续性

培训方案要有阶段性和延续性，一方面，每一个岗位和职务都有其特定的要求，需要一段时间的持续培训和实践才能让受训者消化和吸收；另一方面，饭店会根据发展需要，不断调整市场战略，设定更高的目标，使得饭店对岗位、职务的要求不断变化。

二、职前培训课程——岗位职责和工作程序培训

（一）岗位职责培训

岗位职责是用来规定某一具体岗位任职者必须承担的责任，完成这些责任应授予的最低权限和百分之百地完成任务的义务。主要内容有：

（1）岗位名称：详细说明岗位的名称、所属部门、工作编号、直接上级等，做到岗位名称与实际工作相一致。

（2）工作职责与任务：详细表述任职者的工作责任及所需完成的工作内容。

（3）授权：详细规定任职者的权限范围，如决策的权限、对他人实施监督和管理的权限、费用预算和使用的权限及签单权等。

（4）工作联系：说明任职者与饭店内部和外部的其他组织、部门或个人之间所发生的工作关系及联系的频繁程度和重要性等。

（5）工作条件：详细讲解工作岗位所处的环境条件，如温度、噪声对人的健康是否存在不利影响等，同时规定哪些工作者不适合在哪种条件下工作。

（二）任职条件培训

任职条件是对岗位职责的补充，重点强调为完成岗位职责规定的各项工作任务，任职者应具备的知识、技能、工作经验、能力和素质等方面的条件。主要内容有：

1. 知识要求

知识要求主要是指任职者胜任某项工作应具备的知识结构和知识水平。一

般分为六种表述方法:精通、通晓、掌握、具有、懂得和了解。饭店对员工知识的要求主要有:

(1)学历要求:饭店规定某一工作岗位的最低学历要求。

(2)专业知识:胜任某项工作应掌握的专业理论知识、专业技术操作方法等。

(3)管理知识:胜任某项工作应具备的业务管理知识。

(4)政策法规知识:胜任某项工作应具备的政策法规知识。

(5)外语水平:根据工作需要,对相关外语水平的要求。

(6)相关知识:与本岗位工作相关的知识,如计算机水平、财务管理等方面的知识等。

2. 职业道德要求

职业道德要求是胜任工作岗位的前提和重要保证。饭店根据不同岗位的工作特点,规定任职者的职业道德规范标准。

3. 能力要求

不同岗位有不同的能力要求,如:

(1)理解判断能力:对饭店的方针、政策、目标任务的理解程度,对本岗位工作中出现的问题的分析能力和判断能力。

(2)解决问题能力:在履行工作任务、处理相关业务的过程中具备的解决问题的能力。

(3)沟通协调能力:保证顺利完成工作与相关部门和人员相互沟通和协调的能力。

(4)创新能力:不断总结工作经验,创造新的方法并运用到工作中产生良好效果的能力。

(5)交际能力:与社会和他人交往的能力。该能力的高低决定着能否有效完成工作任务。

(6)语言文字能力:根据岗位工作的需要应具备的口头和文字表达能力。

4. 工作经验

主要是对岗位工作年限的要求和相关工作经验的要求。

(三)工作程序及标准培训

工作程序是对新任职的员工所从事的具体工作内容的详细说明和对操作程序的严格规定,是饭店希望每一位员工在执行工作任务时所要达到的标准。在进行工作程序和标准培训时,应依据4W原则:

WHAT:向受训者详细说明工作程序和应达到的质量标准。

WHY:说明这些工作程序和标准的重要性及完成每一个程序的具体步骤。

WHEN：规定完成每项工作程序的时间。

WHO：确定训导师，指定专职指导员。

工作程序及标准的培训实施步骤主要有：

第一步，由训导师或指导员认真讲解工作程序和标准，让员工对整个工作有全面了解，认识到遵守工作程序和标准的重要性，不遵守工作程序和标准可能出现的质量问题及这些问题会给工作带来的不利影响。

第二步，示范工作程序和标准。训导师或指导员在讲解过程中要逐项示范操作流程，让员工记住每一个步骤。复杂的程序要进行多次讲解。

第三步，让受训者提问题。在演示的过程中，训导师或指导员要鼓励受训者提问，回答问题时要耐心细致，并注意受训者的表情和反馈，直到受训者明白为止。

第四步，让受训者参与实践活动。让受训者解释自己在干什么，为什么这样干，以帮助受训者尽快理解和掌握所学知识、技能。

第五步，及时对受训者进行评估和反馈。让受训者清楚自己做得好和不好的地方，并提供多次练习的机会，帮助他们树立尽快独立工作的信心和对选择该项工作的兴趣。

（四）岗位职责和工作程序培训教案

1. 打开啤酒瓶和斟酒程序、标准培训教案

打开啤酒瓶和斟酒程序、标准培训教案

1. 说明培训主题	今天上午我们培训的主题是怎样打开啤酒瓶和倒啤酒程序。	
2. 说明培训的目的	通过掌握如何正确开启啤酒瓶和倒啤酒的操作方法，让大家更加专业、更有自信。	
3. 程序		
步骤	问题	标准
(1)选择一瓶啤酒	查看酒瓶时你需要注意什么？	(1)是客人要求的品牌。 (2)是客人要求的饮用温度(冰镇/常温)。
(2)将开瓶器放在瓶盖上	(1)为什么要将瓶子有商标的一面对着客人？ (2)为什么要将手指放在瓶盖上？	确保客人看到商标。 确保瓶盖不飞出去
(3)将瓶盖轻轻打开	如啤酒是新鲜的，能听到什么声音？	能听到“嘘嘘”的声音。
(4)选择一个酒杯	我们需要检查杯子的哪些地方？	选择正确的酒杯种类，酒杯干净、干燥、没有破损。

续表

步　骤	问　题	标　准
(5)将杯子和酒瓶一起倾斜	(1) 杯子和酒瓶为什么要倾斜？ (2)倾斜的角度怎样影响酒沫？ (3)还有什么因素能影响酒沫？	倾斜45度时酒沫少。
(6)倒啤酒	查看酒瓶时需要注意什么？	酒入杯后沫要少。
(7)检查杯中酒		透亮、泡沫活跃。
4.口头检查培训效果	(1)为什么要将瓶子有商标的一面对着客人？ (2)为什么要将手指放在瓶盖上？ (3)如啤酒是新鲜的，你能听到什么声音？ (4)需要检查杯子的哪些地方？ (5)斟酒时为什么要将杯子和酒瓶倾斜，倾斜的角度怎样影响着酒沫的多与少？ (6)还有什么因素能影响酒沫？ (7) 酒瓶和杯子为什么不能接触？ (8)为什么要不断调整倒酒的速度和酒瓶与酒杯之间的角度？ (9)为什么要检查倒完后的酒？	询问受训者还有什么问题。
5.检查培训效果	让受训者独立完成全套服务程序。	表扬做得好的人、纠正错误的操作方法并进行现场指导。
6.承上启下	明天将要培训怎样倒散装啤酒。	

不同规模和类型的饭店，岗位职责的差异较大，饭店在制定岗位职责和工作程序时，要做到量体裁衣。另外，随着工作任务的改变，饭店要及时修订岗位职责和工作程序。

2.职责说明书案例

客房部经理职责说明书

一、基本信息	
岗位名称：客房部经理	所属部门：客务部
直接上级：客务总监	直接下级人数：6
该岗位应有人数：1	现有人数：1
现任该岗位人员姓名：×××	
该岗位工作目的（设置该岗位的原因）： 全面负责客房部的运营与管理工作。搞好饭店及客房清洁卫生，为客人提供舒适的环境；做好客房的接待服务，保障给客人营造一个安宁的环境；在确保客房部工作正常运转的前提下，控制、降低客房费用；协调好各部门之间的关系，保证满足客房接待服务的需要；配合前厅部销售客房，提高客房的利用率；督导下级的日常工作，确保工作质量达标。	

续表

工作要求： 具有良好的服务意识和合作精神，工作积极热情。
工作难点： 如何提高客房管理质量，协调好各项管理工作，保证客房产品完好。
工作禁忌： 管理能力差，服务意识欠缺，专业水平有限。
职业发展道路： 客务总监、副总经理
二、工作内容
1. 主要工作内容及衡量标准 （1）根据饭店的管理状况，制订本部门发展计划，规范管理流程，保证部门在良好的环境秩序中运行。 衡量标准：计划及制度的完整性和适用性 （2）规范、组织、指导、管理客房部日常行政工作和人事、服务等工作。 衡量标准：上级管理部门、客户及其他部门的评价 （3）规划、组织、指导、管理客房部的后勤保障及安全保卫工作。 衡量标准：饭店、部门员工及其他部门的评价 （4）与本部门管理工作相关的饭店、供应商等建立和发展良好的合作关系。 衡量标准：各合作单位的评价 （5）招聘、培养、培训、激励、发展部门员工，对下属进行考核，满足部门发展需要。 衡量标准：部门的工作效率和业绩 （6）定期与客户和各部门沟通，了解客户新需求和各部门对客房管理的新要求，听取各部门的意见和建议，不断改进工作。 衡量标准：饭店、客户及其他部门的评价 （7）负责部门的费用预算及财务管理，合理控制成本，保证客房设备的完好率。 衡量标准：财务部、工程部和客户的评价
2. 有授权的工作项目 （1）聘任主管级以上人员。 （2）评定本部门员工的奖金及工资等。 （3）对客户享有柜台价 8 折减免权。 （4）在店内咖啡厅请客每餐不超过 3 人、每月不超过 2 次的签单权。 （5）随时在大堂酒吧招待客户的权力及饮品签单权。 （6）有权使用本部门已获准的预算项目费用。
3. 内外部沟通关系： 内部：饭店各部门 外部：相关等级饭店客房部、供应商等

续表

三、任职条件:
1. 基本素质:工作认真,顾全大局,关注客人,善于沟通,勇于创新,讲求效率,身心健康,仪表端庄,有较高的职业道德素养,能吃苦耐劳,有较强的事业心和主人翁责任感。
2. 文化程度:具有大专以上学历。
3. 语言文字能力:有较强的口头和文字表达能力,能用一门外语熟练地与客人交谈,并能阅读和翻译本专业资料,能撰写客房管理文件和工作报告。
4. 专业知识:掌握宾客接待礼仪知识,掌握客房清洁保养原理和方法,掌握清洁剂、清洁工具及设备的使用及管理知识,掌握棉织品知识及洗衣管理方法,掌握客房预算及成本控制方法,掌握客房安全消防知识及方法,掌握客房装修、装饰及布置等知识。
5. 工作经验:有3年以上客房管理经验,有较扎实的客房各岗位工作经历,有娴熟的待客技巧和处理客人投诉和突发事件的经验,能熟练操作饭店电脑管理软件。
6. 特殊要求:熟悉并掌握饭店管理的基本知识,了解主要客源国概况,掌握合同法、消费者权益保护法、治安管理条例、饭店管理法规、消防安全管理条例及急救知识。有较强的沟通协调能力和决策管理能力。

三、职前培训课程——饭店管理系统培训内容

饭店的管理系统一般分为前台管理系统和后台管理系统。前台管理系统(Front Of The House)是由直接为顾客提供服务的部门组成,如前厅部、客房部、餐饮部、康乐部等;后台管理系统(Back Of The House)是协助前台部门更好地为顾客服务的保障部门,如工程部、财务部、人力资源部等。

饭店管理系统主要包括:

1. 营销管理系统

营销管理系统的主要职责是随时掌握市场动向、特点、发展趋势和客人需求变化,确定饭店的市场定位、客源结构,制订年度销售预算、市场推广计划和各类客源的销售指标,定期做好销售分析与控制工作,并组织、管理销售工作的贯彻实施。

2. 客务管理系统

客务管理系统主要包括前厅管理系统和客房管理系统。前厅管理系统的主要任务是客房预订、前厅接待、信息咨询、客人行李运送、汽车服务、转接电话、商务中心服务、行政楼层服务等。前厅管理系统是饭店和宾客之间联系的桥梁,是饭店运营的中枢。

客房管理系统的主要任务是通过向客人提供高标准的清洁、舒适的环境,满足宾客的住宿需求。客房管理系统能否有效运营,有赖于饭店能否不断创新管

理,每位员工能否为客人提供及时、周到、满意的服务。

3. 餐饮管理系统

餐饮管理系统是饭店专门从事食品加工烹制,为宾客提供餐饮消费服务的场所。饭店餐饮管理系统具有加工、销售和服务三项职能,它还具有辅助客房销售、提高客房产品吸引力和附加值的重要作用,是饭店经营收入的重要来源。

4. 娱乐健身管理系统

娱乐健身管理系统是通过配备完善的娱乐健身设备设施和整洁干净的娱乐环境,为客人提供优质的康乐服务,满足客人娱乐心情、强身健体的需要。

5. 人力资源管理系统

人力资源管理系统主要是围绕饭店的经营管理战略,制订人力资源的开发与培养规划;根据国家和上级主管部门的人事劳动方针、政策、法律法规,制定相应的人事管理制度;通过招聘、录用、培训、选拔、调配、调整、流动、考核、奖惩、晋升、工资福利、劳动保险和劳动争议处理等项管理工作,谋求人与事的和谐发展。通过管理,提高员工整体素质,优化员工队伍结构,充分调动员工的积极性、创造性,建设梯队形的人才管理机制。

6. 设备设施管理系统

设备设施管理系统负责饭店机械设备、电气设备的日常维修与保养;饭店建筑、装潢、服务设施的日常维护与保养;饭店供电、供水、供气、供冷、供暖的稳定运行及能耗统计与管理饭店环境保护等管理工作。

7. 安全消防管理系统

"没有安全就没有旅游事业"。安全消防管理系统的主要任务是保护住店、来店宾客和在店职工的人身、财产安全,保护饭店的财产和财物安全;根据"以预防为主"的方针,做好安全防范工作,防止刑事案件、治安事件以及治安灾害事故的发生;按照"谁主管、谁负责"的原则,逐级落实饭店各项安全岗位责任制;采取专业工作与群防群治工作相结合的方法,维护饭店及社区的正常营业和治安秩序,协助社区做好社会综合治理工作;搞好安全消防的宣传教育培训工作,提高饭店全员安全消防意识。

8. 信息管理系统

饭店的信息管理系统是对饭店运营过程中的人流、物流、资金流、信息流等方面的控制与管理,在提高信息利用率的同时,建立各种信息网络,以便及时掌握各种信息,防范经营风险,提高饭店的管理效率和决策水平。

9. 营收管理系统

营收管理系统主要负责饭店的收支、控制、核算、分析和考核工作。依法合理筹集资金，有效利用饭店各项资产，努力提高经济效益；根据国家现行财经政策和旅游同行市场信息，结合饭店经营活动情况、资产负债动态、营运资金变化情况、营业收入完成情况、成本费用开支以及利润实现等资料，对饭店业务经营和财务状况的变化趋势进行预测和判断，并据此提出年、季、月度财务收支计划方案；根据国家及上级有关部门的规定，管好各项专用基金，正确提存，合理使用，提高资金使用率；检查、监督营收管理系统各部门工作的落实情况和工作质量，提出人员调整、任免建议，保证本系统为全饭店经营管理做好服务、监督和控制工作，起到为经营者当参谋、助手的作用。

四、职前培训——前厅部岗位知识培训内容

前厅部是向客人提供住宿等多种服务的部门。

（一）培训内容

1. 礼宾部

礼宾员岗位职责

礼宾部服务标准

礼宾部信件处理工作标准

预抵客人信件及传真处理工作标准

客人转交物品服务标准

门童迎送客人礼仪标准

接待礼仪标准

推销礼仪标准

工作礼仪标准

散客入住行李服务标准

散客离店行李服务标准

团队入住行李服务标准

团队离店行李服务标准

行李存放和提取服务标准

委托代办服务标准

物品派送服务标准

机场接待服务标准

VIP 客人服务标准

行李破损与丢失处理程序

2. 大堂值班经理

大堂值班经理岗位职责

大堂值班经理服务标准
VIP 机场接送服务标准
VIP 接待服务标准
向客人提供信息标准
处理客人遗留物品及认领工作标准
接受、处理客人投诉工作标准
紧急停电情况处理标准
客人受伤事件处理标准
客人死亡事件处理标准
消防安全事件处理标准
医疗服务标准
3. 预订部(有的饭店已将该部门划归到销售部管理)
预订员工岗位职责
接受预订工作标准
电话预订客房服务标准
书面预订客房服务标准
团队预订客房服务标准
VIP 客人预订标准
更改预订服务标准
取消预订服务标准
担保预订服务标准
超额预订服务标准
预订未抵达客人服务标准
未预订客人入住服务标准
客史档案的建立与查询标准
房态控制技巧
4. 接待部
接待员岗位职责
散客房间分配工作标准
团队房间分配工作标准
散客入住登记工作标准
团队客人入住登记工作标准
长住客人接待服务标准
VIP 入住登记标准

VIP 接待服务标准
接转电话服务标准
住店客人换房服务标准
客人提前到达、延期续住服务标准
留言服务标准
会客登记服务标准
贵重物品保险箱服务标准
散客结账服务标准
团队结账服务标准
旅行社、公司凭单结账服务标准
客账争议处理标准
建立客户档案工作标准
客人晚离店服务标准
电脑事故所需报表处理标准
报坏房处理标准
客用钥匙控制标准
5. 总机
电话员岗位职责
回答客人问询电话服务标准
“请勿打扰”电话服务标准
叫醒服务标准
VIP 叫醒服务标准
电话留言服务标准
内外线寻呼服务标准
客人及员工电话紧急报警工作标准
消防中心紧急报警工作标准
转接电话服务标准
开通宽带网服务标准
话务台维护保养标准
无登记住客服务标准
电话叫醒服务标准
电话留言服务标准
紧急报警处理标准
消防中心紧急报警处理标准

6. 商务中心

商务中心文员岗位职责

客人文件保密标准

文件打印服务标准

复印装订服务标准

会议室出租服务标准

客人投诉处理标准

设备租用标准

秘书、翻译服务标准

商务参考资料及票务服务标准

快件服务标准

电话业务标准

传真服务标准

会议设备的使用及管理标准

会议服务标准

(二)前厅部岗位知识培训内容举例

示例一　金钥匙信息服务标准

内　容	工作标准
饭店的客源市场	了解主要客源国的风土人情、生活习惯、爱好、忌讳等
饭店的产品	熟悉饭店所有服务设施、服务项目、营业地点、营业时间等相关信息
饭店组织结构	了解饭店的组织体系、各部门的职责范围及有关负责人的姓名
航空公司的情况	熟悉国际、国内主要航班、所属的航空公司以及抵、离机场时间
铁路的情况	熟悉特快列车以及主要快车的车次及抵、离时间
周边环境	了解饭店与周围主要城市的距离,抵达方法
娱乐场所	了解饭店所在城市的电影院、音乐厅、戏院、大型展览馆等主要活动场所的地址、正在上演的节目、剧情简介、入场费等信息
医疗服务	了解饭店周围的医院名称、电话号码、地址
银行服务	熟悉本市主要银行的名称、地址、营业时间
企业机构	熟悉本市的外企单位、科研机构、大专院校以及重点企业的地址、联系方法
名胜古迹	熟悉本市各参观浏览点的名称、概况、特色以及开放时间、门票价格
休闲场所	熟悉本市各体育场所(如高尔夫球场、网球场等)的地址、开放时间、收费方法、与饭店的距离等情况
各地时间	掌握世界各主要城市的时差计算方法

续表

内 容	工 作 标 准
餐饮服务	了解本市各著名餐馆的经营特色、地址、营业时间
宗教服务	熟悉本市各宗教场所的名称、地址、开放时间
购物服务	熟悉本市各商场、购物中心的经营特色、地址
天气	了解当天的天气预报及未来几天的变化

示例二 预订部接受电话预订程序培训内容

工 作 程 序	工 作 标 准
接听电话	电话铃响三声内必须接听
用标准语问候客人	外线：Good morning/afternoon/evening，×××Hotel，Reservation Dept ,can I help you？你好，某某饭店预订部，我能为您做点什么？ 内线：Good morning/afternoon/evening，Reservation Dept ×× Speaking，can I help you？你好，预订部××，我能帮您吗？
聆听客人预订时间	确定客人预订日期并查看电脑是否有房间。
询问客人姓名	使用礼貌用语，并复述客人姓名及中英文拼写。
向客人介绍房间种类	从套间到标间，从高价至低价依次介绍房间种类；询问客人是否与饭店订有合同，如有，要查看电脑，确定是否打折。
询问客人抵店时间及住宿日期	使用礼貌用语，了解客人入住时段，向客人说明预订的最后保留时间(18:00为预订取消时间)。
询问付款方式	明确客人付款方式。若是公司及旅行社负担费用，要在订单上注明："我们要得到书面确认"字样，附在订单后，并在电脑中注明。
询问特殊要求	使用礼貌用语，询问客人是否需要接机，是否需要无烟房，房间布置有无特殊需要等。
复述预订内容	复述客人姓名、入住及离店时间、房间种类及价格、付款方式、特殊要求、房间保留时间及客人联系电话。
完成预订	在所有程序完成后，要向客人致谢，表达饭店期待他/她光临的意愿，随后将信息输入电脑。

示例三 前厅部客人信息保密制度培训内容

为了加强管理，防止客人信息外露，特重申如下规定：

<u>前台、行政楼层</u>

(1)客人在前台办理入住手续时，接待员切忌口头重述客人的相关信息。

(2)如访客需查询住店客人的房间号或其他资料时，接待员要先核实电脑资料，确保无误后，方可代接电话，但不可告之房号。

(3)将各种打印报表、单据及时存档，将错误报表、单据及时销毁，确保带有客人信息的相关报表、纸张不为外人所用。

(4)以旅行社、订房中心等名义查询客人资料的，如果无法确认对方身份，可帮其联系销售部相关人员。

结账处

如有客人查询某间客房的账目情况时，收款员应先核对客人信息以及房卡，视具体情况决定是否告知其相关信息。

预订部

预订员在接到不明身份的电话，查询相关信息时，一律不予口头确认，请对方发传真(加盖公章)或对账单进行核对。

礼宾部

派送相关报表、单据时，行李员应将报表、单据送到指定地点或指定人员，严防报表派送不到位造成信息外露。

总机

(1)接转电话前需核对客人信息，信息正确的，可代为接转；信息有误的，不予接转电话，并委婉拒绝。

(2)接线员应提高警惕，如遇骚扰电话，要及时通知大堂值班经理。

商务中心

不得使用带有客人资料的纸张为客人复印，严防客人信息外露。

为客人复印、传发、打印各种文件时，根据客人的要求进行保管或销毁(用碎纸机)，不得随意将客人的资料转发、储存或销毁。

以上各项望各位严格遵照执行，各部主管要加强管理、监督，如发现违反者，将按员工手则严肃处理，触犯法律的将依法追究其刑事责任。

(阅后请签字，主管存档)

示例四　大堂值班经理处理客人财物在客房内丢失程序的培训内容

客人的财物在客房内丢失的事件时有发生，但丢失的原因各有不同，这给饭店管理者和保卫人员在处理这一问题上出了很大的难题，解决客人财物在客房内丢失的难题，是饭店管理者应具备的技能。

1. 接到客人丢失财物的报案通知

(1)向客人表示同情。

(2)记录客人报失的时间,丢失财物的名称及数量。

(3)立即通知客房部经理,由客房部通知保卫部及大堂值班经理。

2. 采取行动

(1)大堂值班经理与保卫部人员立即到达现场,保卫部应携带工作箱(笔录纸、照相机、手电筒、手套等所需物品)。

(2)向客人了解情况,认真听取失主对丢失财物全过程的详细说明,认真记录。

(3)详细询问丢失物品的特征。

(4)征求客人的同意,对客人房间及物品进行认真检查,确认物品是否丢失。

(5)根据实际判断,通知有关部门、部位的管理者留下相关人员,以便了解情况。

(6)如客人明确要求向公安机关报案或丢失财物贵重、数目较大的,保卫部应在争得饭店管理当局的同意后,立即向公安机关报案,并做好现场保护工作。

(7)如案情较轻不需要报案或客人不同意报案,应立即勘查现场是否遭到破坏,必要时进行拍照并提取可疑物,视情况发展决定是否报案。

3. 做好访问笔录

(1)检查失主有效护照或身份证,确认失主信息是否与持照人一致。

(2)核对海关申报单是否有登记,核实登记的数量、种类、型号是否与报失财物相符。

(3)记录失主的姓名、年龄、性别、国籍、职业、职务、进店和离店的日期、时间、下一个目的地等情况。

(4)记录丢失财物的名称、型号、种类、数量、价值、特征、新旧程度、特殊记号、是否上保险等。

(5)记录丢失财物的准确时间、最后见到丢失财物的时间、丢失财物的地点、具体放置的地点、丢失钱财的张数及面值等。

(6)查访丢失财物前来房间的人,如亲朋好友、饭店工作人员(客房服务员、送餐服务员、客衣收发员、工程部员工等)或客人怀疑的人及怀疑理由。

(7)告知客人查找丢失财物的程序及所需时间,征求客人的意见,了解客人的想法。

(8)请客人在丢失财物报告单上签字。

4. 进行调查和处理

(1)对与案情有关的人员进行谈话,了解情况。

(2)对所获取的信息进行筛选,必要时请公安机关配合取证。

(3)将调查情况向饭店管理者汇报,提出处理的办法上报管理者审批。

(4)详细记录事件发生的全过程,存档。

(5)将有关情况向相关部门管理者沟通,将调查结果及时通知客人。

5.赔偿

(1)按照饭店确定的赔偿原则进行赔偿。

(2)如客人未离店,在客人消费的账目中减去赔偿金额,并请客人在赔偿单上签字。

(3)如客人已离店,通过客人留下的联系方式与客人协商赔偿的方法。

(4)如客人在离店前案件尚未查明但客人坚决要求赔偿的,向客人重申饭店入住登记单及房卡上注明的丢失物品赔偿制度,及时向上级汇报请示裁决。

五、职前培训——餐饮部岗位知识培训内容

餐饮部是向住店客人和店外客人提供食品、饮料和相应服务的部门,它发挥着辅助客房销售,提高客房产品吸引力和附加值的重要作用,是饭店经营收入的重要来源。

(一)餐饮部岗位知识培训内容

1.中餐厅

中餐厅迎宾领位岗位职责
中餐厅服务员岗位职责
中餐厅传菜员岗位职责
餐厅迎宾领位服务标准
餐前准备工作标准
中餐摆台服务标准
中餐零点服务标准
中餐点菜服务标准
中餐酒水服务标准
中餐撤台服务标准
中餐结账服务标准
中餐传菜服务标准
中餐预订工作标准
菜品及酒水销售技巧
有急事客人用餐服务标准
儿童用餐服务标准

残疾人用餐服务标准
左手用餐客人服务标准
生病客人用餐服务标准
老年人用餐服务标准
少数民族用餐服务标准
餐厅客满时的对客服务标准

2. 西餐厅

西餐厅迎宾领位岗位职责
西餐厅服务员岗位职责
西餐摆台服务标准
冰水的准备与服务标准
开胃酒服务标准
黄油、面包服务标准
白葡萄酒或玫瑰酒服务标准
红葡萄酒服务标准
香槟酒服务标准
客前制作食品服务标准
为客人撤盘、撤酒杯服务标准
甜食服务标准
雪茄烟服务标准
客人结账服务标准

3. 酒吧

酒吧服务员岗位职责
调酒员岗位职责
开吧前的准备标准
软饮料的服务标准
烈性酒的服务标准
啤酒的服务标准
红葡萄酒的服务标准
白葡萄酒的服务标准
香槟酒的服务标准
英国茶的服务标准
中国茶的服务标准
咖啡的服务标准

冰茶、冰咖啡的服务标准
“快乐时光”期间的服务标准
为客人结账服务标准
酒水洒在客人身上的处理程序
量酒器的使用程序
摇酒器的使用程序
酒杯的使用及擦拭程序
4. 宴会部
宴会服务员岗位职责
宴会餐具准备程序
宴会台形设计知识
宴会厅桌椅的运送与存放程序
大型宴会活动的准备程序
中餐宴会摆台程序
中餐宴会后台准备程序
中餐宴会服务程序
西餐宴会摆台程序
西餐宴会后台准备程序
西餐宴会服务程序
自助餐宴会摆台程序
自助餐宴会服务程序
酒会摆台程序
酒会服务程序
会议摆台程序
会议服务程序
签字仪式的摆台程序
签字仪式的服务程序
贵宾室的摆台程序
贵宾室的服务程序
外卖活动的准备程序
外卖活动的摆台程序
外卖活动的服务程序
宴会结账程序
宴会预订服务标准

宴会临时吧服务标准

5. 送餐部

订餐员岗位职责

送餐员岗位职责

接受客人订餐工作标准

客房早餐餐牌收取工作标准

送餐车的准备和摆台标准

送餐服务程序

送 VIP 客人礼品程序

VIP 客人送餐服务程序

送餐车的使用与保养

6. 其他

餐厅卫生检查标准

中餐主管日常检查标准

酒吧主管日常检查标准

咖啡厅(西餐)主管日常检查标准

(二)中餐宴会培训内容举例

示例一　中餐宴会后台准备培训内容

程　序	标　准
1. 确定后台的位置	1. 根据订单的人数、菜单及所需各种餐具、用具的数量,确定后台的位置和大小。
2. 准备餐具和用具	2. 根据宴会规模准备适量的餐具和用具,包括汤勺、汤碗、茶杯、茶碟、毛巾、烟缸、服务托盘等。 3. 将毛巾折叠,平整放在毛巾箱中,在开餐前一小时加热。 4. 将其他各种餐具、用具分类整齐地码放在边台上。
3. 检查	5. 检查所需各种餐具、用具种类是否齐全、数量是否充足、餐具是否干净。

示例二　冷荤间卫生管理制度

(1)配制冷荤菜要做到专人、专室、专工具、专消毒、专冷藏。操作人员要经常保持手、工作服和手布的清洁卫生。切配时,要换专用工作服及鞋、帽。非冷荤间工作人员不准进入冷荤间。冷荤间内不准吸烟。不准将非直接入口食品和加工生鱼肉的工具、容器带入冷荤间。

(2)使用从外面购进的荤素熟食品时,要验收、登记,保证卫生质量。制作、经营熟肉制品时,应以销定产、以销进货、勤做快销、及时售完。保存冷荤菜时要冷藏,放置时间超过24小时的肉类制品,食用前要加热处理。

(3)使用凉菜如黄瓜、西红柿、海蜇、粉皮、水果等,要洗净、消毒后方可食用。在加工海蜇的过程中,注意不要污染其他食品。切好的海蜇可用开水烫烫,然后加些醋。

(4)凉拌素菜(如扁豆)要炒熟烫透,豆制品熟透后再制作冷菜。

(5)动物性熟食的制、售、冷藏要做到生、熟分开,使用专用的刀、案板、抹布等用具前要洗刷干净并消毒。

(6)做西餐沙拉用的马乃司时,要选用新鲜的鸡蛋,加醋酸量达到1.5%,做到现用现配。

六、职前培训——客房部岗位知识培训内容

客房部又称为管家部、房口部、房务部,它是带动饭店其他经济活动和综合服务设施运转的枢纽,是饭店利润的主要来源。

(一)客房部岗位知识培训的主要内容

1.客房服务

客房服务中心文员岗位职责

楼层服务员岗位职责

客房服务中心接听电话标准

客房服务中心工作日志填写标准

派工单的使用标准

万能钥匙的使用与管理标准

客房服务中心对客服务程序

客人遗失物品的登记、保管及发放程序

客房紧急情况处理程序

清洁客房程序

检查客房程序

清洁卫生间程序

检查卫生间程序

床垫的维护保养程序

大清洁客房程序

客用品控制标准

客房报修程序

开夜床程序
棉织品的使用及管理程序
迷你吧服务标准
VIP 接待服务标准
接待来访客人服务标准
客房服务礼仪标准
加床、擦鞋、托婴服务标准
茶具、杯具清洗消毒服务标准
征求客人意见服务标准
客房管理检查标准
客人意外受伤处理标准
客人损毁饭店设备、物品处理标准
损坏客人物品处理程序
意外停电处理标准
生病客人服务程序
房间除虫害程序

2. 公共区域服务

公共区域服务员岗位职责
大理石地面周期保养标准
大理石地面日常保养标准
地面打蜡服务标准
电梯的清洁保养服务标准
公共区域大堂清洁卫生工作标准
地毯清洁、保养标准
挂毯抽洗操作标准
沙发凳、餐椅清洗标准
铜器抛光操作标准
玻璃、镜面清洁操作标准
外墙清洁操作标准
杀虫操作标准
客用洗手间卫生工作标准
客用洗手间卫生检查标准
员工更衣室卫生工作标准
花园、庭院管理工作标准

绿植管理工作标准
绿化环境布置质量标准
绿化保洁工作质量标准
绿化操作安全管理标准
自然灾害处理程序
公共区域安全工作标准

3. 洗衣部

客衣收发员岗位职责
客衣分拣工岗位职责
干洗工岗位职责
水洗工岗位职责
熨烫工岗位职责
熨平工岗位职责
布巾分拣、折叠工岗位职责
工服管理员岗位职责
布巾管理员岗位职责
织补工岗位职责
住店客人洗衣工作标准
手洗衣物服务标准
布巾洗涤工作标准
洗衣服务标准
洗衣门市服务标准
工服收发服务标准
布巾收发服务标准
为客人修补衣物服务标准
布巾的报废、补充标准
布巾盘点标准
洗衣质量检查及处理标准
安全操作洗衣设备标准
洗衣设备维护保养标准
洗涤剂的管理与存放标准

（二）客房部岗位知识培训举例

示例一　清扫客房服务标准培训

程　序	标　准
1. 准备工作	1. 检查工作车上客用品及工具是否齐备。 2. 将工作车紧靠清洁的房门，尽量不留空隙。
2. 敲门	1. 首先检查房门是否挂着"请勿打扰"牌或是否上"双锁"。 2. 用食指或中指的指关节轻轻敲三下门（每次间隔5～10秒钟），声音不要太大，以客人听到为准，并报"客房服务员（HOUSKEEPING）"。 3. 在门外等候10秒钟左右，倾听房内动静，如房间内无反应，按程序进行第二次敲门。
3. 进入房间	1. 在确认房内无人后再敲三下门。 2. 用钥匙将门轻轻打开约30度，再次报明自己的身份并询问"可以进来吗（May I come in）？" 3. 如果客人在房内，要等客人开门后或经客人同意后方可进入。向客人问候并询问客人"是否可以打扫房间"；如确定房内无客人，可进入客房并将房门打开。 4. 在任务单上记录进入客房的时间。
4. 拉开窗帘、打开窗户	1. 检查窗帘杆、滑道、吊链是否损坏或移动不畅。 2. 打开窗户通风。
5. 检查电器设备和灯泡	1. 用遥控器打开电视机，将电视调整到规定的频道。 2. 检查冰箱，如结霜太厚，要随时除霜。 3. 打开房间内所有的电灯，检查灯泡是否损坏，如有损坏，要及时报修。 4. 检查背景音乐和中央空调，将调温器控制在规定的温度内。
6. 撤掉客房送餐用具，倒垃圾，清洁垃圾桶	1. 撤掉客房内所有送餐用具，将其放到指定地点，通知餐饮部领取。 2. 戴上橡胶手套，将房内的垃圾桶及烟缸拿出。倒垃圾前，应检查一下垃圾桶内是否有文件或有价值的物品，烟缸内是否有未熄灭的烟头或注射器等危险物品。 3. 如发现垃圾中有注射用品，要放入专用的垃圾袋中进行特殊处理。 4. 清洁垃圾桶，确保垃圾桶清洁、无污迹。
7. 撤掉脏的棉织品	1. 取走客人放在床上的衣物，整齐码放在椅子或沙发上。 2. 戴上橡胶手套，保护自己免于接触棉织品上的任何体液。 3. 要逐层将床单和脏的棉织品撤掉。 4. 检查棉织品是否丢失、损坏和污染。 5. 如果是离店房，要注意是否有客人的遗留物品。
8. 处理棉织品上的血污	1. 检查棉织品上是否有体液或血迹，如有，要戴上橡皮手套再拿取。 2. 把棉织品放入专用的塑料袋中（有明显标记或颜色差异）。 3. 送到洗衣房进行特殊的消毒清洗。

续表

程　序	标　准
9. 做床	1. 使用规定的床单种类，按程序做床。 2. 床单平整、清洁、无污迹、无破损。 3. 床单四角为 45 度且绷紧。 4. 枕头平整、清洁、无污迹、无破损，并且平放在床头中央。 5. 床盖平整、无污迹，床盖两侧距离相等。
10. 擦尘	
门的擦尘	1. 取下挂在房门上的“请勿打扰”或“请清洁此房”的牌子。 2. 擦门时用抹布清洁每扇门的内外、门框。 3. 擦净后将拿掉的“请勿打扰”的牌子挂回原处。
墙面与天花板饰线板条的除尘	用羽毛帚清扫手很难够到的墙壁和天花板角落的尘土与蜘蛛网。
窗帘除尘	清扫窗帘、沙帘、窗台，保证无污迹、无破损、无皱褶，挂钩无脱落。
把镜子擦净、擦亮	1. 若镜子有木框，用喷了除尘液的抹布擦拭木框。 2. 用干净抹布擦镜子。从上到下，从一边至另一边横向擦拭。
除尘、擦净画片镜框	1. 用喷了除尘液的抹布擦拭画框。 2. 用干净抹布和玻璃去污剂擦净镜框玻璃。
梳妆台擦尘	1. 用喷了除尘液的抹布擦拭梳妆台的侧面、前部、边及台面。 2. 用干净抹布再把梳妆台的侧面、前部、边及梳妆台面擦亮。
擦拭床头柜与床	1. 用喷了除尘液的抹布，从床头柜桌面开始清洁，沿侧面向下至桌子腿和底座。 2. 擦拭床架的裸露部分，包括床头板与床脚竖板。
电话机的清洁与消毒	1. 拿起听筒，听听拨号声是否正常。 2. 用去污剂和干净抹布彻底清洁电话机。 3. 用喷了消毒剂的抹布擦拭送话口与受话口。
擦拭桌、椅和台灯	1. 从上至下擦净每张桌子的桌面、底座、桌腿及椅子。 2. 擦拭台灯罩、灯泡与底座。平整灯罩并使线缝转向背面。
擦拭电视机与机架	1. 擦拭电视机的顶部、侧面及机架。 2. 关闭电视机，用喷了玻璃去污剂的干净软抹布擦拭电视机屏幕。
11. 更换玻璃器皿	1. 将客人用过的杯子送到消毒间消毒。 2. 确保杯子清洁、无污迹、无水迹。
12. 补充客用品	按规定的数量及摆放要求补充下列物品： 1. 干洗单、湿洗单、熨烫单各 2 份，洗衣袋 2 个。 2. 购物袋 1 个，多用袋 1 个。 3. 酒单 1 张。 4. 普通信纸 6 张，航空信纸 3 张，电传纸 1 张，普通信封 4 张，航空信封 2 张。

续表

程 序	标 准
12. 补充客用品	5. 饭店服务指南1本。 6. 明信片2张,行李标签2张,圆珠笔1支。 7. 便笺本1本。 8. 客人意见书1张。 9. 电话册、服务指南、客房送餐服务菜单各1本。 10. 旅游杂志、电视节目预告各1本。 11. 茶杯2个,酒杯1个,水杯2个,茶叶4袋、速溶咖啡2袋。
13. 吸尘	
检查吸尘器的安全性能	1. 使用吸尘器前,检查吸尘器的电线和插座是否完好,将打结的电线解开,以免造成短路。 2. 检查储尘袋是否已倒净,如储尘袋是满的,要更换或倒净。 3. 站在水中,手或衣服潮湿时,不要使用电器设备。
用吸尘器清扫房间	1. 从里向外开始吸尘。 2. 去除房间角落与地毯边缝的尘土时,使用硬制小扫帚将房间角落和地毯边缝的尘土扫至吸尘器能清除到的地方。 3. 用扫帚清扫尘土时,要从墙边朝自己的方向扫。
拔下吸尘器插头,正确卷绕电线,并将吸尘器归还原处	1. 抓住插头(而非电线),将其从插座上拔下。 2. 按饭店的要求正确卷绕吸尘器的电线。
14. 按标准检查房间	1. 按标准码放物品,做到整齐有序。 2. 检查有无遗漏项目。
15. 填写任务单	1. 记录房间清扫情况及房间的特殊情况。 2. 填写出房时间。
16. 报房	报告房态的程序因饭店而异。

示例二 客房部与相关部门协调与沟通培训案例

客房部是饭店运转链中的重要一环。为了保证每一环节环环相扣,各部门员工应充分了解相关部门的工作沟通点和衔接点,使部门的工作得以顺利实施。

客房部与相关部门的沟通点和衔接点主要有:

1. 客房部与前厅部的协调与沟通

(1)及时得到前厅部提供的客人信息,包括客情预报表、重要客人接待通知单、团队会议接待通知单、次日抵店客人名单、预计离店客人名单、住店客人名单等。

(2)及时得到前厅部提供的“客人特殊要求通知单”,提前做好准备。

(3)及时与前厅部交换“客房房态报告”及“客房房态差异报告”,协调好客房销售和客房管理的关系。

(4)及时得到前厅部提供的“客人换房和房价变更通知单”,准确掌握房态,做好客房服务工作。

(5)客房部在离店房内发现客人遗留物品的,要及时通知前厅部,按规定处理。

(6)客房部要配合前厅部对提供叫醒服务而无应答客人的探视工作,保证叫醒服务准时落实。

(7)客房部要及时向前厅部通报客房紧急维修、重锁房、客人生病、跑账等异常情况。

(8)客房部应积极协助前厅部做好大型团队、会议客人行李的运送工作,保证客人的行李安全。

(9)客房部与前厅部员工应经常进行交叉培训,使双方员工相互了解工作程序,更好地配合工作。

2.客房部与工程部的协调与沟通

(1)建立客房设备检查制度。工程部负责饭店所有设备设施的维修保养工作,任务量很大。为了保证客房设备处于良好的工作状态,客房部与工程部应建立客房设备巡检制度(相关内容参见下表),根据客房设备状况,确定检查频率,建立客房部自查、工程部检查、双方共同检查的制度。

客房设备巡检表

序号	检 查 项 目	检查日期	备 注
1	检查门铃及铃座是否牢固。		
2	检查防盗链是否牢固。		
3	检查壁柜门及滑道是否灵活,挂衣架是否紧固。		
4	检查水压力是否正常,冷热水管水流是否流畅。		
5	检查浴缸、洗面盆、马桶的排堵是否正常。		
6	检查马桶水箱是否渗水。如渗水,要及时修复。		
7	检查并加固马桶坐垫。		
8	检查洗面台的防水胶是否需要补胶。		
9	检查室内电源是否正常工作。		

续表

序号	检 查 项 目	检查日期	备　注
10	检查淋浴喷头是否完好、牢固。		
11	紧固毛巾架、防滑扶手、浴巾架。		
12	检查晾衣绳、浴帘杆是否牢固。		
13	检查家具拉手是否牢固、轨道有无阻涩。		
14	检查冰箱运转是否正常,有无噪声。		
15	检查床架是否牢固,有无脱漆或损坏。		
16	加固窗帘轨道。		
17	修补脱落墙纸及墙壁。		
18	检查照明插座、动力插座是否牢固、工作是否正常。		
19	清洗空调水管及滤芯。		
20	检查房内灯饰,更换灯泡。		
21	检查门锁、门镜、闭门器。		
22	检查控制板,保证旋钮齐全,工作正常。		
23	检查空调温度调节器。		
……			
检查人签字:			

(2)建立客房工程维修报告制度。客房工程维修报告制度分为一般报修制度和紧急报修制度。

● 一般报修制度。根据饭店实际情况,制订一般报修程序,并明确规定接到此类报修项目应到达现场的时间,按不同维修项目所需维修时间和维修质量要求等进行维修。

● 紧急报修制度。接到紧急报修通知后,值班工程师及工程部经理应立即到达现场,采取紧急措施进行抢修,及时控制局面。事后按一般报修程序补填维修单。

(3)制定待修房标准。凡是当日内无法修好的客房即为待修房,该房在没修好前不能出售。饭店要加强管理待修房,确定待修房占客房总数的正常比例。饭店主管领导要每天检查待修房,分析待修房产生的原因,并监督有关部门及时修复。待修房房态的转换应授权给客房部经理。

(4)客房部成立维修小组,负责简单项目如更换灯泡、紧螺丝的维修工作。

(5)工程部定期对客房服务员进行培训,让其了解客房设备结构性能,掌握正确的操作方法和维护常识,能熟练地向客人介绍设备的使用方法和安全注意事项。

(6)客房部应积极配合工程部的客房维修工作。

3. 客房部与保卫部的协调与沟通

危及客人人身安全、财物安全的案件绝大多数发生在客房。客房部员工直接接触客人,会及时发现一些可疑人员和可疑物品,察觉可能引起重大事故的前兆。可见,客房部与保卫部的沟通非常重要。

(1)客房部在保卫部的指导下制订客房安全管理制度和安全工作要求,并随时接受保卫部的检查监督。

(2)客房部要积极协助保卫部对饭店的公共区域及客房楼层进行检查,做好防火、防盗等安全工作。

(3)客房部要及时向保卫部提供必要的住客资料和信息。如住客是单身女性,客房有大笔现金、贵重首饰等。

(4)双方经理每月至少一次共同研究客房安全保卫空白点,做好客房安全的预防工作。

(5)协助保卫部做好客人物品遗失的调查工作,督导员工严格执行饭店安全管理制度。

4. 客房部与营销部的协调与沟通

(1)配合营销部销售客房,保证客房产品质量,使客人有安全感和信任感,吸引回头客。

(2)积极协助营销部在客房内放置广告、宣传册、通知书、电视预报单等,保证这些材料整齐干净、完好无损。

(3)营销部要定期对客房进行检查,及时了解客房产品的质量,对发现的问题及客人反映的问题及时向客房部反馈,讨论解决的办法。

5. 客房部与餐饮部的协调与沟通

(1)密切关注餐饮部各营业场所的清洁卫生状况及陈设状况,根据营业现状及时清洁。

(2)掌握餐饮部的宴会安排情况,及时修订清洁计划,做好宴会客衣的保管工作。

(3)及时与送餐部沟通做好送餐餐具的回收工作。

(4)根据餐饮部的经营状况,保证棉织品的周转和使用。

6. 客房部与采购部的协调与沟通

(1)客房部依据采购程序准时提出客房物品采购计划。

(2)采购部确保在规格、质量、价格、数量、时间等方面满足客房部提出的采购要求。

(3)客房部及时将得到的供货商信息及新产品信息向采购部反馈。

7. 客房部与人力资源部的协调与沟通

(1)客房部定期向人力资源部提出用工计划及要求,保证满足员工录用和培训的需要。

(2)人力资源部依据饭店的经营情况与客房部协调用工标准及人员配置比例,合理控制人力成本。

(3)客房部按照人力资源部或培训部的培训计划要求,拟订部门的培训计划并按要求保证培训质量。

8. 客房部与财务部的协调与沟通

(1)客房部与财务部共同做好客房年度费用预算,严格控制成本。

(2)双方共同配合做好固定资产的登记和管理工作。

(3)接受财务部的监督,做好客房物品的清理和盘点工作。

七、康乐部岗位知识培训内容

康乐部以优美舒适、干净整洁的消费环境,为客人提供多元化健身休闲服务。

(一)康乐部岗位知识培训主要内容

康乐部服务员岗位职责
歌厅服务员岗位职责
健身教练岗位职责
救生员岗位职责
按摩员岗位职责
美容、美发员岗位职责
陪练员岗位职责
会员制管理标准
会员制运作程序
积分奖励管理程序
会员消费服务预订标准
娱乐中心服务标准
健身中心服务标准

健身房卫生管理标准
歌舞厅服务标准
棋牌室服务标准
游艺厅服务标准
游艺厅卫生管理标准
保龄球室服务标准
保龄球馆卫生管理标准
网球室服务标准
壁球室服务标准
高尔夫球场服务标准
桑拿室服务标准
桑拿浴室卫生管理标准
按摩室服务标准
美容美发服务标准
美容美发卫生标准
健身房服务标准
游泳池清洁消毒及服务标准
游泳池卫生管理标准
台球厅服务标准
卡拉 OK 歌厅服务标准
音响控制室服务标准
演艺大厅服务标准
夜总会服务标准
康乐部结账标准
一般安全事故应急处理标准
治安事故应急处理标准
客人在桑拿时发生意外的处理标准
溺水事故应急处理标准程序
游泳池急救标准
客人意外受伤处理标准
客人损毁康乐设备处理标准
康乐部火灾处理标准
康乐部日常管理标准
康乐部卫生管理标准

（二）康乐部岗位知识培训举例

示例一　接待健身、游泳客人培训内容

工作程序	工　作　标　准
1. 迎接客人	主动迎接客人，热情、礼貌地向客人问好，以微笑为第一宗旨。 向客人介绍娱乐设施，主动推销会员卡，增强经营意识。
2. 来客登记	1. 请客人出示住房卡。 2. 在电脑中检查房间号与客人姓名是否相符。 3. 在“客人登记表”上登记客人房间号、时间及康乐项目。 4. 向客人介绍游泳池水温、室温、水深等服务内容及收费标准。
3. 发放用品	1. 向客人发放浴巾及更衣柜钥匙。 2. 由服务员或救生员带领客人去更衣室，并向客人简要介绍健身房、游泳池服务设施。
4. 设施、服务	1. 检查并调试健身器材、游泳设备，保持工作区域的清洁卫生，如果发现健身器材、游泳设备出现故障，要及时报修。 2. 指导客人锻炼、游泳应注意事项。 3. 指导客人如何使用健身设备和器械。 4. 遇到初次消费的客人，应主动介绍健身器材、游泳设施的性能及使用方法，耐心为客人讲解并示范。

示例二　游泳池工作程序与标准培训内容

工作程序	工　作　标　准
1. 班前准备	查看工作记录本，了解上一班次的工作情况。
2. 开灯	开启泳池照明灯，检查电机房内有无异样。
3. 第一次测水	1. 测量泳池和按摩池的 Cl 值、pH 值、水温、室内温度和湿度情况，并做好记录。 2. 每日共测量 6 次，每隔 3 小时测 1 次。
4. 泳池加药	1. 检查加药泵是否正常工作，若发现故障，及时报修。 2. 开启加药泵及泳池的循环泵。 3. 必须根据水质标准掌握加药的比例。 4. 对各区域用水进行定时加药、测试，保证循环水量充分、水质达标。
5. 水质标准	泳池 Cl 值：0.3～0.5 泳池 pH 值：6.5～6.8 按摩池 Cl 值：0.3～0.5 按摩池 pH 值：6.5～6.8 浸脚池 Cl 值：1.5

续表

工作程序	工 作 标 准
6. 温度	泳池水温:26~28℃ 按摩池水温:33~35℃ 浸脚池水温:15℃ 泳池室温:27~28℃
7. 清洁消毒	1. 清洗浸脚池并加水加药,水温保持在15℃以上。 2. 清洗按摩池的过滤壁,打扫水吧台和水房卫生。 3. 泳池上的客用椅、圆桌及救生设备,用稀释后的84消毒液消毒,随后用清水擦拭干净。 4. 检查救生用品、客用药品是否完好无缺。 5. 每到周一、周四,早班救生员给泳池加半袋明矾(根据水质情况可随时调整)。 6. 每到周二、周五,早班救生员使用水底清洁机清洁泳池(根据水质情况可随时调整)。
8. 关注客人	1. 主动指导客人如何游泳,纠正不良泳姿。 2. 随时注意客人的动态,以便及时处理突发事件。 3. 在岗时,因有事离岗,必须由当班工作人员替岗,到岗后再离岗,否则不得脱岗。 4. 树立安全意识,坚守岗位,尽职尽责。
9. 工作结束	1. 放出浸脚池的水,关掉泳池上的照明设备。 2. 检查设备是否运行正常。 3. 遵守交接班制度,全面详细地做好交接班工作记录,一切无误后方可离去。

示例三　健身房管理规定

(1)应经常清洁擦拭健身房内器械,呈现自然光泽。

(2)定期对客人接触的器械加以消毒。

(3)保持健身房内清洁整齐,温度适中,空气新鲜。

(4)接待客人应礼貌、热情,服务人员要主动介绍健身器材的使用方法、注意事项等。

(5)遇客人发生意外伤害时,工作人员应及时报告并配合有关人员迅速处理。

(6)每天检查健身房内设施设备,在交接班记录上认真记录。

八、保卫部岗位知识培训内容

保卫部主要负责制订饭店各项安全管理制度,监督、检查落实情况。负责饭店法制、安全教育的培训工作。预防刑事案件、治安事件和火灾事故的发生,保卫客人和员工的人身、财产安全，保护饭店的财产和财物安全，是饭店安全管理的重要部门。

（一）保卫部岗位知识培训主要内容

消防中心值班员岗位职责
消防员岗位职责
内保员岗位职责
保安员岗位职责
保安员迎接宾客服务标准
保安巡逻工作标准
押送提取款项工作标准
警卫工作检查标准
报火警工作标准
员工安全档案管理标准
接受客人报案及案件处理标准
万能钥匙管理标准
增配饭店钥匙管理标准
配合公安局、国家安全机关的工作标准
内保工作检查标准
重要客人警卫服务标准
诈骗犯罪的防范及处理标准
食物中毒的防范及处理标准
打架斗殴、流氓滋扰、聚众闹事的紧急处理标准
对精神病、出丑闹事人员的防范及处理标准
抢劫、凶杀等暴力事件的紧急处理标准
爆炸及可疑爆炸物品的紧急处理标准
看管犯罪嫌疑人工作标准
对死亡客人的处埋标准
防飓风、防洪涝应急工作标准
火警处理工作标准
消防应急工作标准
饭店危险物品管理程序
安全隐患整改管理程序
重点部位防火安全管理标准

（二）饭店安全管理培训案例

示例一　饭店易发安全问题培训案例

饭店安全管理中易发生的问题主要有两大类，一类为人为侵害，另一类为自然侵害，具体表现在如下几个方面：

1. 客人的人身安全

在饭店中影响客人人身安全的主要因素有：客人突发疾病、食品卫生、治安事件（暴力行凶、强奸、投毒、杀人、抢劫等）、精神病人失控、火灾、设备设施事故（地面湿滑、地毯破损或铺垫不平、浴缸无防滑措施、电源插头损坏、电线裸露、灯具安装不牢固等）、恐怖事件、自然灾害等，都可以危及客人的人身安全。

2. 客人的财产安全

客人携带的现金、高档提包和衣物、手提电脑、数码相机、摄像机、名牌化妆品、手表、首饰等，都是被偷盗的目标，客房钥匙管理混乱等也可能威胁客人的人身及财产安全。

3. 客人的饮食安全

饭店餐饮部制作和出售的饮食、客房迷你吧出售的饮食、客房内赠送给客人的新鲜水果，行政楼层提供的免费自助餐等，都要符合食品卫生与安全要求，否则就有可能危及客人的健康与安全。

4. 客人的娱乐安全

饭店客房内提供的健身器具、商务楼层提供的免费健身娱乐设施、康乐部的健身设备等都会成为引发客人意外受伤的因素。

5. 消防安全

饭店的消防安全不仅与饭店员工的安全意识有关，也与客人的安全意识密切相关。如客人在床上吸烟，小孩在房间内玩火柴或打火机，客人自带的电器设备短路或使用不当等，这些都是消防安全的隐患。

6. 客人的信息及资料安全

客人的资料和信息安全已逐渐成为饭店安全管理的一项新内容。这些信息和资料不仅涉及客人在房间内放置的各种资料、产品以及电脑中存储的信息等，还包括客户的入住登记资料和客户档案资料等。

7. 客人的隐私安全

客人的习惯、嗜好、生理缺陷等隐私在饭店中如何得到有效的保护，这是饭店安全管理中的一项新内容。

8. 客人的心理安全

心理安全是指客人对饭店的环境、设施、卫生、服务、管理等方面的信任感。

这与饭店安全管理的好坏有着直接的关系。

9. 职业安全

由于管理不当，饭店会发生危害职业安全的各类事件，如员工摔伤、扭伤、烧伤、烫伤、刺伤、触电、中毒甚至是死亡事件等。

示例二　饭店消防安全培训案例

报警程序

1. 全体员工

饭店每位员工都要有高度的警惕性，在工作区域内一旦发现有烟味、异响等异常情况，都有责任进行检查，以防患于未然。如有火情，都有责任报警。

发现火情时，应保持镇静，切勿惊慌。如果火势较小，要尽可能使用现场附近的灭火器材将火扑灭，保护好现场，及时向消防中心报告并等候有关人员到达现场。

如遇火情难以扑灭时，应按照下列程序工作：

(1)就近拨打饭店内部的火警报警电话(每个饭店都有特殊的、容易记忆的、数字简单的电话号码)，通知消防中心或电话总机。报警时，要沉着冷静，清楚说明起火地点，物质燃烧的种类，是否有人被围困或伤亡，火势的情况以及是否正在采取扑救措施等，然后通报自己的姓名和部门。注意听清对方的补充询问，并做认真回答。得到允许后方可挂断报警电话(在未得到现场最高指挥的指令前，请不要拨打"119")。

(2)如附近无电话，可打碎火场附近的手动报警器完成报警工作。

(3)在救火人员未到火场前，在保证安全的前提下坚守现场，等候消防人员到达，并协助扑救工作。

(4)如火势蔓延扩大，要立即关闭火场附近的电源开关、煤气开关及门窗。

(5)切勿在火场附近区域高喊："着火了！"以免引起不必要的惊慌。

(6)引导火场附近客人从安全通道撤离，同时告诉客人不得使用电梯。

(7)饭店每位员工必须熟知灭火器材的位置和使用方法，熟知紧急疏散通道的位置，懂得灭火常识并会扑救初期火灾。

2. 消防中心

消防中心接到火警报警后，应立即检查报警信号，确认报警部位，派人到现场核实，并严格按照程序通报火警。

消防中心报警程序为：

(1)立即通知电话总机室。

(2)立即通报保卫部经理、消防主管、内保主管、警卫主管。

(3)迅速通知饭店主管领导。

(4)立即通知工程部关闭相应区域的空调、电源、煤气和开关。

(5)坚守岗位,注意观察火情附近区域的火警信号,如有报警,应立即派专人察看。

(6)如有客人询问,应告知客人:“火情正在调查中,如果需要采取措施,我们将会用紧急广播通知您。”同时提醒客人关好门窗。

(7)详细记录火灾扑救的全部过程。

3. 电话总机

(1)总机室接到报警电话后,应记录以下内容:报警人姓名及部门、报警时间及起火的准确位置、火势大小及燃烧物、有无人员被困或伤亡。

(2)电话通知以下人员到场:总经理、副总经理、保卫部经理、前厅部经理、客房部经理、工程部经理、大堂值班经理。

(3)电话通知以下部门按应急灭火方案执行:财务部、总经理办公室、餐饮部、娱乐部、人力资源部、销售公关部、采购部、事务部等。

(4)保证与灭火有关的通讯线路畅通。

(5)听从灭火指挥部的指挥,随时准备向消防和急救部门报告。

(6)如遇客人询问,应回答:“火情正在调查中,如果需要采取其他措施,我们将会用紧急广播通知您。”同时提醒客人关好门窗。

(7)做好记录。

灭火程序

1. 临时指挥部

(1)总经理(店总值班)、副总经理、保卫部经理、工程部经理接到报警后,要立即赶赴现场组成临时指挥部,负责现场指挥。总经理是现场最高指挥者。

(2)副总经理接到报警后立即到达消防中心,负责后线指挥,组织有关人员做好运行值班、通信联络、紧急广播、电梯迫降、接应消防队等工作。随时与现场指挥部保持联系,通过监视屏幕了解现场情况,并及时通报给现场指挥部。

(3)如火情发生在夜间,在总经理及各部门经理未到达现场之前,由店总值班、大堂值班经理、保卫部值班主管和工程部值班工程师组成临时指挥部,指挥各部门在岗员工按应急方案进行紧急扑救。

(4)指挥义务消防员参加火灾扑救工作,根据火势的变化,及时制订相应的对策。

(5)当火势难以控制时,应按下列程序做:

- 下达决定停电、停空调,启动排烟系统。
- 下达决定分区域进行事故广播或全面疏散。
- 决定向公安消防部门报警。
- 负责向公安消防部门介绍情况,并参与公安消防部门的火灾指挥扑救工作。
- 指挥医务人员抢救受伤宾客及员工。
- 做好善后的处理准备工作。
- 记录火灾扑救的全过程。

2. 保卫部

保卫部经理

(1)接到火警报警后,立即会同工程部经理、消防主管、客房部经理,根据实际火情,协助总经理制订灭火计划。在总经理未到达火场之前,负责组织并指挥义务消防队员参加灭火工作。

(2)协助总经理指挥义务消防队员灭火,并将火灾的扑救情况随时向总经理和副总经理汇报。

(3)如遇特殊紧急情况,保卫部经理有权决定向公安消防部门报告火警,下达在饭店内分区域进行事故广播的命令和紧急疏散的命令。

(4)当消防员到达现场时,负责向消防员介绍火情,并协助做好灭火工作。

(5)火灾扑灭后,保卫部经理负责组织人力保护好火灾现场,配合消防员调查火灾发生的原因。

(6)负责组织书写火灾事故报告及火灾原因调查报告,及时上报总经理和上级主管部门。

消防主管

(1)接到火警通知后,应立即赶赴火场,查看火情,分析火灾发生的原因。根据火势向保卫部经理提出扑救火灾的建议和计划。

(2)按照总经理的扑救方案,带领义务消防队员扑救。

(3)火灾扑救期间,与保卫部经理保持联系。根据火势,请示和建议灭火指挥部采取部分或全部断电、断气、断风,打开排烟装置,启动紧急广播系统。根据情况决定是否向市消防局报告火警。

(4)迅速将客用电梯迫降开关从手动位置打到自动位置,实施迫降。

(5)立即与工程部水工联系,保证消防水的供应。

(6)将防火卷帘门控制开关打到自动位置。

(7)将水幕钥匙插好,在得到指挥部的命令后启动水幕。

(8)负责引导消防队员进入火灾现场。

(9)配合保卫部经理布置火灾扑救后的现场保护工作。

(10)协助消防局调查火灾发生的原因。

(11)负责起草火灾事故报告及火灾原因调查报告。

内保主管

(1)接到火警通知后,负责防止有人在火灾期间进行违法活动。

(2)立即会同警卫主管布置好饭店内部及外围的警戒工作。

(3)立即到主要财务地点协助疏散工作,监督统计。负责清点、安顿疏散人员。

(4)负责保护从火场内抢救出的贵重物品。

内保干事

(1)接到火警通知后,立即配合内保主管做好以上各项工作。

(2)负责备好着火区的门钥匙,需要时保证能够立即投入使用。

警卫主管

(1)接到火警通知后,立即会同内保主管,做好饭店的保卫工作,保证宾客的生命及财产安全。

(2)通知当班警卫领班,布置好饭店有关区域的警戒工作。

(3)负责指挥其他警卫人员赶赴现场参加救人及灭火工作。

(4)负责引导消防车和消防队员进入火灾现场。

(5)协助车场管理人员消除车场障碍,疏通车道。

(6)协助内保主管做好被疏散人员及被抢救出物品的保护工作。

(7)确保疏散通道畅通无阻。

警卫领班

(1)接到火警通知后,立即会同警卫队主管布置饭店的警戒工作。

(2)带领其他警卫人员赶赴火灾现场,参加灭火工作。

(3)火灾扑救期间,负责维护火灾现场秩序,禁止无关人员进入火灾现场。

(4)带领警员协助有关部门做好人员救护、疏散及物品的营救工作。

(5)绝对服从火场指挥人员的指挥。

(6)火灾扑救工作结束后,做好火灾现场的保护工作,禁止无关人员进入。

警卫人员

(1)接到火情通知后,警卫人员应统一听从警卫主管和领班的统一调遣,不得擅自行动。

(2)在岗警卫人员应保持高度的警惕性,加强警戒,严格控制进入饭店的人员。

(3)重要部位的警卫人员必须坚守岗位,不得擅自脱岗(接到总经理下达的全体员工撤离火场的命令除外)。

(4)不在岗的警卫人员接到火情通知后,应听从主管和领班的安排,携带灭火器立即赶赴现场,听从火场指挥员指挥,积极参加灭火战斗。

(5)负责引导客人从安全出口撤离。

(6)车场警卫协助车场管理员维护车场秩序。

(7)灭火期间要注意安全,发现有人被围困时,应先营救被围困人员。

(8)火势较大时,一般不要单独进入火区。如情况需要,应告知火场指挥人员并做好进入火场的安全保护工作。

(9)火灾扑救工作结束后,听从火场指挥人员的安排和布置,保护好火灾现场。

(10)配合清理已经勘察完毕的火灾现场,回收灭火器空瓶,统计灭火设备损坏情况,保障公物不被继续破坏或丢失。

3. 工程部

<u>工程部经理</u>

(1)接到报警后,立即通知以下专业人员迅速赶到现场参与灭火工作:水专业主管,强、弱电主管,空调主管,电梯维修人员以及消防维修人员等。

(2)立即检查本部门各个控制系统岗位,使各种消防设施达到自动灭火状态。

(3)饭店任何部位起火,都应组织本部门义务消防队员立即赶赴火场,协助认定火灾性质,采取有效措施扑救。

(4)负责起火部位的供水、断电、断气、送排风等机器设备的关启、抢修,并保证消防电梯正常运转。

(5)根据现场指挥部的命令进行工程抢险和重要设备的保护工作。

<u>工程部其他工作人员</u>

(1)空调系统专业组:接到火警通知后,立即关闭起火区域的空调机组。

(2)配电室(高压、低压):接到火警通知后,密切注意火场附近的电力运行情况,随时准备切断火场的电力供应。当接到指挥部下达的切断火场电源的指令后,立即按指令行事。

(3)电梯专业组:接到火警通知后,立即将消防电梯降到首层。亲自控制电梯,专供灭火工作使用,同时停止运行火场区域的其他电梯。

(4)煤气调压站:接到火警通知后,立即关闭火场区域及附近区域的煤气管道阀门。

(5)水系统专业组:接到火警通知后,立即做好消防用水的供应工作,并做好供水设备的抢修工作。

4. 客房部

客房部经理

(1)接到火警通知后,立即组织起本部门义务消防队员赶赴火灾现场进行灭火工作。

(2)接到指挥部疏散的命令后,迅速持万能钥匙赶到现场,负责做好客人疏散及火场区域内贵重物品的抢救工作。

(3)检查所有房间的门窗及电源开关,并负责清点疏散客人数和部门员工数,防止遗漏。

起火区域的服务员

起火区域的服务员接到火警通知后,按照应急方案,在保证安全的情况下,立即投入到灭火工作中。具体工作程序:

(1)立即通知火场区域及附近区域的客人从安全通道撤离。

(2)关闭火场附近的门窗及通风设施。

(3)抢运火场区域及附近受火灾威胁区域的贵重物品,会同保卫部警卫人员看管物品。

(4)楼层服务员反复、认真地检查火场区域及附近区域的各个房间,关闭门窗及空调,保证每位客人均能安全撤离火场。

(5)逐间检查客房,确认房间无人后,锁好房门,用粉笔在房门上画上记号。

5. 前厅部

前厅部经理

(1)接到火警报警后,停止营业工作,负责维护好前厅的秩序。

(2)保证所有通道畅通,并在前厅指挥疏散客人及抢运物品。

(3)负责保管好房间钥匙、住房卡、客人的重要资料及贵重设备。

(4)组织本部门的义务消防队员,赶赴现场参加灭火疏散工作。

(5)立即整理一份住店客人资料,一旦接到疏散命令,立即交到指挥部以备查。

(6)迅速派一名员工到达消防中心,根据临时指挥部的命令进行英文紧急广播。

(7)准备好火场全部钥匙,随时听候指挥中心的指令。

前厅部员工

(1)前厅部员工应听从指挥,坚守工作岗位。沉着冷静地回答问题,参与疏导撤离工作。

(2)前厅部员工在接听客人询问电话时,要稳定客人的情绪。通知客人疏散时,要告知客人走防火楼梯撤离火场。撤离前,关闭好房间的门窗及空调。

(3)前厅部员工应保护好房间钥匙、房卡、贵重物品及资料。

(4)行李员应尽最大努力将客人存放的贵重物品抢运到安全地点,并设专人看管,防止丢失或被盗。

(5)门童应协助做好车辆的疏导工作。将大堂的门向外打开,保证自动门和转门在常开状态。

(6)前厅接待员要立即关闭电脑及所有电器,并负责协助前台收银员保护好现金及相关单据。

6.餐饮部

餐饮部经理

(1)接到饭店火警通知后,组织本部门义务消防员赶赴现场参加灭火工作。

(2)如火警发生在餐厅或厨房,应立即关闭所有煤气阀门和电器设备。积极组织人力对火势加以控制,并向饭店消防中心报告。

(3)接到临时指挥中心的疏散指令时,应及时组织服务员做好客人的疏导工作,并引导客人从安全通道撤离。

餐厅服务员

(1)接到饭店火警通知后,应保持镇静,并按要求认真完成上级下达的任务。

(2)安慰客人,耐心回答客人询问。

(3)接到疏散命令后,应积极引导客人从安全通道撤离,并提醒客人带好贵重物品。

(4)如本餐厅着火,按照应急方案采取有效扑救措施,并疏散客人。立即向饭店消防中心报告火警。

(5)火情期间,餐厅管理者要协助收银员保护好现金、单据及其他贵重物品。

(6)立即关闭起火区域的电源开关、空调及门窗。

厨师

(1)接到饭店的火警后,坚守岗位,根据火场位置和火势的程度随时准备采取灭火行动。

(2)如厨房内部起火,应及时关闭煤气阀门和火场区域内的电气开关,熄灭所有火种并积极采取扑救措施,控制火灾。

(3)立即向饭店消防中心报告火警。

7. 财务部

财务部经理

(1)接到火警通知后,应立即通知本部门员工停止工作,做好疏散准备工作。

(2)组织义务消防员处理好现有的工作,赶赴现场参加灭火工作。

(3)通知所有人员坚守岗位,保护好各种现金、账本、收据、电脑资料及箱柜钥匙。

(4)接到疏散命令后,负责指挥员工疏散到安全地点。派专人看守贵重物品,防止丢失或被盗。

财务部员工

(1)接到疏散命令后,将自己负责的现金装入银箱锁好。关闭电脑,携带分管的各种资料,锁好房门,及时疏散到安全地点。不能带走的文件应统一锁在保险柜内,将钥匙保存好。

(2)财务人员应配合警卫人员保护好从本部门撤出的贵重物品。

(3)电脑房接到火警后,应关闭所有设备。接到疏散的命令后,立即携带重要电脑资料撤离到安全地点,并负责保管。

8. 康乐部

综合部经理

(1)接到火警通知后,应立即通知员工坚守岗位,做好疏散客人的准备工作。

(2)组织义务消防员处理好手头工作,赶赴现场参加灭火工作。

(3)接到指挥部下达的撤离命令时,立即组织服务员引导客人从安全疏散口撤离。

(4)如本部门发生火灾,应立即向消防中心报警,并按应急方案组织员工灭火并积极引导客人疏散。

(5)派专人协助收银员保护好现金和其他贵重物品。

综合部服务员

(1)接到报警后,立即停止营业,维护好现场秩序,稳定客人情绪。清点客人人数,做好疏散的准备工作。

(2)接到疏散的命令后,各部位服务员负责引领客人疏散。对各部位进行检查,确保客人全部安全撤离。

(3)由专人协助收银员保护好现金、单据等贵重物品。

(4)切断室内所有电源,关闭室内的门窗、空调等,锁好房门。

9. 其他各部门

(1)接到饭店火警通知后,应立即组织本部门义务消防员投入灭火工作。

(2)做好疏散准备工作。接到指挥部下达的疏散命令后,应立即将员工疏散到安全地点。清点人数,保证员工安全。

(3)司机班人员随时待命,准备好车辆,负责伤员的运送工作。

(4)医务人员应携带好救护品到达现场,负责抢救从火场疏散出的伤员。在送往医院进行抢救之前,医务人员应对伤员进行基础治疗,保证伤员在途中的安全。

(5)员工宿舍管理员负责叫醒住宿的员工,清点人数,做好疏散的准备工作。

(6)采购部人员负责保管好文件、单据、账目等,做好疏散的准备工作。

10. 灭火注意事项

(1)饭店内无论哪个区域发生可以自救的火情,该区域内的员工在保证安全的情况下,均应按照报警→灭火→疏散客人→抢救物品的程序投入灭火工作。

(2)火灾期间,如遇部门经理不在饭店时,应立即选出一名临时负责人,带领本部员工统一执行指挥部发布的灭火任务。

(3)火被扑灭后,各部门应配合保卫部将本区域内的报警和灭火系统恢复至正常状态。清点本区域的灭火器材,将使用情况上报保卫部,并及时更换补充。

(4)火被扑灭后,各部门经理负责统计汇总经济损失及人员伤亡情况,如实上报至临时指挥部或总经理办公室。

(5)接到疏散的命令后,各部门将客人及员工疏散到指定的安全地点,立即清点人数,防止遗漏。

九、工程部岗位知识培训内容

工程部是饭店的后台部门,肩负着为饭店运营提供良好的设备设施,为客人营造一个良好的居住环境的重任,是为了一线部门更好地为客人提供服务的重要保障部门。

(一)工程部岗位知识培训的主要内容

强电维修工岗位职责

弱电维修工岗位职责
配电室电工岗位职责
空调维修工岗位职责
电梯维修工岗位职责
万能工岗位职责
锅炉工岗位职责
设备日常维护保养标准
设备报修标准
设备检修标准
设备故障/事故处理标准
装修改造项目工作标准
配电室检查标准
机房设备检修标准
给排水设备检查标准
软化水处理程序
锅炉运行检查标准
空调运行检查标准
电梯日常检查标准
电梯事故处理标准
电话系统维修标准
电话机维修标准
卫星电视接收系统监控标准
音响服务与维修标准
中央计算机使用与管理标准
能源控制与统计标准
监控系统保养标准
设备采购标准
设备日常保养标准
设备报修管理标准
设备报废处理标准
万能工工作标准
明火作业安全管理标准
高空作业安全管理标准
钥匙锁具管理标准

电气事故处理标准

配电系统防雷设备保养、检修标准

工程部安全管理标准

(二)万能工岗位职责培训案例

万能工(Holi-Kare)是美国假日饭店集团创建的最有效的一种饭店客房维修保养专职工种,负责客房的全面维修和保养工作,集电、钳、管、木、油、空调等多项工种于一身。

万能工每天负责固定间数客房的全面检查、维修和保养工作。通过对一间间客房的检查、一个个项目的维修和保养,使每间客房始终处于良好状态,给客人创造舒适、安全的住宿环境。万能工的出现为客房部的设备管理和服务提供了有效保证。

一般由工程部负责对万能工的招聘、选拔、录用、培训和评估工作。客房部对万能工的服务质量负有督导的责任。万能工每天的工作内容和工作量都是相同的,在一般情况下,要保证对每间客房每年进行 3 次维修保养,即每个月的维修保养量是维修保养客房总数的 25%。另外,万能工还要负责公共区域设备的维护保养工作,每年不少于 4 次。

万能工技术要全面,熟悉客房设备,有较丰富的客房设备维修保养经验,能独立、全面地完成客房维修保养工作。

万能工的主要工作及技能要求如下:

(1)与客人沟通,了解客人对客房设备的维修保养建议。

(2)能熟练使用各类维修工具及设备。

(3)更换电源按钮、插头、各类容器等。

(4)维修或更换门锁。

(5)修补壁纸和天花板。

(6)能够修理和油漆门窗。

(7)能维修、更换固定的装饰物及电器设备,如床头灯、窗帘及滑轨等。

(8)能维修家具如沙发、座椅、办公桌、行李架等。

(9)维修、更换淋浴喷头、浴巾架、浴帘滑轮、浴池水龙头开关等。

(10)能修补地毯等。

万能工检查、维修客房项目近 80 余项。下列图表是引自美国假日饭店集团万能工客房检查、维修项目的标准。

“万能工”检查清单

部门：

房号：

√	╲	╳
完好	待修理	完成修理

日期和姓名第一个字母

空调系统
- （1）活门(冷热水阀门)
- （2）温度开关
- （3）隔尘网及风口(清理)
- （4）接水盘是否反坡(检查及清理)
- （5）空调扇叶调整
- （6）检查冷热水系统
- （7）检查电源接头是否牢固

灯具
- （8）检查电源开关
- （9）床头灯开关、灯杆是否松动
- （10）灯罩(检查及更换)
- （11）检查灯泡及换新
- （12）检查及修理电源插头
- （13）房间灯具柜是否掉色或生锈及清理

开关
- （14）检查墙开关颜色并清理

收音机和电视机
- （15）拧开制箱螺丝
- （16）检查入墙制箱
- （17）检查收音机
- （18）检查电视机开关及选台开关
- （19）检查发音机及声音开关
- （20）电位器开关
- （21）天线插头(电视机)
- （22）检查天线插座及更换
- （23）检查遥控开关
- （24）检查电视机及收音机钮是否松动

电话
- （25）电话机盘是否松动
- （26）电话机是否无声及摆放不妥

滑动门
- （27）衣柜门轴是否不妥
- （28）衣柜门轮是否出槽
- （29）衣柜门是否松动
- （30）衣柜门栏

家具
- （31）抽屉手把检查及修理
- （32）抽屉底轮是否出槽
- （33）家具要着色
- （34）检查椅子弹簧
- （35）检查及修理桌面
- （36）检查床头板
- （37）检查床轮是否不妥
- （38）检查床头柜是否松动
- （39）检查衣架钩
- （40）窗门钩及玻璃是否生锈或有间隙

窗
- （41）化拖锁及吧房门锁螺丝是否松动
- （42）检查窗门锁

检查员签名：

日期和姓名第一个字母

地板
- （43）检查地板
- （44）检查地毯

墙
- （45）检查墙面
- （46）检查墙油漆及换墙纸

天花板
- （47）检查天花板是否有裂纹

窗帘
- （48）窗帘轮是否出槽

门
- （49）门把手检查及修理
- （50）检查门锁螺丝
- （51）门合页螺丝是否更换
- （52）检查防盗链
- （53）双门锁头是否不妥
- （54）检查灯绳
- （55）门边链条是否更换
- （56）检查出路灯箱及门后防火出路牌
- （57）检查房门是否紧
- （58）检查吧房门锁
- （59）检查挡门器是否对位

浴室
- （60）检查各地方是否漏水
- （61）浴缸底是否有粘胶条
- （62）检查马桶冲水刷
- （63）检查马桶座板
- （64）检查马桶出水孔
- （65）检查浴缸及脸盆活塞是否不妥
- （66）水龙头是否正常
- （67）检查水龙头滤嘴器
- （68）检查淋浴喷头
- （69）抽气风嘴清洁
- （70）洗脸盆底反水湾检查
- （71）检查龙头沙网
- （72）检查洗脸盆架是否松动
- （73）检查厕纸箱
- （74）检查卫生间后钩
- （75）面纸巾盖是否松动
- （76）墙及地板检查(是否要铺灰)
- （77）肥皂碟及毛巾架检查
- （78）毛巾架是否松动
- （79）检查卫生间门锁
- （80）检查防火板

十、职前培训课程——岗位技能训练课程

岗位技能训练课程是在新任职的员工掌握岗位知识的基础上进行的，是一[illegible]的培训课程。该项培训要求部门训导师或指导员按照岗位工作任务确定实[illegible]作的步骤和方法，以示范性的教学方式，将最好的技能和方法传授给新任职的员工，使他们迅速建立起对所从事工作的兴趣和信心。

技能训练强调的是严格地按照标准程序操作，做到“一正确、二速度、三提高”，先求质量后求数量和速度。下面以客房做床岗位技能培训内容为例。

客房做床技能训练课程培训内容

程　序	步　骤	教 学 方 法
1. 将床拉出	屈身蹲下，双手握紧床架尾部，将床慢慢拉出至便于操作的位置。	训导师边示范边讲解
2. 放平床垫	检查床垫是否清洁、有无损坏（要定期翻转床垫）。	同上
3. 铺上清洁褥垫	正面朝上，以床的中心位置作为铺设的中心点，使褥垫四边长短均匀，拉直拉挺不留皱痕。	同上
4. 铺第一张床单（垫单用来包床垫用）	将床单正面朝上，抛盖在床的正中位置，床单的中线将床一分为二。床单松弛地盖住床角，将床单斜折包角，掖入床垫下面，塞紧。用同样的方法包好各侧的床角。	训导师边示范边讲解边请受训者实践。每一名受训者在训导师的指导下进行铺床练习，一边操练一边口述操作程序。
5. 铺第二床单（盖单）	将床单正面朝下，中线与第一张床单对称，床单上端与床头对齐。	同上
6. 铺毛毯，将床单和毛毯塞进床垫下	1. 将毛毯中线对齐，上端距床头30厘米左右。 2. 将长出毛毯30厘米的盖单沿毛毯回折，包住毛毯上端作为被头。 3. 将毛毯连盖单一同塞进床垫下，四角包齐无褶褶，包出直角或斜角。	同上
7. 套枕头	1. 拍松枕芯，套上枕套。 2. 放枕头。铺单人床时，将枕头套口反向床头柜，放置在床的正中；铺双人床时，将枕头套口的方向对称放置。两张单人床将两床枕头套口反向于床头柜。	同上
8. 盖床罩	铺上床罩，中线对齐。将床罩上端回折距床头40厘米左右处。	同上

续表

程 序	步 骤	教 学 方 法
9. 将床推回原位	检查床铺是否整齐。	训导师讲解铺床全过程及质量检查标准，对受训者的[illegible]果进行评估。
10. 中式做床	将套上被罩的棉被铺在床上，棉被的中线与第一张床单对称。 不包四边。其他方法与西式做床相同。一般不铺床罩，有的饭店铺床腰垫。	训导师边讲解边示范，请[illegible]者进行现场练习，区别中、西式铺床的不同点和相同点。反复进行练习，直到受训者熟练掌握并能独立正确操作为止。
做床要求	三线对齐，即床单中线、毛毯或棉被中线、枕头中线对齐。	训导师进行示范

十一、职前培训课程——岗位实操指导培训

当新任职的员工掌握了实际操作的技能和方法，考试合格可独立工作时，便可进行岗位实操指导培训。

饭店各部门要为新任职的员工指定专门的指导员，负责对独立工作的新员工进行现场指导和评估，对他们在操作中出现的问题及时进行更正。根据新员工对技能掌握的熟练程度，逐渐减少现场指导的频率，直到新员工能够按标准按时、顺利地完成工作任务。

岗位实操指导评估表

序号	实操指导项目	被指导人	训导师	评估结果			
				好	较好	一般	差
改进建议： 年 月 日							

第三节 在岗培训课程

在岗培训是更新知识、掌握新技能和新技术的一种有效培训途径,也是岗前培训和职前培训不全面、不细致的一种培训补救措施。在岗培训可以循序渐进地提高员工的工作能力,增强个人的竞争力,进而提高饭店的运营效率和整体竞争力。

一、在岗培训的特点

1. 固定课程与灵活课程相结合

由于员工的流动率较高,需要不断开设程序化、规范化的固定培训课程。固定课程要求相对稳定。灵活课程一般是时效性较强和不断更新的课程,需要及时进行培训,如阶段性营销策略的培训、计算机升级应用培训、各种新政策培训等。

2. 必修课与选修课相结合

根据饭店发展的需要和员工个人发展的需要,依据饭店岗位职务要求,将必修课和选修课相结合,将员工的兴趣与工作需要相结合。

3. 普遍性与针对性相结合

根据不同岗位、不同层次、不同年龄、不同需求设置普遍性与针对性相结合的课程,做到各取所需、各有所用。

二、在岗培训课程

(一)换岗培训

是为了让员工能够承担多样性工作,迎接新的工作挑战而开设的培训课程。它一般是在员工职业生涯发展规划的基础上,结合饭店的发展需要,有计划、有目的地实施的。换岗培训也可以根据员工特有的才能,或为了开发员工的才能而进行。

换岗培训一般在饭店的经营淡季进行,有部门内岗位间的互换培训、部门与部门间的换岗培训及饭店与饭店间的换岗培训等类型。

1. 部门内岗位间的互换培训

部门内岗位间的互换培训是部门培训的一项重要内容,也是部门激励员工的一个重要手段。部门经理要充分重视部门内的换岗培训工作,将这项工作纳入到部门人才培养计划中,并与部门未来工作发展相结合,针对员工的特点,有计划、有目的地实施。

示例　前厅部换岗培训计划

姓名＼受训部门	接待部	预订部	客户关系部	结账部	团队协调部	大堂值班经理
	11.1～11.7		11.8～11.15			
		11.1～11.7		11.8～11.15		
			11.1～11.7			11.8～11.15
				11.1～11.7	11.8～11.15	
		11.8～11.15			11.1～11.7	
					11.8～11.15	11.1～11.7
	11.8～11.15					11.1～11.7
	11.1～11.7		11.8～11.15			
		11.8～11.15		11.1～11.7		

2. 部门与部门间的换岗培训

部门与部门间的换岗培训一般是针对饭店的业务骨干和管理者进行的，是饭店培训计划的一项重要内容。该项培训要依据饭店人力资源发展规划，分析业务骨干和管理者的实际水平与饭店发展需求之间的差距，由培训部拟订、饭店决策层批准的一项中长期人才培养计划。该计划以部门与部门间的换岗培训为起点，使受训者的专业知识和技能从"点"扩大到"面"，达到横向发展的目的。

3. 饭店与饭店间的换岗培训

饭店与饭店间的换岗培训可在本区域内、外省市或国外的相关饭店进行。该培训主要有三种形式：

一种是大型饭店管理集团实施的集团内部饭店与饭店间的人才培养交换计划。培训目的是培养本集团内所需的各类管理人才，使受训者开阔眼界，吸纳兄弟饭店和管理者的管理创新点，发现本饭店和本人的不足之处，并能制订出有效的解决方案。

另外一种是单体饭店与同类单体饭店之间签订换岗培训协议，在同一时间、同一人数、同一条件下，互换受训者。这种形式既可以达到培训的目的，又可以节约培训成本。采取这种换岗培训形式时，要求明确规定实施换岗培训的时间，培训的天数，互换的人数、岗位、职务，互换人员所享受的待遇（如住房标准、就餐标准、免费洗衣标准、用车标准等），互换培训内容，训导师，评估标准等。

还有一种是用奖励度假的方式，通过考察、参观、观摩等形式与其他饭店进行互换交流，达到开阔眼界的目的。

（二）转岗培训

员工转岗的原因很多，有的是因为饭店经营规模发生变化或组织结构调整要求改变员工配置；有的是因为员工不能胜任现有工作，需要重新调换岗位；或是因为员工某方面的才能或特长被发现而受到重视需要另行安排工作等。

转岗培训是多种多样的，如与新员工一起参加岗前培训、岗位现场的一对一指导、外派培训、定向培训等。饭店应根据转岗的原因、转岗“跨度”的大小选用最合适的培训方式。

转岗培训的原则和程序是：

（1）确定转换的岗位。根据饭店经营管理变化、岗位空缺及员工转岗意向，由人力资源部统一调配转换的岗位。

（2）确定转岗培训内容和方式。根据转岗岗位的工作要求和转岗“跨度”，由培训部制订相应的培训计划和实施方案。

（3）实施转岗培训。转岗培训应侧重对专业知识、技能和管理实务等方面的培训，以实用、有效为达标原则。

（4）考核、评估。转岗培训结束后，培训部和用人部门共同按照实用、有效的达标原则对转岗者进行严格的考核和评估。考评合格者由人力资源部办理正式转岗手续，不合格者可根据饭店转岗管理制度做出重新接受培训、待岗或下岗的处理。

（三）岗位资格培训

饭店中的某些岗位需要持证上岗。岗位资格证书有国家有关部门颁发的岗位证书，如强电工、弱电工、锅炉工等工种岗位资格证书；有饭店行业规定的岗位证书如厨师等级证书、英语等级证书、总经理、部门经理资格认证等。岗位资格培训工作由培训部统一管理，鼓励、督导、组织员工定期参加岗位资格培训班。

岗位资格培训的原则和程序是：

（1）各部门根据本部门岗位需要和劳动力实际状况，确定需要参加岗位资格培训的人员名单，并上报给培训部。经培训部审核后，公布培训日期，部门安排员工准时参加。培训结束后，各部门应安排员工做与培训内容相应的工作。部门应在员工岗位资格证即将失效前6个月，向培训部提出复考报告，经培训部审核确定培训日期后，安排员工参加培训和复考。部门管理者应保证让合格的员工在合适的岗位上为客人提供优质的服务。

（2）培训部负责审查部门培训或复考申请书，安排培训时间，并实施培训及考试。培训部还肩负着考试管理工作，公布合格者名单，发放资格证，并建档存档等。

（四）专业技术人员培训

饭店中的专业技术人员主要指工程部的各类技术人员，财务部的会计师、审计师，餐饮部的厨师、食品检验员，康体、娱乐部的美容美发师、按摩师、音响师、泳池救生员、健身中心教练、陪练员等。

专业技术人员在上岗前应持有国家、地区或行业颁发的资格证书（如强电工证书、厨师等级证书、会计证书等），符合岗位职责要求、技术要求、技能要求，掌握工作程序、服务质量标准等，随时跟踪本技术领域的发展趋势和创新动向，不断学习新技术，掌握新技能。

对于专业技术人员的培训一般采取外训的形式，主要有专业进修、专业技术人员专题研讨会、参观、合作交流等。培训部应根据本饭店专业技术人员的现状，结合饭店未来发展需要，有计划地安排各类技术人员参加培训。

（五）以改善绩效为目的的培训

改善绩效方面的培训一般是在绩效未达到要求、绩效下降或绩效已达标但员工仍希望改进绩效时进行。改善绩效培训的前提是饭店已具备客观、公正的绩效评估制度，能够对员工的绩效进行准确评估，员工的直接管理者已掌握绩效管理的知识和技巧。饭店以改善绩效为目的的培训应以饭店绩效现状、改善绩效的目标、绩效管理水平、绩效评估标准等为依据，确定培训内容。通过改善绩效的培训和考核，饭店应统一确定和调整绩效改进计划，并在指导者的指导下，严格按照绩效改进计划实施培训。

经常被饭店采用和实施的此类培训项目有：

(1)解决工作难题的技巧

(2)正确处理客人投诉的技巧

(3)与上司沟通的技巧

(4)建立良好人际关系的技巧

(5)时间管理

(6)计算机应用技巧

(7)紧急问题处理技巧

(8)待客技巧

(9)各岗位工作创新及技巧等

以改善绩效为目的的培训一定要做到对员工的绩效进行客观评价，就评价中发现的问题制订绩效改进计划并规定在一定的时间内实施。改善绩效的培训要严格按照绩效改进计划进行，如有多个绩效改进计划，要视情况决定培训的顺序。如有可能，可以几个计划同时实施。

（六）以更新知识、掌握新技能为目的的培训

饭店内部和外部环境发生变化，客人对服务的要求发生变化，饭店未来客源市场有调整，出现新技术、新岗位……这些都需要饭店为员工提供及时的培训，让他们不断学习新技术、新技能、新知识，以适应市场变化和竞争的需要。

贴身管家服务、金钥匙服务、代客停车服务、客房私人电脑工程师服务、残疾人服务、奖励旅游的市场推广及服务、外卖服务、会展服务等，这些都是饭店正在增加或已经增加的岗位和服务项目，让员工参加相关培训，是保证这些新的服务项目得以顺利实施的保证。

（七）部门在岗培训课程

部门在岗培训是饭店所有部门每月都应开展的主要培训项目。各部门应根据饭店的发展目标和服务质量标准，结合本部门的实际情况，由部门经理或训导师负责制订培训计划并组织实施。各部门要严格按照部门培训计划，在规定的时间、规定的地点，就规定的内容对规定的受训人员实施培训。如遇紧急情况需更改培训时间或内容时，要提前向培训部递交更改报告，以保证部门在岗培训计划的严肃性和有效性。

部门在岗培训是一项全员性的培训课程，培训部应根据部门提交的培训计划负责检查和评估培训效果。

下面以人力资源部的培训计划为例。

人力资源部在岗培训主要针对人力资源管理人员设计，通过培训，使人力资源管理者全面掌握人力资源管理理论知识，提高其在招聘、培训、激励、组织设计、管理制度设计等方面的工作能力和在薪酬管理、绩效评估、劳动纠纷处理、员工满意度调查、员工职业生涯规划设计等方面的实际工作能力。

人力资源部培训计划表

序号	培训内容	培训时间	培训地点	受训人数	训导师	需培训部配合的项目
1	饭店发展规划与人力资源管理	1月第1周	部门会议室	部门所有员工	总经理或人力资源总监	提供投影仪、笔记本电脑等设备
2	饭店业人力资源管理现状分析	1月第2周	同上	同上	外请	外请训导师
3	劳动法律、法规	1月第3周	同上	同上	同上	同上

续表

序号	培训内容	培训时间	培训地点	受训人数	训导师	需培训部配合的项目
4	人力资源管理者的角色、职能和素质要求	1月第4周	同上	同上	部门训导师	无
5	人力资源需求分析方法	2月第4周	同上	同上	同上	无
6	饭店人员招聘、录用管理方法	3月第1周	培训教室	部门员工及饭店各部门经理	同上	组织培训的实施工作
7	人力资源薪酬及福利管理方法	3月第3周	同上	同上	同上	同上
8	员工绩效考核和行为评估管理方法	4月第1周	同上	同上	同上	同上
9	员工培训与发展管理方法	4月第3周	同上	同上	同上	同上
10	员工职业生涯规划管理方法	6月第2周	同上	同上	同上	同上
11	员工满意度调查及日常管理方法	5月第4周	部门会议室	部门全体员工	部门训导师	无
12	员工投诉及纠纷的处理方法	8月	同上	同上	同上	无
13	人力资源管理案例分析及疑难问题研讨	每月一次	同上	同上	同上	邀请培训部门参加

(八)外语培训

外语培训是饭店在岗培训课程中不可或缺的课程。外语培训应根据饭店客源市场对外语种类的要求、员工目前外语水平及对外语学习的喜好程度等来确定具体的培训内容。外语培训是一项长期的全员培训课程,一般分为三个等级,即初级、中级和高级培训。饭店应制订相应的激励政策,鼓励员工参加外语培训,根据自己的水平,选择不同等级的培训班。

(九)外派培训

外派培训是饭店在岗培训的一部分,也是员工发展培训的重要内容。外派培训的主要目的是补充或更新知识、掌握新的技能和方法,或是以取得学历或岗位资格等为目的。外派培训主要采用的是个人申请或组织安排的形式。培训部依据年度培训计划和人力资源发展规划，挑选有发展前途的业务骨干和管理者，在国内或将其送到国外学习深造。外派培训的时间分为长期培训和短期培训。

由于外派培训的特殊性，外派培训的评估方式主要以受训者是否获得相关证书，或通过调查表、培训报告等形式进行评估。

外派培训报告书

姓　名		部　门	
培训地点		培训时间	
课程内容			
学习收获			
建　　议			

（十）晋升培训

晋升培训是使有发展潜力的各级员工在晋升之前为适应和胜任更高一级职位所进行的培训。它是以员工个人职业生涯发展规划为依据，根据员工现状与晋升目标要求之间的差距来确定培训需求，制订培训计划。拟晋升人员经过培训学习后，参加统一考试，由培训部写出培训评估报告，该报告对该人员的晋升有着重要的参考价值。

根据晋升级别不同，可选用不同的晋升培训内容。晋升培训内容涉及面较广，既有知识、经验、能力等方面的培训，又有品德、个性的培养，一般培训周期较长。

晋升培训分为两个阶段：

1. 晋升前的培训

该阶段的培训目的是提高受训者的理论和业务水平，丰富其工作经验，使其具备晋升新职务的基本条件。培训方式可采用知识培训、业务培训、实践锻炼、导师指导、外派学习等。

2. 晋升后的培训

该阶段是挂职实习培训阶段，实习培训期可根据所任职务的重要性而定，一般为 3 ~12 个月不等。其目的是为了进一步提高受训者的素质和管理水平。晋升后的培训重点为管理步骤、绩效考评、服务质量控制、面谈技巧、角色转换等。培训方式主要是挂职实践配以案例分析、模拟练习、研讨、讲授和重点评估等形式。

第四节　系统培训课程体系的实施步骤

系统培训课程体系强调的是专业技能和态度方面的培训，是通过一系列符合逻辑和实际应用的培训课程设计步骤，将某次培训项目与其他培训项目的内在关系相结合，有计划、有规律地加以实施的。

系统培训课程体系是一项全员参与培训的工作，其具体实施步骤有以下几个方面：

1. 确定培训课程名称

培训课程名称要清楚明了，与培训内容一致，并有一定的弹性和广度。如“实操管理”可以扩大为“饭店实操管理体系”，使培训名称能够引起受训者学习的欲望。

2. 确定培训目标

要根据饭店的培训战略、工作要求和受训员工的素质确定培训目标。培训目标的确定是保证培训项目有效实施的关键。

3. 配置培训内容

培训内容的配置应以实现培训目标为目的，以受训者的接受程度为标准，突出重点，以点带面。避免无的放矢、面面俱到。

4. 选择受训者

系统培训是全员参与的培训，是长期的、连续性的培训过程。由于受培训内容、培训时间、培训场地、培训人数等因素的限制，对受训者的选择也是十分重要的。培训部要为受训者建立学习档案，充分掌握受训者的学习背景、学习能力、学习兴趣、接受理解能力、工作兴趣、专业特长等方面的情况，确定合适的人员、选择合适的时间、参加合适的培训班。

5. 确定训导师

训导师的选择是保证培训质量的一个关键环节，系统培训课程对训导师专业素质和专业水平的要求较高。合适的训导师应能充分理解培训内容，有较好的培训经验和专业培训实施能力。训导师的选择条件可参考本书第五章的相关内容。

6. 明确培训时间

选择培训时间时，应根据培训计划的要求，结合饭店经营状况，充分利用饭店的经营淡季或经营期的空闲时间进行。要以短、平、快的形式，保质保量地完成培训。

7. 确定培训方法

应充分考虑成人教育的特点及培训内容和培训时间的要求，在保障培训效果的前提下，选择合适的培训方法。

8. 选择培训教材和工具

培训教材和工具的选择要适合本饭店系统培训的需求、符合饭店经营管理的需要并能充分利用本饭店的培训资源。必要时，饭店或集团可自行编写、开发和制作培训教材和工具。

9. 确定培训地点

培训地点既可以是培训教室，又可以是超越教室的空间概念，如工作现场、比赛场所或训练场所等。

10. 颁布培训政策

为了达到培训目标的要求，颁布培训政策时应以培训保障制度为重点，配以合适的培训激励制度。

11. 进行培训评估

培训课程结束时，对培训目标与实施效果进行评估。

第九章

发展培训课程体系

管理大师德鲁克认为，管理者是一个企业的基本资源，也是最稀有、最昂贵、最易被破坏的资源。在绝大多数企业中，管理人员是最昂贵的资源，而且是折旧最快、最需要经常予以补充的一种资源。

为了不断地提升管理者的价值，实现组织与管理者的共同发展，饭店要格外重视发展培训课程体系的建立，并将发展培训课程体系作为饭店人力资源开发的重点。

发展培训是通过制订发展规划和适合不同层次的发展标准，使被培养人保持持续发展的竞争力。这些竞争力包括使未来管理者和现任管理者具备监督技能、领导技能、解决冲突技能、信息加工技能、决策技能、资源配置技能、反省技能、制订计划和激励技能等，并在工作中恰当运用这些技能，不断提高管理水平，达到组织持续发展和个人自我发展的目的。

第一节　发展培训课程体系和发展培训规划

一、发展培训课程体系

发展培训课程体系应包括以下几方面的内容：

1. 在当前工作环境下的培训课程体系

开发在现有工作环境下学习的潜力，使受训者在工作环境中受到训练、指导和实践，加快从学到用的转化速度，使培训费用大大降低。

2. 饭店内部的培训活动体系

充分利用饭店内的培训和学习机会，完成诸如市场营销分析、竞争对手分析、价格策略分析、服务质量评估、对客服务技巧、成本控制、疑难案例处理分析等专项培训课程，完成学习规划和职务轮换培训。

3. 饭店外部的培训活动体系

由饭店选派人员，代表饭店参加行业会议、专题研讨会，成为行业会员和各种专业组织成员，给受训者提供广泛的、有价值的学习机会和经验交流平台，培养受训者对新事物的接受能力。

4. 饭店内部培训课程体系

设计饭店内部培训课程，是为了满足受训者的不同需要，使其掌握的技能与饭店内部特有的技术特点相吻合，让受训者的知识和技能更全面、更成熟。

5. 饭店外部培训课程体系

外部培训课程的内容和形式是多种多样的，建立饭店外部培训课程体系，应考虑其形式和内容的适用性、超前性和可转化程度。如能运用远程教育系统，使外部培训在工作岗位上或在家里完成，将有助于把培训费用降至最低。

总之，能否建立最有价值的发展培训课程体系，有赖于培训管理者的经验和判断能力，通过对发展培训体系每一个过程的充分研究，权衡各种机会所带来的收益和需花费的成本，最终达到组织要求的绩效目标。

二、制订发展培训规划

饭店应在充分掌握管理者培训需求和个人职业生涯发展规划需求的基础上，根据饭店发展培训体系，对各层级管理者的技能和能力要求实施最优化组合，制订相应的发展培训规划。发展培训规划侧重的员工专业技能，主要是指员工对饭店产品和服务的特定知识、技能、工作程序、工具、设备等方面内容的理解和掌握程度；发展培训规划侧重的员工人际关系能力，主要指员工在组织中建立融洽的人际关系并作为该群体的一员有效工作的能力；发展培训规划侧重的员工管理理念，主要指从饭店的整体出发，全面掌握组织的目标、洞察组织与其环境的相互关系的能力。由于人们的工作层面不同、工作跨度不同，发展培训规划中涉及的专业能力、人际关系能力和管理理念也应有所侧重。

美国哈佛学院的 Katg 教授研究出各级管理人员技能的最优化组合（见下表），为饭店科学地制订各层次的发展培训规划提供了较有说服力的参考数据。

管理者管理技能侧重要求

管理层次	专业技能	人际关系	管理理念
决策层	17.9%	39.4%	42.7%
管理层	22.8%	42.4%	34.8%
督导层	50.3%	37.7%	12.0%

制定发展培训规划的第一步也是最关键的一步，是要确定饭店对各层级管理者的专业技能、人际关系、管理理念等管理目标的侧重要求。在明确

具体要求的前提下，由培训部对不同层级的管理者制订具有针对性的阶梯式发展培训规划。发展培训规划应按照饭店的人才培养计划有的放矢，逐级实施。

饭店发展培训规划分为初级发展培训规划、中级发展培训规划和高级发展培训规划。

（一）初级发展培训规划

初级发展培训的对象主要是督导层人员、骨干员工和刚毕业的大学生。初级发展培训的目标是培养上述人员对企业诚信度，全面掌握饭店专业知识和一般管理技巧。初级发展培训课程分为必修课和选修课。饭店应规定初级发展培训课程学习时限，并将必修课和选修课程的学习和学习成绩作为晋升的必要条件。初级发展培训周期为一般为 1～3 年。

初级发展培训规划的主要内容有：

1. 基础管理知识

基础管理知识是初级发展培训的必修课，是饭店督导层人员和骨干员工必须学习的课程。培训部可以根据饭店实际情况制订完成必修课程的学习时限（如在 2 年的时间内完成），由督导层和骨干员工根据工作情况合理安排培训时间。基础管理知识培训常年开展，滚动进行。

基础管理知识的培训内容主要有：

（1）督导管理

（2）时间管理

（3）沟通技巧

（4）激励技巧

（5）团队意识

（6）对客服务技巧

（7）工作效率管理

（8）投诉处理技巧

（9）成本控制

（10）工作计划制订方法

（11）培训培训者

（12）销售技巧

2. 饭店专业知识

饭店专业知识培训有必修和选修两种形式。根据部门与相关部门业务的关联性，培训部应明确设计必须学习的专业知识课程。如从事客房督导工作的员工，他的必修课是客房专业知识、前厅专业知识、饭店计算机的应用、消防安全知识、急救常识和设备的维护与保养知识，其他知识为选修课。学员可根据本人未来发展方向或感兴趣的领域自由选择选修课程。

饭店专业知识课程的内容有：

(1)前厅专业知识

(2)客房专业知识

(3)餐饮专业知识

(4)营销专业知识

(5)财务专业知识

(6)采购专业知识

(7)厨房专业知识

(8)娱乐、健身专业知识

(9)饭店计算机的应用

(10)设备维护与保养知识

(11)消防安全知识

(12)急救常识

(13)食品卫生及饮食安全知识

3. 初级发展规划培训内容示例

示例一　饭店专业知识必修课一览表

工作部门	必 修 课 程	建议选修课程
前厅部	前厅专业知识、客房专业知识、财务专业知识、饭店计算机的应用、消防安全知识、急救常识	餐饮专业知识、营销专业知识、娱乐健身专业知识
客房部	前厅专业知识、客房专业知识、饭店计算机的应用、消防安全知识、急救常识、设备维护与保养知识	餐饮专业知识、食品卫生及饮食安全知识
餐饮部	餐饮专业知识、采购业务知识、厨房业务知识、食品卫生及饮食安全知识、消防安全知识、饭店计算机的应用	急救常识、设备维护与保养知识、财务知识
娱乐部	娱乐健身专业知识、食品卫生及饮食安全知识、消防安全知识、设备维护与保养知识、急救知识、饭店计算机的应用	餐饮专业知识、营销专业知识、客房专业知识
健身中心	娱乐健身专业知识、食品卫生及饮食安全知识、消防安全知识、设备维护与保养知识、急救知识、饭店计算机的应用	餐饮专业知识、营销专业知识、客房专业知识
营销部	营销专业知识、前厅专业知识、餐饮专业知识、客房专业知识、娱乐健身专业知识、消防安全知识、财务专业知识、饭店计算机的应用	急救常识、设备维护与保养知识、厨房专业知识、食品卫生及饮食安全知识

续表

工作部门	必修课程	建议选修课程
财务部	营销专业知识、前厅专业知识、餐饮专业知识、厨房专业知识、客房专业知识、娱乐健身专业知识、消防安全知识、财务专业知识、饭店计算机的应用	急救常识、设备维护与保养知识、食品卫生及饮食安全知识
采购部	采购专业知识、前厅专业知识、餐饮专业知识、厨房专业知识、客房专业知识、娱乐健身专业知识、食品卫生及饮食安全知识、消防安全知识、财务专业知识	设备维护与保养知识、饭店计算机的应用
安全部	采购专业知识、前厅专业知识、餐饮专业知识、厨房专业知识、客房专业知识、娱乐健身专业知识、食品卫生及饮食安全知识、消防安全知识	设备维护与保养知识、饭店计算机的应用
人力资源和培训部	营销专业知识、采购专业知识、前厅专业知识、餐饮专业知识、厨房专业知识、客房专业知识、娱乐健身专业知识、消防安全知识、财务专业知识	食品卫生及饮食安全知识、设备维护与保养知识、饭店计算机的应用

示例二　初级发展培训规划表

课程名称	必修	选修	拟完成时间	课程选择人	备注
1. 督导管理					
2. 时间管理					
3. 沟通技巧					
4. 激励技巧					
5. 团队意识					
6. 对客服务技巧					
7. 工作效率管理					
8. 投诉处理技巧					
9. 成本控制					
10. 工作计划制订方法					
11. 培训培训者					
12. 推销技巧					
13. 前厅专业知识					
14. 客房专业知识					
15. 餐饮专业知识					
16. 财务专业知识					

续表

课程名称	必　修	选　修	拟完成时间	课程选择人	备　注
17. 采购专业知识					
18. 厨房专业知识					
19. 娱乐健身专业知识					
20. 设备维护与保养知识					
21. 消防安全知识					

(二)中级发展培训规划

中级发展培训对象主要是主管、经理助理、部门经理、副经理和专业技术管理人员。中级发展培训的目标是培养具有领导能力、创新能力、经营管理能力和良好协调沟通能力的合格管理者和未来的职业经理人。中级发展培训课程也分为必修课和选修课。饭店要明确规定该层次的管理者只有完成规定的必修课学习内容,通过考核才能获得在本饭店晋升和再学习的机会。中级发展培训周期一般为 3 ~5 年。

中级发展培训规划的主要内容有:

1. 管理课程

管理课程是针对管理层人员而设计的,目的是让管理者系统地掌握管理理论和管理方法,提高饭店管理层的综合素质和管理水平。管理课程是选修课,但饭店要明确规定在选修课程中必选课的数量,管理者可以根据自己的需求和爱好进行选择。

管理课程的主要内容有:

(1)领导理论与实务

(2)企业文化

(3)执行力

(4)管理创新

(5)客户满意度调查方法及其在饭店管理中的应用

(6)人力资源管理的新概念

(7)绩效管理

(8)关系营销

(9)销售促进策划

(10)服务心理学

(11)危机与风险管理

(12)各种饭店管理制度的比较

(13)细节决定成败

(14)财务分析与财务管理

2.管理技能课程

管理技能课程是管理者的必修课程,目的是培养管理者具备多种管理技能,运用科学的管理手段指导日常工作,减少因管理不当造成的工作失误、人员流失、成本增高,使工作环境更和谐,更具有吸引力。管理技能课程是在初级发展培训的延续,要求管理者在学完初级管理课程的基础上再继续该阶段的课程,并明确规定要在一定的时间内学完,经考试合格才能取得本饭店中层管理者的任职资格。

管理技能课程的主要内容有:

(1)客户管理技巧

(2)市场推广方法

(3)谈判艺术

(4)预算规划与编制

(5)成本分析与控制

(6)采购与供应

(7)绩效考核及评估管理

(8)服务质量控制与管理

3.饭店专业知识

饭店专业知识是中层管理者和未来职业经理人必备的岗位知识。专业知识培训有必修和选修两种形式。根据部门与相关部门业务的关联性,培训部应明确设计必须学习的专业知识课程。如从事餐饮工作的管理者必须学习餐饮经营与管理、饭店业服务质量管理、饭店业督导和饭店业经理人财务管理。其他专业知识为选修课。管理者可根据本人未来发展方向或兴趣自由选择学习内容。但是,饭店一定要明确完成必修课程的时间限制,并将此作为晋升和再学习的必要条件。

饭店专业知识课程的内容有:

(1)当代饭店介绍

(2)饭店业督导

(3)饭店业财务管理

(4)饭店业市场营销

(5)饭店业设备管理与设计

(6)饭店业质量管理

(7)前厅管理

(8)客房管理

(9)餐饮经营与管理

(10)饭店人力资源管理

(11)安全和损失预防管理

(12)饭店业经理人财务管理

下面是中级发展培训饭店专业知识培训内容示例,仅供参考。

示例　饭店专业知识必修课和选修课一览表

工作部门	必修课程	建议选修课程
前厅部	当代饭店介绍、饭店业督导、饭店业质量管理、前厅管理、客房管理、餐饮经营与管理、安全和损失预防	饭店业市场营销、饭店业经理人财务管理、饭店人力资源管理
客房部	当代饭店介绍、饭店业督导、饭店业质量管理、前厅管理、客房管理、安全和损失预防、饭店业设备管理与设计	饭店业经理人财务管理、饭店人力资源管理、饭店业市场营销
餐饮部	当代饭店介绍、饭店业督导、饭店业质量管理、餐饮经营与管理、安全和损失预防	饭店业市场营销、饭店业经理人财务管理、前厅管理、客房管理
娱乐部	当代饭店介绍、饭店业督导、饭店业质量管理、安全和损失预防	餐饮服务与管理、饭店业设备管理与设计
健身中心	当代饭店介绍、饭店业督导、饭店业质量管理、安全和损失预防	餐饮服务与管理、饭店业设备管理与设计
营销部	当代饭店介绍、前厅管理、客房管理、安全和损失预防、餐饮经营与管理、饭店业市场营销、饭店业设备管理与设计	饭店业质量管理、饭店业经理人财务管理
财务部	安全和损失预防、餐饮经营与管理、饭店业市场营销、饭店业财务管理、饭店人力资源管理、饭店业设备管理与设计	当代饭店介绍、前厅管理、客房管理
安全部	安全损失与预防、前厅管理、客房管理、餐饮经营与管理、饭店业督导	饭店业设备管理与设计、饭店业人力资源管理
人力资源部	当代饭店介绍、饭店人力资源管理、饭店质量管理、前厅管理、客房管理、餐饮服务与管理	饭店业经理人财务管理、安全和损失预防管理、饭店业市场营销、饭店业督导
工程部	当代饭店介绍、饭店业设备管理与设计、安全和损失预防、客房管理、饭店业质量管理	餐饮经营与管理、饭店业经理人财务管理、饭店业人力资源管理
总经理办公室	当代饭店介绍、安全和损失预防、饭店业市场营销、饭店业质量管理、饭店设备管理与设计	饭店业经理人财务管理、饭店业人力资源管理、前厅管理、客房管理、餐饮经营与管理

4. 管理实习

饭店每年应选择一定数量的待晋升候选人或业务骨干，在完成以上三项发展培训课程的基础上进行管理实习（management training）。管理实习可在本饭店进行，也可在集团内的其他饭店进行。管理实习的时间可依据职位和岗位的重要程度及饭店未来发展的需要而定，一般为2周甚至1年或更长时间。

从培训部经理管理实习培训计划表中（见下表），我们看到的是一个比较全面的管理实习培训计划，该计划设计了长达近8个月的管理实习期（有条件的饭店可以一次完成，无条件的饭店可以分阶段完成）。管理实习培训是一种个性化的培训，各饭店应根据本饭店管理者的实际水平、饭店对管理者的目标要求、管理者个人发展和饭店未来发展需要实施。

下面是饭店培训部经理管理实习培训内容示例，仅供参考。

培训部经理管理实习培训计划表

实习部门	实习时间	实习内容	训导师	备注
人力资源部	两周	1. 饭店人力资源管理政策和制度 2. 员工招聘、录用、辞职等程序 3. 员工福利、员工投诉、劳动争议的调解和处理 4. 人力资源部的日常管理	人力资源部经理 招聘主管 人力资源部经理 人力资源部经理	由部门训导师安排个性内容的具体培训时间
前厅部	一个月	1. 接待部工作程序（早、中、晚班）	接待部主管	一周
		2. 电话总机工作程序	总机部主管	三天
		3. 商务中心工作程序	商务中心主管	三天
		4. 商务楼层工作程序	前厅部经理助理	三天
		5. 金钥匙服务	首席金钥匙	三天
		6. 大堂值班经理工作程序	前厅部经理	三天
		7. 前厅部经理日常工作	前厅部经理	两天
		8. 问题解答、实习总结	前厅部经理	一天
客房部	一个月	1. 客房服务中心工作程序	客房部经理	三天
		2. 楼层服务	楼层主管	一周
		3. 公共区域	公共区域主管	三天
		4. 洗衣房	洗衣房经理	一周
		5. 工服房	工服房主管	两天
		6. 布巾室	工服房主管	两天
		7. 客房部经理日常管理工作	客房部经理	两天

续表

实习部门	实习时间	实 习 内 容	训导师	备 注
餐饮部	一个半月	1. 宴会预订程序	宴会部经理	一天
		2. 宴会服务、外卖服务	宴会部经理	三天
		3. 送餐服务	咖啡厅经理	两天
		4. 咖啡厅服务	咖啡厅经理	三天
		5. 西餐服务	西餐厅经理	三天
		6. 酒吧服务	酒吧经理	三天
		7. 大堂吧服务	酒吧经理	两天
		8. 中餐厅服务	中餐厅经理	一周
		9. 风味餐服务	风味餐厅经理	三天
		10. 管事部的日常服务与管理	管事部主管	三天
		11. 餐饮库房管理	餐饮部经理助理	一天
		12. 餐饮后厨制作与管理	行政总厨	三天
		13. 食品卫生和食品检验	行政总厨和食品检验员	两天
工程部	一周	1. 值班工程师工作程序	工程部经理	半天
		2. 工程部办公室日常工作	工程部经理助理	半天
		3. 设备设施的日常维修程序	值班工程师	一天
		4. 万能工工作程序	万能工主管	一天
		5. 工程部维修、保养计划的制订和实施	工程部经理	一天
		6. 工程部其他部门工作知识	工程部经理	两天
安全部	一周	1. 监控室工作程序	保卫部经理	一天
		2. 内保管理程序	内保主管	一天
		3. 警卫管理程序	警卫主管	半天
		4. 消防管理程序	消防主管	一天半
		5. 安全部日常管理	保卫部经理助理	一天
财务部	一个月	1. 财务报表的编制与分析	财务部经理	三天
		2. 成本控制与管理	成本部经理	三天
		3. 库房管理	成本部经理	一天
		4. 盘点	成本部经理	两天
		5. 采购管理	财务部经理、采购部经理	两天
		6. 电脑房管理	电脑房经理	两天
		7. 日审、夜审、总账管理	总会计师	三天
		8. 信贷部的管理	信贷部经理	两天
		9. 收益及审计管理	总会计师	两天
		10. 风险管理	总会计师	两天
		11. 饭店财务管理制度	财务部经理	一天

续表

实习部门	实习时间	实 习 内 容	训导师	备 注
康乐部	两周	1. 健身房工作程序 2. 游泳池工作程序 3. 美容美发管理程序 4. SPA 管理程序 5. 歌舞厅管理程序 6. 会员制服务与管理	康乐部经理	由康乐部经理统一安排
营销部	两周	1. 客户需求调查与分析 2. 客户关系技巧 3. 营销技巧 4. 客户投诉处理技巧 5. 营销活动策划与实施	营销部经理	由营销部经理统一安排
总经理办公室	三天	1. 饭店内部、外部沟通技巧 2. 举行各种例会的程序 3. 决策的落实与执行程序	总经理办公室主任	由总办主任统一安排

（三）高级发展培训规划

高级发展培训的对象主要是总监、总经理助理、副总经理、总经理等高级别、具有发展潜能的管理者。

如何提升高级管理人员的价值，使其成为组织中合格的决策者，实现组织与个人的共同发展，是饭店人力资源管理与开发的关键。基于此种原因，高级发展培训规划的制定是协助饭店选拔、培养和保留优秀的高级管理人员，激发他们关注自我发展，实现自我价值，具有高瞻远瞩的眼光与能力，不断提升个人和组织的经营管理业绩。

高级发展培训规划要将管理者的个性化需求与组织的发展结合起来。规划可以涉及方方面面，如学历教育规划、专业培训规划（cross training）、管理培训规划（management training）、语言培训规划、岗位资格证书培训规划、专项讲座或研讨、个人兴趣培训规划等等。

高级发展培训规划的主要内容有：

1. 管理课程

管理课程是针对高层管理者而设定的发展培训课程，目的是让高层管理者随时吸取和掌握世界最前沿的管理理论，用于指导和提高管理水平、决策水平。管理课程是高层管理者的必修课，课程内容要随着饭店业的发展变化以及管理者水平和素质的提高不断进行调整。

管理课程的主要内容有：

(1)领导科学

(2)树立企业形象战略

(3)企业战略思考的技巧与战略管理

(4)企业的战略营销、服务营销和销售管理

(5)企业竞争的新战略——动态联盟

(6)合作的进化——对策中的制胜之道

(7)现代企业的危机与风险管理

(8)项目投资和融资决策

(9)未来的管理、企业家精神及管理伦理问题

(10)广告决策与技巧

(11)财务分析与财管理

(12)政策与法规

(13)用户满意度调查方法及其在饭店管理中的应用

2. 学历教育

随着饭店业的发展，饭店高层管理者的知识结构和学历水平对饭店未来发展的作用日益明显，饭店要创造一切条件，对这一层次的管理者进行发展培训，使他们有机会重新回到学校进行再教育。学历教育要有计划性，一般安排业余时间学习或采取半脱产形式。

3. 专业资格培训

专业资格是高层管理者从事饭店经营管理工作的“敲门砖”。在国外，以立法推动培训已成为发达国家饭店业发展的一种普遍趋势，这些法律明确规定了从事饭店管理工作的任职资格，建立了与岗位职责相适应的职业资格教育与培训管理制度，并成立了专门的职业教育培训管理机构，如美国饭店业协会教育学院（AH&LA EI）就是国际饭店业权威专业教育、培训及认证机构之一。

专业资格培训主要课程有（以美国饭店业协会教育学院职业经理人课程为例）：

总经理级

(1)总经理专业证书培训

(2)国际认证注册饭店管理师（CHA）培训

(3)国际认证注册物业管理师（CLM）培训

总监级

(1)总监级专业证书培训

(2)国际认证注册饭店总监职称培训

4. 讲座、论坛

饭店应鼓励高层管理者参加不同类型的讲座和论坛,学习借鉴别人成功的经验,为他们创造机会运用他人的先进方法和管理理念进行创新。

5. 考察、体验

高层次管理者的考察、体验式培训是高级发展培训中必不可少的一个重要环节。通过不断地考察和体验,可以开拓管理者的思维和眼界,随时掌握行业动态,不断创新,使本饭店的工作赶上或超过行业发展的速度。

第二节　发展培训管理

一、发展培训管理的重点

由于发展培训是一种提高型培训,发展培训管理的重点应侧重以下几点:

1. 培训目标的可实现程度

培训目标的设定一定要立足现实、着眼未来,根据饭店培训环境、发展需求和管理者素质而定。在发展培训实施阶段,要关注培训目标可实现的程度,及时采取纠偏措施。

2. 培训方法的有效性

发展培训应选用多种培训方法,以自学、半脱产、全脱产、考察、论坛、体验等方式,充分考虑成人教育的特点和工作性质进行科学配置。发展培训要超越培训教室这一空间概念,到国内外饭店、报告厅、大学、实践场所等实施培训。

3. 培训政策的严肃性

发展培训是一项高投入、高风险、高回报的项目,为了保证这个项目能够成功实施,需要制订严格的培训政策并保证政策的严肃性。在发展培训管理中,应以培训保障制度为重点,配以合适的培训激励制度和评估方法,这样才能保证达到发展培训目标的要求。

二、发展培训评估

发展培训评估是为了实现和提升自我价值,营造更加广阔的发展空间,选拔、培养一支精明、强干、高效、忠诚的管理团队,保持并提高饭店的核心竞争力。发展培训评估主要包括评估发展需求实现的程度,对培训效果转化和培训投资与回报进行分析。

（一）评估的主要内容

1. 管理能力

通过发展培训，评估管理者是否具有向心力，是否具有风险意识；能否成为一名无边界的合作者，能够超越本部门、本领域的范围与其他部门和合作伙伴主动合作，主动建立跨部门的团队，提出建设性意见，解决管理问题，促进饭店利益的最大化；判断管理者能否从变化的环境中对未来的发展做出判断。

2. 领导能力

评估管理者所学的方法和技术是否处于饭店业领先地位，管理者能否不断寻找职业发展机会，不断提高领导管理能力。评估管理者是否关注对他人能力的提高和培养，是否给他人不断创造机会来协助自己更好地完成工作。

3. 学习创新能力

主要评估在发展培训阶段，管理者能否从变化的环境中用所学知识对未来的经营做出判断，指出新的经营管理方法、新的营销手段的发展趋势。评估管理者能否在组织内开展广泛的能力调查并采取明确的、多步骤的措施提高员工能力，增强饭店的整体竞争力。

4. 洞察力

评估管理者是否有敏锐的市场洞察力，能否建立政治同盟，获得幕后观念支持，通过运用有特别影响力的信息资料，较早获得或调配资源，赢得他人尚未发现的潜在市场或避免未来管理危机。

5. 应变能力

评估管理者能否根据市场和环境的变化，灵活调整饭店计划或项目以便适应变化的需要；能否对饭店组织做一些小的、临时性的改变以满足特殊情况的需要，提高战略的有效性。

6. 专业能力

评估管理者是否具备本领域专家级或者近于专家级的水平。

（二）评估的方法

1. 根据受训者所获学历或专业证书进行评估

这种评估方法适用于学历教育培训和以取得岗位资格或技术等级资格为目的的培训。饭店培训管理部门应根据受训者获得的证书、培训班考勤记录、发展培训评估表（见下表）等资料对高级管理者进行综合评估，并存入培训档案中。

管理者发展培训评估表

<table>
<tr><td colspan="2">管理者素质能力与长期发展目标(5年)的差距:</td></tr>
<tr><td>短期发展目标(1年):</td><td>素质能力开发项目:</td></tr>
<tr><td>具体行动
学习计划一:</td><td>具体行动
学习计划二:</td></tr>
<tr><td></td><td></td></tr>
<tr><td>期　望:</td><td>期　望:</td></tr>
<tr><td>资源支持:</td><td>资源支持:</td></tr>
<tr><td>完成时限:　　　　年　月　日</td><td>完成时限:　　　　年　月　日</td></tr>
<tr><td colspan="2">签字栏
管理者:　　　　年　月　日
上级领导:　　　　年　月　日</td></tr>
<tr><td>管理者年终自评:
管理者签字:____________
日期:　　　　年　月　日</td><td>主管领导年终评估:
主管领导签字:____________
日期:　　　　年　月　日</td></tr>
</table>

2. 通过培训总结报告或学习培训调查表进行评估

这种评估方法适用于非学历教育和非证书类培训。根据培训主题、培训时间,要求受训者在培训结束后,以书面形式递交培训总结报告或填写一份学习培训调查表,以此作为培训评估的依据。使用此类评估方法时,要比较分析饭店对培训的实际要求和预期的培训效果。

学习培训调查表

申报时间：　　年　　月　　日

姓　名		职　务		所在部门	
培训主题		培训时间		培训地点	
培训费用		举办单位			
培训内容摘要					
培训心得及收获					
培训对未来工作的指导意义					
培训不足及建议					
培训管理部门评估			总经理批阅		

3. 创新理念和创新管理评估

这种方法是培训效果转化评估的一种形式，是在前两种评估方法的基础上进行的深化评估，是对管理层提出的更高要求。该项评估是一种动态的、持续时间较长的评估，既评估培训对管理者的理念和实际工作产生的影响和指导意义，又评估发展培训规划的实施和完成的质量。该项评估一般由决策层实施。

第三节　职业生涯规划与管理

现代人力资源开发理念正朝着"不当官也有发展"的人才培养方向发展，以专家型人才培养为人力资源开发战略，逐步建立和完善以"识人"为基础的职业潜能分析系统，以"选人"为基础的职业分析和选择系统，以"用人"为基础的职业生涯目标设计和实施系统，以"育人"为基础的培训、培养和开发系统。关注员工的自我发展需求，将员工职业生涯规划与管理纳入饭店人力资源发展规划中，不断开发员工潜能，实现员工的可持续发展。

一、员工职业生涯管理

员工的职业生涯既需要规划，也需要管理。员工职业生涯管理应注重以下几方面的工作：

1. 明确人力资源部和培训部对员工职业生涯管理的职责

饭店应将员工职业生涯管理明确纳入到人力资源部和培训部的管理职责中，根据员工确定的职业目标，评估需求与现实之间的差距，帮助员工认清自我，引导员工走上正确的职业生涯发展之路。目前，一些国际饭店管理集团在人力资源部设置了人力资源咨询师或人力资源开发顾问的岗位，专门从事集团内部的人力资源开发工作，对管理者和员工的职业发展进行管理、设计和指导工作。

2. 明确饭店各级人员的发展途径和晋升阶梯

职业生涯发展途径和晋升阶梯是饭店组织为员工设计的自我认知和发展的管理方案。饭店人力资源部向全体员工公示各级人员的发展途径和晋升阶梯，明确规定晋升条件、任职标准、职业能力要求等，使员工清楚自己的发展目标，为自己制定可行的发展规划（下图是厨师晋升阶梯图）。另外，还要建立以职业生涯发展为导向的工作绩效评估系统，使员工的职业生涯发展目标和规划有利于满足饭店发展的需要。

餐饮总监

↑

行政总厨（经理级）

↑

行政副总厨（副经理级）

↑

中餐厨师长（主管级）西餐厨师长（主管级）

中餐厨师长（副主管级）西餐厨师长（副主管级）

↑

厨师（领班级）

厨师（员工级 A 级）

厨师（员工级 B 级）

↑

厨师助手（员工 C 级）

厨师晋升阶梯图

常见的职业生涯发展途径有：

（1）提拔晋升，为员工提供畅通的职业生涯发展通道。这种途径主要适用于有能力、有培养前途的员工。

(2)安排富有挑战性的工作。对于在饭店工作时间较长、经验丰富的员工，饭店要大胆地将富有挑战性的工作交给他们，给他们表现自己能力、实现自我价值的机会，刺激他们要求进步的欲望。如安排他们当训练师指导新员工的技能训练等工作。

(3)工作轮换。员工在接受工作的 3～5 年中，工作内容、工作环境、各种各样的客户都会对他们产生较强的吸引力和兴奋感，促使他们努力地工作，更好地表现自己。但是，当同一种工作做了很多年之后，这种吸引力和兴奋感就会慢慢地减弱。实行员工工作轮换制度可以使员工获得掌握新技能的机会，激发他们的工作热情和活力，为饭店作出更大的贡献。

3. 建立以“识人”为基础的职业潜能分析系统

建立以“识人”为基础的职业潜能分析系统的关键，是要分析员工个人的性格、气质、兴趣、能力、技能、职业价值观、期望的生活形态等内容，结合饭店的发展目标，决定员工的职业生涯发展水平。职业潜能分析系统对帮助员工正确认识职业自我、选择合适的职业生涯发展领域、做出科学的职业发展规划有着重要的意义。

职业潜能分析主要包括：

(1)一般能力分析。一般能力分析主要包括对注意力、观察力、想象力、记忆力、思维能力、反应能力等的综合分析。这些能力是保证员工顺利地完成本职工作的基本条件。

(2)特殊能力分析。特殊能力是指从事各项专业活动的能力，如语言表达能力、快速阅读能力、速记能力、计算能力等。饭店为了保证某项岗位工作的顺利完成，除了要求员工应具备一般能力外，还应具备完成该项工作所要求的特殊能力，如文员这一岗位，除了应具备一般能力外，还应具备快速阅读能力的、速记能力、高效率记忆人名和物品的能力、快速整理文件的能力等。

(3)创新能力分析。创新是一种特殊的能力，是指独立自主地创造出前所未有的新事物的能力。创新能力常常表现在观念和见解新颖独特、思维灵活多变，能从各种不同的角度分析问题，在较短的时间内表达出较多的个人观点等。

(4)职业兴趣分析。兴趣是人们积极地接触、认识和研究某种事物的心理倾向。饭店如能安排员工从事他们感兴趣的工作，就会增强员工对工作的满足感，这对员工事业成功有较强的推动作用。

(5)职业价值观分析。职业价值观是人们在选择职业时对职业给人回报的期望。职业价值观对人的行为的影响是深刻而广泛的。不同的职业人，有着不同的价值观。正确地判断一个人的职业价值观，并对其喜欢的职业进行评估，来确定饭店所提供的岗位是否适合员工的发展。

4. 建立以"选人"为基础的职业分析和选择系统

在当今世界迅速变化的时代,环境对人的职业生涯发展是有很大影响的。饭店只有通过对职业和职业环境的正确分析,认清所选择的人才在企业环境、行业环境和社会环境中的地位及其发展,采用比较法、经验法和直觉法的职业选择方式,运用SWOT分析方法,保证员工职业生涯发展规划的科学性和准确性。

5. 建立以"用人"为基础的职业生涯目标设计和实施系统

职业生涯目标是人生的奋斗目标,有了人生的目标就有了奋斗的方向。职业生涯目标可以分为短期奋斗目标、中期奋斗目标和长期奋斗目标。短期奋斗目标一般是在近一两年内可实现的目标,比较具体;中期奋斗目标比长期奋斗目标要具体一些,它是结合员工的意愿、价值观和饭店的发展环境及目标而确立的,一般在三五年中实现;长期奋斗目标是一种渴望并具有挑战性的目标,是随着环境的变化而变化的,没有明确实现的时间。

职业生涯目标设计主要包括工作目标、职务目标、经济目标、工作成果目标、工作能力目标等。

6. 建立以"育人"为基础的培训、培养和开发系统

员工职业生涯的每一次飞跃都是和培训与能力开发有着密不可分的关系的。饭店的人力资源开发规划应以育人为基础,鼓励员工在保持和发展自己固有特长的基础上,不断地吸收新知识和新技能,培养自己的核心竞争力,巩固自己"不可取代"的位置。饭店还应积极为员工创造学习条件,培养员工的第三专长、第四专长甚至是第五专长,使员工不断地增强竞争力和职业潜能。

有些饭店在进行员工岗前培训时,将企业最喜欢的员工标准和最容易被淘汰的员工类型作为培训教材,为员工的发展指明了方向。

最受饭店喜欢的员工标准:

(1)有强烈的责任心和事业心,对自己的表现负责任。

(2)有高度的学习热情,积极地吸收新知识和新信息,并将它们用在工作中。

(3)能时时提出顺应时代和企业发展的创新点子。

(4)对工作具有强烈的进取心和旺盛的工作热情。

(5)能与工作团队保持良好的合作关系。

(6)能与各种类型的人打交道,具有良好的人际关系。

(7)敢于提出个人的观点和建议,坚持原则,维护企业的利益。

(8)具有较高的反省能力,勇于承认不足并及时修正。

(9)反应灵活,决策有力、有效。

最容易被饭店淘汰的员工类型：

(1)固执、保守，缺乏创新意识和创新能力。

(2)事事得过且过，不负任何责任。

(3)缺乏学习意愿，工作保守，过多地依赖他人或企业的资源。

(4)爱做表面文章，见风使舵，做事斤斤计较。

(5)拉帮结派，善于搬弄是非。

(6)无团队合作精神，强调个人利益和自我表现。

(7)不能发现他人优点或压制、阻碍、打击他人的进步。

(8)决策迟缓，不能当机立断地控制工作局面。

二、员工职业生涯规划设计

职业生涯规划设计的目的是帮助员工正确地了解自己，为员工制订合理、可行的职业发展目标。员工的职业生涯规划需要专业人员帮助员工设计。

(一)职业生涯规划设计的类型

1. 横向职业生涯规划设计

横向职业生涯规划常用于计划掌握多技能发展方向的员工。他们在掌握了一项技能之后，要求学习新技能的愿望十分强烈，不断地需要新的挑战。横向职业生涯规划可以通过换岗培训的方式实施。

2. 纵向(单阶梯)职业生涯规划设计

纵向职业生涯规划是一种传统型的职业生涯规划，它只有一种发展通道，即以行政管理型的单阶梯方式来实现。员工一般从服务员做起，逐级被提升为领班、主管、助理经理、经理、总监、副总经理直至总经理或更高职务。纵向职业生涯规划主要以晋升培训的方式实施。

3. 横向加纵向的职业生涯规划设计

横向加纵向的职业生涯规划设计常用于培养高学历、管理型人才。对于刚刚走出校门的大学生或研究生，饭店常采用此种设计方式。首先安排他们进行1～2年的基层服务工作，使他们掌握较扎实的服务技能，然后再进行1年的管理实习培训，经过评估，合格者将被提升至督导层或更高层次的管理者。

4. 专项职业生涯规划设计

专项职业生涯是指沿着技术、维修、财务、人力资源、培训、保卫等专业方向发展。如工程部的员工需要先从事基础的技术维修工作，逐渐提升为该技术部的领班、主管、值班工程师、工程部经理。

(二)职业生涯规划设计模式

职业生涯规划设计主要有以下三种模式：

1. 强调员工自我发展的设计模式

该模式主要以员工自我发展为设计目标，强调实现员工的自我价值，以此来激发员工的主人翁意识和责任感。员工自我发展设计模式的主要步骤有：

(1)通过各种形式的职业生涯培训活动，让员工了解饭店各岗位的设置要求、任职条件、员工个人发展方向、饭店内外部环境等情况，根据员工自身特点进行自我评价，设计与其相适应的职业发展方向。

(2)根据员工确定的职业生涯发展目标，由直接主管与员工面谈，评估员工的目标是否符合其个人发展的要求以及这一目标的可实现程度。

(3)直接管理者通过分析员工信息和组织岗位需求，为员工选择合适的工作岗位，帮助员工确定职业生涯发展路线图，为员工勾画出职业发展的前景。

(4)直接管理者根据不同员工的特点，帮助员工制订不同的职业生涯行动方案，为争取职业目标的实现采取各种措施。

(5)培训部根据各级员工的职业生涯发展规划，设计多种类型的培训课程供员工挑选，员工可以根据自我发展规划和兴趣，有目的、有计划地参与各种培训活动。

(6)饭店应制定不同阶段的职业生涯规划评估制度，根据各级员工工作表现，定期检验员工的职业定位与职业方向的一致性，及时纠正职业目标出现的偏差。

2. 强调企业发展的设计模式

企业发展设计模式主要是依据饭店的发展目标从众多的员工中挑选出有培养前途者，通过与个人的充分沟通，为其制定个人发展规划并按照规划进行发展培训。主要步骤有：

(1)员工所在部门向人力资源部推荐培养的后备人选。部门管理者根据员工的表现和部门考评结果，确定该员工是否具备培养条件和培养潜质，并向人力资源部推荐。

(2)组织定期对员工进行评估。按照拟提升的岗位要求对被推荐者进行评估，确定该员工是否具备发展潜力和培养价值。

(3)与员工面谈。人力资源部根据组织的发展目标，针对员工的发展方向与其进行充分的沟通，就个人发展目标达成共识。

(4)制定个性化的培训与发展规划。人力资源部为被培养人制定阶梯式的发展目标，根据不同时期的发展目标和被培养人现有的素质与目标岗位的差距确定培训内容和培训方法。

(5)根据培训与发展规划，由员工所在部门和培训部共同负责对受训者进行分阶段培训。

(6)每一阶段的培训结束后，培训部应对培训效果进行评估，并将评估结果及时反馈给部门和受训者，同时做好第二阶段的培训计划和下一阶段培训的纠偏工作。

3. 其他模式

职业生涯规划设计还有如下模式：

(1)实施“未来之星”人力资源开发模式。饭店可采用二八原理来挑选和培养饭店的未来之星，对20%被选中的人员，制订专项培训计划，通过一个“新人→专业人员→管理者→新时代的开创者”的人才梯队培养模式，调动其他80%人员的工作积极性。

(2)实行“接班人”计划的人力资源开发模式。“培养接班人，帮助同事成长”已成为很多饭店对主管级以上人员的一项硬性工作目标，并作为业绩考评的一部分。饭店要求每位主管级以上人员在上任伊始，要明确提出未来接替自己位置的候选人。根据推荐，饭店进行培养评估，并制订培训实施计划，发掘出一批有培养价值的人才。

IBM公司就曾对管理者明文规定：“如果你培养不出你的接班人，你就一直待在这个位置上好了，你上不去也走不了，因为这是一个水涨船高的过程，你手下的人好，你才会更好”。由此形成了一个接班群，员工看到了职业的前途，自然会坚定不移的向上发展，人员流动率也大大降低。

有关员工职业生涯发展规划的内容参见下表。

员工职业生涯发展规划表

编号：

<table>
<tr><td>姓名</td><td></td><td>性别</td><td></td><td>出生日期</td><td></td><td>所在部门</td><td></td></tr>
<tr><td>现任职务</td><td colspan="3"></td><td>任职年限</td><td colspan="3"></td></tr>
<tr><td>个人因素分析</td><td colspan="7"></td></tr>
<tr><td>环境因素分析</td><td colspan="7"></td></tr>
<tr><td>职业生涯路线选择</td><td colspan="7"></td></tr>
<tr><td rowspan="3">职业生涯目标</td><td colspan="2">1. 短期目标</td><td colspan="5"></td></tr>
<tr><td colspan="2">2. 中期目标</td><td colspan="5"></td></tr>
<tr><td colspan="2">3. 长期目标</td><td colspan="5"></td></tr>
</table>

续表

完成短期目标的实施方案	
完成中期目标的计划与措施	
完成长期目标的计划与措施	
直接上级建议	
培训部培训与发展建议	
人力资源部审核意见	
备注	

第十章 培训实施与控制

培训实施是在分析培训需求的基础上精心选择恰当的学习原则和培训方法，具体实施培训的过程。培训实施是保证培训目标和培训投资达到预期效果的关键一环，在此阶段，培训管理部门要将所有培训计划项目一一落实，对可能出现的问题事前做好预防性工作，并制订补救措施。

培训控制是培训实施过程中的一种管理手段，是为培训实施服务的。培训控制主要注重培训的跟进和监督工作，及时纠正培训中出现的问题，保证培训顺利进行。

培训实施与控制工作主要分为三个阶段：培训实施前的准备工作阶段、培训实施阶段和培训实施控制阶段。

第一节　培训实施前的准备工作阶段

培训实施前的准备工作相当重要，但常常被培训管理者所忽视，导致培训达不到预期的效果。培训实施前的准备工作主要包括以下几方面的内容：

一、拟订培训通知书

培训通知书是饭店培训管理的正式文件，它起到正确传递培训信息，引起被通知者重视的作用，同时还可以作为培训实施效果评估的依据。

常用的培训通知书有两种类型：

1. 培训信息收集型

培训管理部门通过发布培训信息获得所需信息，这种类型的通知书为信息收集型。通知书主要将培训的目的、内容、计划招收人数、受训者要求等进行发布，请各部门在规定的时间内上报参培人员情况，培训管理部门根据所收集的信息制订培训实施方案。

培训通知书

为了充实训导师培训队伍，强化部门培训力量，完善饭店三级训导师培训体系，培训部定于5月18日～20日举办第六期训导师培训班，要求各部门选派2名训导师候选人参加。请各部门经理按照训导师任职资格严格挑选候选人（通知要附上“训导师任职资格说明”），并将候选人名单于4月30日前上报培训部。

谢谢您的合作！

饭店培训部

2007年4月25日

2. 培训信息发布型

培训管理部门对将要举办的培训班进行全面、系统的安排后，以通知书的形式向受训者发布信息。这样做的目的是使受训者掌握在开班阶段中的每一个时间段应做的事情，提前做好各项准备。该种类型的通知书内容详细，主要涵盖以下内容：

（1）培训课程计划书。培训课程计划书是将已确定的培训课程以书面的形式发布，主要包括课程名称、课程内容、开课时间、培训对象、培训方法、训导师介绍等。

培训课程计划书

项　目	内　容
1. 课程名称	经理级培训讲座
2. 开课时间	2007年8月6日～10日，共5天
3. 主要内容	1. 饭店业经营管理创新 （1）设施创新 （2）设备创新 （3）服务创新 （4）营销创新 （5）管理创新 2. 饭店经营战略连接 （1）经营远景和价值观 （2）经营战略三要素 （3）战略连接 （4）案例分析
4. 培训对象	各部门经理、总监、副总经理、总经理
5. 培训方法	讲座、案例分析、讨论、答疑
6. 训导师介绍	（略）

(2)培训班安排说明书。将已确定的在培训日程内的一切活动安排以书面的形式发布，如培训的地点、报到的时间、开课的时间、住宿地点、用餐方式、考察要求等。让受训者心中有数，提前安排好自己的工作。

某培训公司饭店经理培训班日程安排表

日期	星期	时 间	内 容	地 点	主讲人/负责人
8月6日	二	9:00～12:00 14:00～18:00	报到交费 领取相关资料	某饭店大堂	会务组
8月7日	三	8:30～10:00	现代饭店业经营管理创新	二楼会议室	主讲人
		10:00～10:30	全体学员合影	饭店门口	
		10:30～12:00	现代饭店业经营管理创新	二楼会议室	
		12:00～14:00	午餐、休息	一层咖啡厅	
		14:00～15:30	现代饭店业经营管理创新	二楼会议室	
		15:30～15:45	茶点、休息		
		15:45～17:30	现代饭店业经营管理创新		
		18:00	晚餐	二层中餐厅	
8月8日	四	7:00	早餐	一层咖啡厅	主讲人
		8:30～10:00	饭店经营战略连接	二楼会议室	
		10:00～10:20	茶点、休息		
		10:20～12:00	饭店经营战略连接		
		12:00～14:00	午餐、休息	一层咖啡厅	
		14:00～15:30	饭店经营战略连接	二楼会议室	
		15:30～15:50	茶点、休息		
		15:50～17:00	饭店经营战略连接		
		17:00～17:30	讨论、答疑		
		18:00	晚餐	三层宴会厅	
8月9日	五	7:00	早餐	一层咖啡厅	
		8:30	参观饭店与同行交流	饭店门口集合	负责人：
		12:00	午餐 午餐后返回饭店	一层咖啡厅	
		14:00～16:00	考核	二楼会议室	
8月10日	六	8:30	结业式、颁发证书	二楼会议室	负责人：

(3)培训班纪律要求及注意事项。对于各类培训班,培训管理部门都应制订严格的纪律措施和安全注意事项,如签到制度、手机使用规定、作息时间要求、评估制度、考核要求及安全注意事项等。

某培训班参会学员须知

1. 参会所有学员,应以饱满的热情和积极认真的态度参与会议的各项活动,服从会务组统一领导,遵从会议各项规章制度,确保会议圆满成功。

2. 参会代表在会议期间要统一佩戴参会证,凭证参加会议。参会证不得转借他人,如有遗失,请及时与会务组联系。

3. 为保证会场秩序,请参会学员提前10分钟入场。入场后,要爱护公物,保持会场卫生,不得擅自离席或随便出入会场。

4. 会议期间,为了不干扰教师授课、学员学习,请参会学员关闭所有通讯工具或调整为无声,不得随意进出会场接听电话。

5. 学员应按时参加学习,不得迟到、早退、无故缺席。如遇紧急情况,应到会务组请假。

6. 学习结束后,学员将参加统一考试,考试合格后发给证书。

7. 学员要注意安全。业余时间如需外出,应告知会务组,并将联系方式在会务组备案。

请大家认真遵守该规定。谢谢合作。

培训班组委会

二、培训环境的选择与布置

培训环境包括培训场地的空间环境和培训场地的布置。

人们主要依据受训者人数和授课内容选择培训场地的空间环境。空间环境主要包括:培训场所(户内或户外)、培训场所的面积、通风状况、灯光效果、音响效果、隔音效果、噪声要求、卫生间及休息厅的要求、桌椅及物品摆放要求、训导师授课区域空间要求等。

培训场地的布置应围绕着培训主题进行,方便训导师与受训者交流。培训场地的布置主要有以下几种方法:

1. 传统型

传统型布置主要以训导师全程讲授为主,很难进行受训者之间、受训者与训导师之间的交流。通常用于大型的培训讲座,参加人数在80人以上。

2. U字形

U字型布置较适合互动型、开放式的培训,受训者与训导师能够充分地进行交流,研讨或做各种游戏活动。适合20人左右的小型培训班。

3. 圆形

圆型布置适合开放式培训,受训者可以互相观察、交流,参与各种游戏活动,但不方便训导师与受训者之间的沟通。适合20人左右的小型培训班。

4. 多圆桌形

受训者人数较多,培训内容以分组研讨、练习或游戏形式居多,需要受训者组成一个临时团队,推选一个临时的领导人。适合以同一饭店人员为培训对象、60人左右的中型培训班。

5. 长方形

适合进行研讨或游戏等半开放式的培训活动,利于受训者与训导师之间的交流。适合20人左右的小型培训班。

6. 双通道形

常用于大型培训班。有利于讲授培训内容,但不易控制课堂气氛,不利于记忆培训内容。适合80人以上的大型培训班。

确定好培训地点后,培训管理部门还要多次到培训现场检查,熟悉现场环境,了解安全通道的路径、卫生间的位置、乘坐电梯的地点等。一旦发生意外情况,可以及时疏导人员,防患于未然。

三、培训设备和教具的选择

培训设备和教具是培训活动中的一种交流媒介,是协助训导师传递培训信息,强化培训效果,加快学习进程的工具。选择培训设备和教具时,只有充分考虑受训者的水平并与预期的培训目标相吻合时,才能使培训锦上添花。

培训设备和教具主要包括:

1. 投影设备

包括实物投影仪和电脑投影仪。投影仪已成为有效的培训设备得到了广泛应用。它们具有使用简单的特点,能使投影内容更灵活、更有效地展现在受训者面前。重点突出,能加深受训者对培训内容的记忆和理解,集中受训者的注意力,利于记录学习笔记。

2. 非投影设备

包括实物模型、宣传画、挂图、照片、展示板等,主要用于技能方面的培训。非投影设备具有经济、使用简单和多样化的特点,可以随意移动并长时间地展示。非投影设备容易限制信息传播的数量,它的尺寸大小将直接影响视觉效果。

3. 可视设备

包括录像机、摄像机、电视、电影、影碟机等。可视设备在培训中已经得到了广泛应用。它们经常被用于实景的拍摄和播放,有较强的视觉冲击效果,对激发学习兴趣,进行案例分析和角色扮演有很好的辅助作用,同时还可以作为资料永久地保存。但可视设备投入较大,对训导师的要求较高,需要训导师全面掌握可视设备的使用方法。

4. 可听设备

包括录音机、音响、收音机、光盘、磁带、唱片等,常用于语言方面的培训。可听设备经济,使用简单,携带方便,在一定的情况下能激发受训者的学习兴趣。使用时,要能保证设备的质量和可听性,并与培训内容保持一致。

5. 教具

包括白板、白板笔、板擦、彩笔、姓名牌、条幅、游戏道具、胶条、插座、聚灯笔、小礼品等。培训教具种类繁多,应用面较广,可在各种类型的培训班上使用。

6. 培训资料

包括课本、参考书、工具书、手册及电子版本的培训资料等。它可以保存信息,能够反复阅读。

常用培训设备及教具一览表

名称	是否使用		设备来源			使用数量	预计使用时间	使用天数	准备人	设备状况记录
	是	否	内部设备	外租	外借					
投影仪										
幕布										
录像机										
摄像机										
电视										
个人电脑										
麦克风										
影碟机										
扬声器										
聚光笔										
录音笔										
录音机										
展示板										
白板										

续表

名称	是否使用		设备来源			使用数量	预计使用时间	使用天数	准备人	设备状况记录
	是	否	内部设备	外租	外借					
Mark 笔										
多功能插座										
姓名牌										
白纸										
游戏道具										
小礼品										
条幅										
培训资料										
证书										

四、培训后勤保障工作

培训后勤工作的简繁程度是根据举办培训班的方式（内部培训或外包培训）而定的。如果是内部培训，需要培训管理者对后勤保障工作进行细致的安排。主要工作有：

1. 交通

举办培训班应考虑气候对交通和交通方式的影响，特别是全国性培训班，往往因为各地的气候条件不同，阻碍学员按时到达，迫使培训班延期或取消。即使是本区域内的培训班，也应考虑培训地点与住宿地点的距离，确定是否配备接送交通工具，培训地点是否有一定容量的停车场。

2. 餐饮

在安排学员的饮食方面，培训管理部门应注意菜品的数量和质量、课间茶点的准备、少数民族的就餐要求和饮食安全等问题，保障为学员提供满意的餐饮服务。

3. 设备保障

要事先检查培训设备和工具是否完好、齐全，必要时，指派技术人员提供现场技术服务。设备一旦出现问题，能够迅速排除故障，保障培训活动顺利实施。

4. 会务服务

中型、大型培训班要设立专门的会务组和班主任，提供管理和服务工作，如注册、登记、收费、发放资料、考勤管理，联系实习、考察场所、听取学员意见、安排娱乐活动、预订机票和提供接送机服务等等。为了保障受训学员的安全，还要提供必要的安全保障服务。

五、培训课程的演练与试讲

作为一名合格的训导师，要认真对待每一次授课。即使一门课程已经讲了无数次，也要永远将它视为第一次。

在每次培训课程开始前，都要抽出一点时间进行演练，对重要的部分进行现场排练，对不熟悉的设备要事先学会使用，熟练掌握操作方法。对于大型的、时间较长的培训，训导师要做好试讲训练，提前发现问题、排除错误，增强自信心。

第二节　培训实施阶段

在培训实施阶段，训导师的作用是十分重要的。以前我们将训导师视为培训过程的核心，训导师满堂讲，学生满堂灌。随着培训多样性的变化，训导师的角色也发生了巨大的变化，他已成为培训过程的促进者。训导师培训角色的转变，要求其在培训实施过程中要不断改革和创新。

一、训导师的素质要求

训导师的职业素质首先是通过仪容仪表展示给受训者的，因此，在授课前，训导师要将自己的表情、精神面貌、衣着等外在形象调整到最佳状态并符合职业要求，给受训者留下美好的第一印象。在培训实施过程中，训导师应对所有的受训者公平对待，一视同仁，确保每位学员都能得到训导师的最好教育和指导。

在培训实施过程中，训导师要学会自律，遵守职业道德，并按下表所列事项，逐项检查自己的言行是否符合要求。

训导师言行备忘录

训导师的正确言行	训导师的错误言行
1. 备课充分，表达清楚，充满激情。	1. 说话含糊不清，语速时快时慢。
2. 眼睛注视着学员，称呼学员的姓名，最大可能地为每个学员提供方便。	2. 眼睛不注视学员，漠视学员的问题，傲慢并不断地说教。
3. 通过语调的变化使学员集中注意力，调动学员课堂参与的积极性。	3. 讲课时背对着学员，长时间地站在同一个位置上或讲台上。
4. 不断地获取和提供信息，并随时确认学员是否已学到了预期的知识。	4. 把手放在口袋里或者不断地挥动手臂。
5. 使用正确的激励方法，随时对学员的表现给予充分的肯定和表扬。	5. 课上接听电话，进行私下交谈。

续表

训导师的正确言行	训导师的错误言行
6. 课堂上能正确地移位和走动，熟练使用各种培训设备和教具。	6. 不注意学习效果和学员的反馈，照本宣科。
7. 按规定并严格遵守作息时间，不迟到早退，充分利用课上的每一分钟。	7. 教具准备不充分，不能熟练地操作培训设备，并责怪设备的质量。授课不守时，拖堂。
8. 随时注意需要特殊帮助的学员，如残疾人、视力低下的学员等，向他们提供及时的帮助。	8. 为了填满规定的上课时间，讲授与课程无关的内容。
9. 发型自然美观、化淡妆、佩饰简洁大方、着装得体，有职业特点。	9. 穿戴与身份不符的服装和首饰，使用刺激性强的香水。

二、训导师的培训方法和技巧

训导师如何将课程讲得出色，需要学会有效地运用培训方法和技巧。培训方法和技巧的核心是：

1. 掌握成人学习原理与培训目标的密切联系，使培训与学习的过程更好地结合

美国人汤姆·W. 戈特在他的《培训人才八步法》一书中总结了成人学习的16条原理，训导师如能正确理解并学会运用这些原理，将会大大提高培训工作的效率。

成人学习的16条原理是：

(1)成人是通过干而学的。训导师在成人培训中只需做一名促进者，不要将事情的关键性结果统统告诉他们，让受训者自己动手做尽可能多的工作，受训者的积极性会更高。

(2)采用真实的案例授课。案例要真实并且与受训者有关，才能吸引受训者的注意力，使每位受训者都喜欢这样的培训。

(3)成人是通过与原有知识的联系、比较来学习的。成人有丰富的经历和工作经验，在学习的过程中他们总是将新知识与他们早已做过或知道的知识相比较，并集中注意那些他们了解得最深的知识。因此，训导师讲得知识越抽象，他们就越难进行比较，也就越会丧失学习的兴趣。在培训开始前，掌握受训者的信息是十分重要的。

(4)在非正式的环境气氛中进行培训。训导师要使培训在一开始时就能让每位受训者感到轻松愉快，这是非常重要的。这要求训导师要学会营造轻松的学习环境和氛围。

(5)多样性是增添培训兴趣的作料。采取多样性的培训方法能够取得良好的培训效果,这些培训方法如用不同的训练方式和视听教具、请其他人来讲课、改变训练环境等。

(6)消除受训者的恐惧心理。在成人培训中,受训者最担心考前临时抱佛脚,考后焦躁,成绩单公布后成绩不理想。训导师要学会运用“表扬、赞赏和欣赏”这一最好的奖励方式,给受训者必要的指导。

(7)训导师是一名推动学习的促进者。训导师不是教师,而是训练者,他要学会尊重每一位受训者,因为他们都能像你一样熟练地掌握他们所做的任何事情。

(8)向受训者明确培训目标。在培训开始前,训导师要主动向受训者提供培训计划书,使受训者明确学习的目标和内容,并随时进行检查。

(9)熟能生巧。熟能生巧的目标是能够胜任工作,胜任工作的最高标准是精通。精通是一个人在某一特定工作岗位上达到人的能力范围所能达到的最高水平,这也是培训要达到的最高目标。

(10)引导和启发,不急于下结论。当受训者充分投入时,学习就会更长期地持续下去。训导师此时要给学员更多的参考资料、案例,激励受训者,让他们自己得出结果或答案并完成预期的目标和任务。

(11)给予信息反馈。不断地给予信息反馈,让受训者准确知道自己取得了哪些进步,还应做哪些努力。

(12)循序渐进。学习的过程是一个循序渐进的过程,是由浅入深的过程。培训的每个部分都应建立在另一部分的基础上的,由点到面不断深化,使员工的技能更全面,让管理者的日常决策能力逐渐转化为重大决策能力。

(13)培训过程中的一切活动要紧扣培训主题。训导师安排的授课内容、实地考察、体验、作业、考核等一系列活动都应紧扣培训主题。课间休息安排也是为了使受训者保持清醒的头脑,提高学习效率。

(14)给受训者留下一个美好的初次印象。美好的初次印象意味着训导师在每次的培训活动之前都要做好充分的准备工作。

(15)有激情。激情是营造学习氛围的法宝,训导师的激情直接影响着受训者对学习的热情。训导师要掌握并正确使用形体语言来配合讲话。

(16)重复学习。训导师通过使用不同的方式重复所学内容,使重复变得更加有趣和令人激动。

2. 掌握并运用多样性的培训方法和技巧

培训是以受训者为中心的,训导师通过个性化的培训,激发受训者的学习欲望和兴趣,促进受训者不断发现“真理”。达到并实现这一目标的关键是,训导师在培训活动过程中要运用多样性的培训方法和技巧。这些方法和技巧主要有：

(1)放映与培训内容有关的录像,进行公开的讨论。通过公开的讨论,激励受训者表述自己的观点和学习心得,与大家共同分享自己的学习成果。

(2)案例分析。训导师通过口头或书面方式向受训者提供真实案例,要求受训者分析讨论,并提出解决建议。该种方法可以开发受训者解决问题的能力,调动受训者参与的积极性。

(3)辩论。就一个问题形成正、反两方进行辩论,训导师给予现场指导,必要时进行总结和陈述,求同存异,达到研究问题的目的。

(4)游戏。培训游戏必须与培训内容和受训者的背景有关。训导师提前准备好游戏的道具、场地,说明规则,将竞争、合作融于游戏中。必要时,训导师可对游戏的全过程进行现场录像,通过回放,指导受训者讨论和总结。

(5)问题诊断。由受训者提出工作中遇到的、目前仍未解决的具体问题,训导师根据问题的性质组织大家进行细致的讨论,找到合理的解决方案。

(6)用提问加强记忆。通过向受训者提问、受训者之间提问、受训者向训导师提问等方式,让受训者回忆主要的培训内容。训导师可以准备一些小礼品用于激发受训者的兴趣。

(7)阅读。向受训者提供有关某个主题或理论的额外背景资料和阅读书单,让受训者进行深层思考,培养受训者主动研究的习惯。

(8)测验、考核。以笔试、口试、论文等形式迅速了解受训者对知识、技能等培训内容的掌握情况。

(9)角色扮演。让受训者模拟实际工作场景,与其他受训者互动,完成一个共同的任务,在诊断和解决问题的过程中培训他人。

(10)考察。将全部受训者带到某地观察一个具体的工作流程或样板,达到学习提高的目的。训导师如能拟订相关的考察提纲,事先发给受训者,效果会更好。

(11)户外训练。采取集体户外训练的方式,达到某一培训目标。户外训练要注意实用性和安全性,避免发生不必要的安全事故。

3.采用破冰船操练项目,尽快调动受训者的积极性

破冰船操练项目常用于培训之初,目的是让培训开个好头,给学员留下深刻的印象。其活动方式多种多样,最简单的是让受训者自我介绍,比较复杂的是运用一些定型的操练项目,如宾戈(bingo 是一种通过在硬纸板上覆盖编上号码的小方块而决定输赢的赌博游戏,是国际培训中最常用的一种方法)、讲故事、画图、组字、猜谜语等,通过这些方法引入培训主题,让受训者尽快参与到培训中来。

三、训导师的语言表达技巧

当训导师能够清晰讲述培训内容、表达个人见解时,就会变得越来越自信和富有说服力。因为这种能力可以使训导师赢得更多受训者的支持和喜欢,培训质量会不断的提高。

语言表达的原则是:

1. 语言简练

当训导师面对陌生的受训者时,讲话一定要简洁,尽量使用学员经常讲的语言,让他们尽快听懂训导师的意思。授课时,训导师还要考虑受训者的多样性和不同文化背景的特点,避免在讲话中发生误解。

2. 有逻辑性

成人培训的特点是,他们常常根据自己的理解和体会对所听到的话进行解释,这就要求训导师的语言表达有逻辑性,能够被受训者正确理解。

3. 使用非语言表达形式

非语言表达也是训导师常用的一种主要沟通方式,如面部表情、目光接触、肢体语言等。非语言表达与社会文化、企业文化对个人的影响有密切的联系。在使用非语言交流时,要求训导师确保向受训者传达正确的信息,没有歧义,不会让人困惑不解。

4. 掌握语速、语调、语气的运用技巧

(1)语速。使训导师语速产生变化的原因很多,如紧张、劳累、时间紧迫、情绪低落或故意跳过一些重要的内容等。在培训过程中,遇到下述情况时,训导师一定要放慢语速:

- 讲述重点或关键内容时
- 纠正受训者错误认识时
- 引导受训者思考时
- 两句话之间停顿时
- 表述自己的观点时

(2)语调。语调的高低、抑扬顿挫可以起到突出重点,渲染气氛的作用。训导师应根据培训内容和培训环境,恰当地运用语调。训导师应尽量避免长时间地使用平调,那将会成为催眠曲,再好的培训内容也会因此失去吸引力。

(3)语气。语气是待人接物时态度和内心潜意识的一种暗示或外在表现。训导师的语气表达可以让受训者感受到轻松愉快或紧张窒息。因此,训导师要学会正确、恰当地运用各种语气,达到活跃课堂气氛、吸引学员注意力的效果。

四、训导师应用培训设备和教具的技巧

现在,越来越多的培训课程采用了多媒体技术作为培训的主要手段。多媒体技术可以和多种培训方式结合使用,能够适应各种学习方式。但是,培训设备和教具的使用是与培训方法的选择同步进行的,训导师在应用各种培训设备和教具时,要重点考虑哪种培训设备和教具最能达到培训效果,同时还要考虑培训设备的投资是否能产生回报。(详细介绍见本章第一节中的相关内容)

五、训导师对整体培训局面控制的技巧

训导师要善于驾驭各种不同规模的培训班,善于对待群体内各种难管理的人,做好预见性问题的解决方案,提高培训的成功率。

培训局面的控制技巧主要有以下几个方面:

(一)拟订培训的开场与结束方案

良好的开场与结束意味着培训成功了一半。好的开场会迅速调动受训者的情绪和学习的欲望,精彩的结束会起到锦上添花的作用,给受训者留下深刻的印象。

1. 培训的开场方案

培训的开场形式多种多样,训导师可根据受训者的情况、培训主题、培训环境甚至是天气等因素决定开场方案。

(1)自我介绍。开场中的自我介绍对于促进受训者对训导师的了解和认同,甚至是崇拜和感动都会产生很大的影响。一个富有感染力的自我介绍,将会起到轰动效应,使培训立刻进入高潮。但是,绝大多数训导师恰恰忽视了自我介绍的重要作用。

(2)幽默开场。运用富有哲理、恰当、幽默的故事或笑话引起受训者的兴趣,可以迅速消除陌生感,调动受训者的积极性,为顺利完成培训工作奠定良好的基础。

(3)游戏。将破冰船中的多种游戏作为开场,会迅速活跃课堂气氛,使受训者之间、受训者与训导师之间产生强烈互动。使用这种开场方案时,要求训导师能控制好时间。

(4)提示事实法。使用无可争辩的事实作为论据,引出一个论点作为开场的话题,吸引受训者的注意力。

(5)开门见山切入主题。开门见山切入培训主题,对培训内容作一简单介绍,使受训者感受到训导师讲话的逻辑性和培训内容的实用性,可以使受训者迅速融入学习氛围中。该种方法适用于训导师事先已准确掌握了受训者的培训

需求，了解受训者的整体水平。

(6)笑话故事。以一个十分搞笑但不庸俗的故事（小品中称为“包袱”），让受训者开怀大笑，让培训在笑声中开场。

(7)提问。以提问的形式开场是训导师常用的方法。但要注意，问题的设计和提问的方式要恰到好处，一定要避免一提问就冷场的局面出现。提问的开场形式要求训导师有丰富的培训经验和应变能力。

2. 培训的结束方案

培训如何收场，需要训导师根据对培训过程的观察，如学习的氛围、受训者对培训内容的理解程度、培训过程中的感人事例等，来选择合适的结束方案。常用的结束方案有：

(1)重复重点内容。培训结束时，再次对培训内容的重要部分进行高度概括和总结，强化记忆，给受训者留下深刻印象，利于日后复习和回忆。

(2)名人名言。名人名言有精练、寓意深远、耐人寻味、发人深省的特点。可以作为结束时的赠言或点睛之笔，但要选择与授课内容相吻合的名言。

(3)祝福语言。祝福的话语是一种感情的交流，适用于较长时间的培训课程。训导师选择祝福话语时要了解风俗习惯和各种忌讳，要避免使用平淡、俗套的祝福语言。

(4)领导总结。由训导师的上级或培训组织方的领导对培训的直接效果进行总结。还可以利用这个机会向受训者发布今后的培训信息，引起受训者的关注。该种方法适用于成功的、时间较长的大型培训课程。

(5)鸣谢。训导师可以根据此次培训的感受，发自内心地对受训者的配合、组织方的辛劳、领导的关怀、赞助方的付出、恩师的指导等致以深深的谢意。

(6)故事。故事也可以作为培训结束的形式。但要注意，所讲故事的含义应与现场的培训气氛相吻合，使故事富有寓意和感染力，让受训者既感到放松又有无限回味。

(7)热舞。以欢快的音乐舞蹈作为结束培训的方式，也是训导师常采用的方法之一。训导师在使用该种方法时，要考虑人数和场地的要求，避免发生混乱或损坏公物的现象。

（二）运用目光接触技巧

目光接触是成人教育中最直接、最有效的沟通形式。训导师可以运用目光接触技巧了解受训者对培训内容的理解程度，判断受训者对所学知识的兴趣和投入程度。训导师如发现大多数受训者目光游离时，要及时调整培训内容和培训方式。当个别受训者违反培训纪律、影响他人学习时，训导师使用目光接触技巧就可立即解决这一问题。目光接触技巧还可用于培训场景中表述关注、赞扬、提醒等无声语言。

运用目光接触技巧时要注意：

(1)训导师与受训者对话时，要注视对方。根据受训者的年龄、性别等特点选择注视的部位。

(2)训导师应避免将视线长时间集中在某一个角落或某个人身上。

(3)在教室走动时，训导师要避免自己的身体挡住受训者的视线。

(4)在教室走动时，训导师要注意不让自己的视线离开受训者太长时间。

(5)当使用培训设备或教具时，训导师要注意视线的交叉使用，不要长时间停留在设备或教具上，而忽视了与受训者的目光接触和交流。

(三)聆听的技巧

掌握聆听的技巧，可以使训导师准确理解受训者的表述，及时给予解答。聆听技巧的关键是要训导师掌握聆听的如下原则：

(1)要使自己养成聆听的习惯。

(2)不要逃避交往的责任。

(3)和说话者保持目光接触。

(4)把注意力集中在对方所说的话上。

(5)了解对方语言的含义和情感。

(6)观察对方的语言信号。

(7)对受训者持称赞的态度。

(8)努力表达出理解。

(9)采取相应的行动。

(10)不要假装听懂。

除此之外，训导师还应掌握聆听的七条戒律：

(1)非必要时不要打断受训者的讲话。

(2)不要带着偏见听受训者讲话。

(3)不要匆忙得出结论。

(4)不要让自己陷入争论。

(5)提问不要太多。

(6)对带有情绪的话不要太过敏感。

(7)不要用沉默代替听。

(四)解答问题的技巧

在成人培训中，对训导师最大的挑战是现场解答问题，特别是在大型的、高层次的培训班，这种场面更是对训导师综合能力的一种考验。

有很多问题是训导师无法预测和准备的,有的问题会大大超出训导师授课内容的范畴或所研究的领域,训导师们常将这种场面称为"博士"答辩会。此时,不仅需要训导师具有较强的局面控制能力和解答问题的技巧,更要不断地学习,掌握专业领域的最新发展趋势。解答问题的技巧主要有:

1. 准备问题

训导师在备课过程中,要根据授课重点事先准备一些问题,列出答案要点。训导师还要预测受训者可能给出的错误答案,并准备纠正方法。

2. 引导提问

当训导师让受训者对培训内容提出问题时,经常会出现冷场。这主要是因为受训者害怕丢面子、不愿出头露面、唯恐被人嘲笑、胆小或对训导师授课的内容不感兴趣,这就需要训导师掌握一定的打破僵局的技巧,引导受训者提出问题,对首先发问的人及时给予鼓励。

3. 回答问题

训导师在回答问题时,首先要展示出自信,目光面对所有受训者,运用简单明了的语言紧扣主题解答疑问。当回答完问题后,将视线转向提问者,确认对方是否满意。在回答问题时,训导师要注意区分问题的范围,分析问题是共性的还是特性的。对于共性问题,解答时应结合培训内容说明基本思路或答案;对于特性问题,解答时要提醒受训者在今后工作中应如何面对或避免。

4. 应对挑战性问题

对于挑战性强的提问,训导师要保持冷静和自信,让提问者充分表达自己的观点甚至是不同意见。要注意,不要随意打断受训者或对受训者的话进行评论。要注意聆听和目光接触,观察其他受训者对问题的反应,以此来分析提问背后的动机。

回答问题时应掌握如下技巧:

(1)对提问者表示感谢和理解。感谢提问者提出的具有挑战性或敏感性的问题,对于他的心情表示理解,并使用提问者能够接受的方式进行解答。

(2)针对核心问题进行解答。提出这类问题的受训者往往具有较高的智商、较强的个性和煽动力。训导师可以采用反问的方式帮助自己形成正确的判断,控制住培训局面。

(3)使用建议性解答方式。建议性解答方式可以使训导师展示既温又坚定的一面,帮助训导师保持主动,降低解答问题的难度。

(五)控制难管学员的技巧

训导师经常会遇到素质不高、善于制造麻烦、难以管理的学员。对于这些人,训导师首先要分清其类型和可能制造麻烦的方式,然后运用恰当的解决方法,有效地解决麻烦。有关制造麻烦的受训者类型及处理方法请见下表:

受训者类型及处理方法

类　型	处　理　方　法
1. 沉默不言者	1. 先提简单问题，逐渐加大问题的难度。 2. 事先准备小礼品，鼓励受训者回答问题。 3. 暗示不愿发言者将受到不断被提问的"惩罚"。 4. 提出有争议的问题，引导沉默不言者参与。
2. 垄断发言者	1. 肯定发言者的答案，请其他人发言。 2. 表扬发言者积极参与的热情，并提醒对方给他人发言的机会。 3. 指定其他受训者回答问题。
3. 喋喋不休者或交头接耳者	1. 停止讲课。让这些人意识到他们的做法已影响到了其他人。 2. 客气地提示。开玩笑地询问受训者的谈话是否可以和大家分享。 3. 个别提醒。利用课堂休息或其他人发言的时机，靠近受训者进行提醒。 4. 公开制止。客气地制止他们的谈话，建议他们休息时再谈。
4. 离题闲扯者	1. 对偏离主题的问题尽量在休息的时间进行解答。 2. 提醒受训者提出与培训内容相关的问题。 3. 把离题太远的问题或训导师没有把握回答的问题记录下来，选择适当的方式进行解答。
5. 扰乱课堂纪律者	1. 停止讲课，告知他课后再讨论。 2. 插入新的互动项目，以中断其捣乱行为。 3. 正面交锋。中断课程，立即处理。但要把握时机，表现出训导师的果断、坚定和机智。

第三节　培训实施控制和纠偏阶段

培训实施过程中，随时会出现一些不可预测的问题或事件，为了保证培训工作的顺利进行，需要培训管理部门做好控制和及时纠偏工作。

一、培训组织工作

培训实施过程中涉及的事务性工作很多，要求培训部经理合理地分配任务，明确工作进度和工作安排，并进行合理授权，保证需要处理的每件事情都有专人负责。培训部经理要将每一次培训活动作为培养、锻炼下属的机会，鼓励他们独立工作。对可能发生的意外事件，培训部经理要督促下属提前做好预案。培训部经理要时刻掌握培训进展情况，对重点工作进行监督和指导，保证各项工作的顺利进行。

二、培训信息获取工作

培训的过程是一个信息输出和输入的过程。培训管理部门应把握机会,及时收集相关培训资料,获取受训者的反馈信息。

1. 收集培训资料

收集培训资料是为了给培训实施者必要的信息,以便及时判断培训实施过程中出现的问题,及时、准确地找出解决问题的方案。需要收集的资料主要有以下几种类型:

(1)饭店中长期培训计划

(2)培训需求分析报告

(3)已实施的培训计划和评估报告

(4)饭店高层决策者对培训的建议和意见

(5)训导师资料及评估报告

(6)培训设施情况介绍

(7)培训资源分配及使用计划

(8)培训预算方案

(9)各部门近期工作计划和饭店重大活动安排

(10)客户的意见和反馈

2. 获取受训者的反馈信息

获取受训者的反馈信息主要有以下几种常用方法:

(1)班主任汇报。为培训班指定班主任负责受训者的日常管理和沟通协调工作。通过班主任与受训者的紧密接触,可以不断地得到受训者的信息反馈。班主任随时向培训管理部门汇报。

(2)信息反馈表。为受训者准备一份信息反馈表,请他们填写,内容的设计可根据培训管理部门的需求而定。

(3)座谈会。培训管理部门占用受训者的业余时间召开座谈会,有目的地选择不同类型的人参加,力求掌握更全面的信息。

(4)培训心得。培训结束后要求每位受训者上交一份学习心得,了解受训者的学习收获及后续的学习需求等信息。

(5)训导师建议。训导师根据授课经验进行比较分析,对培训班的组织、课程设计、受训者表现等向培训管理部门提出建议。

(6)培训意见箱。设立培训意见箱,为不愿面对面表达的受训者提供表述的机会。

三、培训实施过程中的纠偏工作

在培训实施过程中，出现任何意外和差错（如培训设备出现故障、停电、培训计划与培训实施过程出现偏差等），都会影响培训活动的顺利进行。培训管理部门可以通过收集信息的方法，比较目标与现状之间的差距，调动各方面资源，预防意外和差错的出现，以最高的效率及时调整和改进培训活动中出现的问题。

培训课程能否达到预期目标，最大的风险是对训导师的选择正确与否。训导师的类型我们在前面的章节中曾有细致的分类，但是，如何选择适合培训课题要求、适合受训者需求并具有良好职业道德的训导师，仍是目前培训管理部门难以控制的问题。

在培训实施过程中，如何采取有效的纠偏措施，引导培训活动始终在正确的轨道上，这是培训实施过程中的重要内容。

培训实施过程中最容易出现的问题及纠偏措施有：

1. 训导师的问题

训导师的问题是最容易出现的问题，也是最难解决的问题。常见的训导师问题主要是：

（1）临时更换训导师。已经确定的训导师在开课前一天或当日突然因故不能讲课，这是培训管理部门遇到的最大难题。在训导师的问题上，培训管理部门要做好一门课程配两名训导师的解决方案，这样问题就比较容易解决。

（2）训导师的问题。受训者因训导师的名气放下手头的工作、不计成本、千里迢迢来学习充电，突然发现现实与自己的期望值差距很大，就会产生上当受骗的感受，甚至会到培训管理部门投诉。导致这些事情发生的主要原因有：

- 训导师课程设计不合理，主要表现为：训导师的理论水平与实践经验不丰富，无法设计出令受训者满意的课程；训导师事前没能充分了解受训者的现有水平和需求，没有针对不同层次的受训者设计培训课程。

- 训导师的品德与修养问题。饭店中的很多培训是通过外训的形式来完成的，因此，饭店很难自主选择训导师并控制培训质量。有些训导师如同演员"走穴"一样，一份教案在不同的学员、不同的地点不断重复。他们敷衍了事、照本宣科，不关注教学质量和学员的反馈。更有甚者，有些训导师课前不做任何准备，想到哪儿讲到哪儿，拖延时间，匆匆结束。这些训导师缺乏基本的职业道德和自律能力，忽视了训导师的品德情操和人格魅力对受训者的影响，忘记了训导师不仅仅是知识的传授者，还应该是受训者的榜样。解决上述问题的主要方法是培训管理部门要严把培训质量关，制订训导师选聘程序和标准，对训导师候选人进行培训效果调查。在培训开始前,一定要与训导师进行充分的沟通,检查备课教案,必要时,还要进行试讲。如果在培训实施过程中发现上述问题,培训管理管理部门要立即采取纠偏措施,将受训者的意见及时转达给训导师,对课程内容或教学方式进行适当的调整。必要时,要更换训导师,尽可能将损失和不良影响降到最低。

2. 培训计划和现实情况严重不符

在培训实施过程中,常会出现原定的培训计划与现实情况完全背离的现象,如培训场地临时变更、外请培训教师或专家不能出席,培训设备不能使用,培训内容突然变更等问题。出现这些问题时,培训部要及时召开培训计划专题讨论会,找出切实可行的解决方法,对培训计划进行必要的修改。但在实际运作中,一旦出现了这样的问题,无论采取怎样的纠偏措施都很难调整过来。因此,培训部一定要千方百计避免此类情况的发生。

第十一章

建立培训效果评估系统

培训效果评估是依据组织目标和需求,运用科学的理论、方法和程序从培训项目中收集数据,对培训制度、培训过程、培训计划和培训费用支出等进行综合分析,评估培训效果,以确定培训的价值和质量的过程。培训效果有的是有形的有的是无形的,有的是短期的有的是长期的,有的是直接的有的是间接的,因此,培训效果的评估是十分复杂的过程。

培训效果评估既是培训活动中的最后一个环节,也是下一个培训活动的开始;既是对培训活动实际效果的考核,也是为下一个培训活动的开展提供经验和教训。评估的目的是为了证明培训是否起到了作用,避免饭店在培训方面的无效投资,有利于培训管理者全面掌握和控制培训质量。

第一节　培训效果评估系统概述

一、培训效果评估系统在饭店培训与发展体系中的作用

1. 证明培训与发展活动的成就和作用

通过培训评估,使饭店的决策者、培训管理部门、部门经理和受训者对成功的培训做出肯定性评价,清楚地认识到培训与发展活动产生的实际效果,提高受训者积极参与培训活动的积极性。

2. 提供比较和判断的依据

通过培训评估,使受训者清楚地感受到自我水平的提高,认识到自己当前水平与饭店要求和未来发展需要间的差距,从而产生持续性和全面性学习的欲望,促进培训的深入开展。培训评估还可以从饭店的角度比较和判断培训的效果,如培训对提高客人满意度的影响,培训对提高员工素质的影响,培训对提高饭店收益、降低合理运营成本的影响,培训对提高员工服务技能的影响,培训对劳动力最佳配置的影响,培训产生的激励效果等。

3. 促进正确处理和应用培训信息

评估是对相关培训信息处理和应用的过程，培训评估可以使决策者在众多的培训项目中选择最为科学的培训方案。培训评估还可以帮助培训管理部门对确定培训需求、制定培训目标、拟订培训计划、管理培训资源、确定训导师、采纳培训方式、控制培训时间、营造培训环境等系列培训工作提供改进信息。

4. 控制训导师的行为，保持授课状况与预期培训目标一致

培训评估可以较为客观地评价训导师的工作，对训导师的水平、职业道德、培训质量和培训效果做出正确的评价，使培训达到预期目标。

5. 评估可以使培训资源得到更广泛的推广和共享

通过发布培训评估结果、交流学习心得、让受训者展示培训所学知识和技能等一系列活动，可以促进饭店各方面更加关注与培训活动相关的各种资源，使这些资源得到充分利用。

6. 控制培训资金的有效使用

通过评估，可以检查出培训活动的支出与收入的效益，使培训资金得到更合理的配置和充分的保障。

二、培训效果评估的原则

1. 客观性

客观性原则是指评估人在进行评估时，一定要坚持实事求是的态度，避免偏见、主观臆断，不要因为个人原因造成评估失真，真实地反映培训的客观效果。

2. 相符性

相符性原则是指在评估过程中，应遵循与培训目标相符、与培训主题相符、与培训计划相符、与培训资源相符、与受训者水平相符的原则。这就要求评估者设计出切实可行的评估方案，使评估达到公正、有效。

3. 实用性

实用性原则是指评估的方法要切实可行，避免走形式或走极端。要把握好评估的最佳时机，选择简单、有效的评估方法，同时也要考虑因评估而产生的成本问题。

4. 可靠性

可靠性原则是指评估的结果要真实，尽量避免随意性和主观性。评估管理部门要控制好每一项具体的评估活动，保证评估结果的可靠性。

5. 连续性

连续性原则是指评估不是一次性工作，是一项长期的、连续性的培训管理活动。只有保持评估的连续性，才能真正发挥评估的作用，使培训达到预期的效果。

三、培训效果评估模式

培训效果评估模式林林总总，饭店常用的培训评估模式主要有：

(一)柯克帕特里克评估模式(Kirkpatrick Model)

柯克帕特里克培训评估模式应用较为普遍，它具有全面性、系统性的特点。本书将对此种评估模式进行系统的分析。柯克帕特里克评估模式分为四个级别和四个层次：

1. 一级评估，反应层次

用于对培训表面效果的评估，也称反应层次(reaction)的评估。用于培训组织者在培训实施过程中对教学安排、授课内容、培训教材、训导师、教学方式等教学计划进行评估，结合受训者的总体反应如注意力、参与性、情绪、满意或不满意的程度等，得出对培训效果的基本评价。一级评估一般在培训中进行，适用于系统培训课程。

2. 二级评估，学习层次

用于对工作技巧或知识方面的培训效果评估，也称学习层次(learning)的评估。二级评估的重点是评估授课内容是否达到了培训要求，培训方法是否合适、有效，受训者学到的知识和技能是否达到了岗位要求的标准等。二级评估在培训中或培训结束时进行，适用于系统培训课程。

3. 三级评估，行为层次

用于对管理能力、转变态度、关注客户等方面的培训课程进行评估，也称行为层次(behavior)的评估。三级评估的重点是评估受训者对培训内容的应用及应用的熟练程度，评估培训给受训者行为上带来的改变以及改变的程度，评估受训者在工作中可观察到的变化及培训实施前后的变化程度。三级评估一般在培训结束3个月进行，适用于系统培训课程和发展培训课程。

4. 四级评估，结果层次

用于人才开发型培训或改变绩效的培训效果评估，也称为结果层次(results)的评估。四级评估的重点是培训内容使受训者个人绩效和组织绩效是否同步提升及提升的速度和程度，分析因行为改变而产生具体结果对企业和个人所产生的效益。四级评估一般在培训后半年或一两年后的工作绩效中进行，适用于发展培训课程。

(二)CSE(Center for Study of Evaluation)评估模式

CSE评估模式是加利福尼亚大学评价研究中心的简称，由该中心研究出来的这种评估模式称为CSE模式。CSE评估模式是对整个培训过程分阶段进行评估,从而有效地获得培训过程中各阶段、各环节的可靠信息,及时对实施中的培训进行控制、调整和改进,使培训达到预期的目标。CSE 评估模式分为四项:

1. 培训需求评估

培训需求评估主要是参照已完成的培训需求分析的结果与培训课程效果进行比较,评估现实与目标之间是否一致,评估培训需求分析的效果及其差异。

2. 培训计划评估

分析培训计划中设计的培训项目是否能够实现相应的培训目标,针对每一项培训目标分析、评估所采用的培训方法是否适当,检查培训项目中是否有遗漏和可能存在的问题,通过评估可以及时修正或补充培训计划。

3. 培训形成性评估

以确定的培训项目为基础,结合培训实施的跟踪记录,对培训教学过程状态及影响效果进行评估,利用反馈机制达到调整或促进教学过程优化的目的。

4. 培训终结性评估

培训结束后,对训导师的教学和受训者学习效果进行最终评定,并对被评估者做出某种“资格”或“等级”的认定。该种评估模式适用于系统培训和发展培训。

(三)唐纳德的学习分级评估模式

学习分级评估模式是由现代培训专家唐纳德于 20 世纪 50 年代创立的。他将学习的分级模式定为:培训—受训者的反应—知识的增长—工作表现—组织的效益五个等级。唐纳德认为,受训者个体工作表现的改变并不必然意味着组织整体效益的提高。他强调的是,培训评估的最终目标是组织整体效益的提高。

第二节　培训效果全过程评估

培训效果全过程评估的意义主要体现在对培训实施前、实施中和培训结束后的全程控制。培训效果全过程评估可以使培训需求的确定工作更加准确、全面,让培训计划更加符合实际需要,培训资源配置更加合理,培训内容和培训形式更加融合、更具有吸引力,使培训达到或超过既定的目标。培训效果全过程评估还可以使决策者更加重视培训,不断地增加对培训的投入,使饭店人力资源发展规划和员工个人职业生涯发展规划得到同步落实。

培训效果评估的全过程分为三个阶段:

一、培训前的评估

培训前的评估是在培训活动实施前对受训者的状况进行系统的调查和必要的考核,将收集到的信息与接受培训后的情况进行比较分析。这种评估方法是

检验培训效果的主要手段之一,也是最直接、最经济、最有效的评估方法。培训前的评估工作主要有:

(一)评估培训需求分析工作

饭店在制订每一项培训计划之前,培训管理部门都要进行培训需求分析,他们将运用各种方法和技术对组织目标及组织成员的知识、技能和态度等方面进行系统、全面的调查和分析,召开各种类型的主题会议,汇报培训需求分析情况,征求各级人员对培训需求分析的意见,最后确定是否需要培训以及确定培训的内容、培训的先后顺序和培训的最佳时机。评估培训需求分析工作的关键是要准确地分析出组织及组织成员当前存在的主要问题及问题产生的根源,确定培训能否解决这些问题。有关评估培训需求分析的方法请详见本书第七章。

(二)评估培训计划

培训计划是在培训需求分析的基础上制订的。评估培训计划的关键是了解培训计划是否能满足组织及员工两方面的需求,是否适合组织资源条件和员工素质基础,是否充分考虑人才培养的超前性和培训结果的不确定性。在此基础上对确定的培训目标进行评估,评估确定的培训目标是否准确,是否恰当地反映了培训需求。同时还要对培训方案的设计进行评估,分析已设计的培训项目是否能实现相应的培训目标,培训方法是否适当,训导师的选择是否合理,培训时间的安排是否适宜等,从中发现漏洞和可能存在的问题,及时进行补充和修正。该评估结果还可以帮助分析、确定培训实施后导致培训无效或效果不明显的原因。

(三)评估受训者

评估受训者的现有水平主要包括三方面的内容,即知识评估、素质评估和能力评估、工作态度评估。

1.受训者知识评估

知识评估是运用科学的方法,评估任职者对基础知识及专业知识的掌握程度。任职者应掌握的知识主要分为一般知识、专业知识和饭店知识。

知识评估的步骤:

第一步,确定知识类别。根据任职者所从事的工作确定他们应掌握的一般知识、专业知识和饭店知识的具体内容和掌握这些知识的重要性。

第二步,确定评估标准。明确任职者对不同类型的知识应掌握的程度。评估的标准分为绝对标准和相对标准,绝对标准即任职者必须达到的知识水平,相对标准即通过任职者之间的比较定出的标准。

第三步,确定任职者的实际知识水平。根据一般知识、专业知识和饭店知识的分类,对必须掌握的具体内容制定测试方法,如口试、笔试、实操考核、知识竞赛等。通过测试,评估任职者的实际知识水平。

第四步,确定任职者必备知识和实际知识水平之间的差距。必备知识是任职者能够有效地履行岗位职责应掌握的知识范围和应达到的知识标准。实际知识是任职者实际掌握的知识范围和已达到的知识标准。掌握受训者对必备知识和实际知识水平之间的差距,是培训需求评估的关键所在,因为培训的目的就是缩小或消除两者之间的差距。

2. 受训者能力评估

查尔斯·伍德拉夫(Charles Woodruffe)对能力的解释是这样的:"能力指的是为了称职地完成工作任务和职能,人必须实施的一整套行为之一,每种能力是与完成工作有关的独立的一面。"从伍德拉夫对能力一词的解释中我们可以认识到,当任职者运用必须具备的知识、技能有效地完成工作任务,并能产生有效的结果时,就是受训者有能力的表现。

能力的类型

按照麦克莱兰对能力的分类方法,可将能力分为六大类二十余种:

(1)成就类:对质量的关注能力、创新能力、成就取向。

(2)服务类:客户服务取向、人际间的相互谅解。

(3)影响类:组织意识、影响他人的能力、建立良好的人际关系。

(4)管理类:合作和团队精神、提供指导的能力、发展他人的能力、领导能力。

(5)认知和解决问题类:技术专长、获取信息的能力、分析能力、抽象思维能力。

(6)个人素质:自信、灵活、商业意识、对工作的投入程度、克服压力和自我控制的能力等等。

虽然能力的种类繁多,但是,能力是随着任职者个人职业生涯的发展而变化的,是与所在组织的文化和外部环境的变化有着密切联系的。如果任职者的能力不能因地制宜、随机应变,即使他具有非常全面的能力,也会阻碍组织的变革和发展。

能力评估的方法

对能力进行评估时,首先应根据工作任务和职能的需要,确定应具备的能力要求,在此基础上确定任职者应具备的能力标准,然后测试任职者已具备的实际能力,最后确定任职者必备的能力与已具备的实际能力间的差距。能力评估的方法很多,如面谈、问卷调查、报告、观察、测试等一般性方法,此外还有较为复杂的评估方法,如:

(1)职能评估法。职能指的是完成工作并达到所规定的标准的能力。职能评估方法是建立在广泛的工作环境基础上的，特别适用于对众多新员工和一般员工的培训评估。职能评估法一般采用设计好的职能评估表（见下表）进行评估。职能评估表的设计是保证职能评估有效与否的关键所在。职能评估要与饭店的能力标准相一致，采取员工自评、员工互评、直接上级评估等形式完成。下面以“员工职能评估表”为例进行说明（该表是作者为饭店企业进行咨询时使用的其中一种评估表格）。

饭店员工职能评估表

评估要素	评 估 要 素 描 述		评估系数	权重
责任	1. 本岗位的安全责任	对客人安全、饭店安全、安全生产负有责任	3 2 1	
	2. 本岗位的服务责任	对客人服务的数量、质量及客人满意程度	4 3 2 1	
	3. 本岗位对饭店的影响		3 2 1	
技能	1. 专业程度	专业气质、技术性、专业性、知识面	4 3 2 1	
	2. 熟练程度	技术熟练程度、规范程度、实际操作能力、快捷服务程度	3 2 1	
	3. 应变能力	对客人要求的满足所采取的措施及职业意识	3 2 1	
劳动强度	1. 工作条件	工作条件、工作环境	4 3 2 1	
	2. 劳动繁重程度	付出的劳动量，苦、脏、累状况	3 2 1	
	3. 持续性	工作时间的连续性	3 2 1	
语言	1. 外语	外语表达能力	5 4 3 2 1	
	2. 语言表达	母语表达能力	5 4 3 2 1	
专业知识	1. 适应能力	对变化了的情况的适应能力	4 3 2 1	
	2. 专业知识	本岗位要求具备的专业知识面	3 2 1	
	3. 专业技能	本岗位要求的专业操作技能、服务技巧	3 2 1	
沟通能力	1. 沟通的范围	涉及的范围	4 3 2 1	
	2. 沟通的对象	构成的层次	3 2 1	
	3. 沟通对工作的影响	服务效果	3 2 1	
从业资格	1. 学历	本专业学历	3 2 1	
	2. 经历	本岗位工作年限	4 3 2 1	
	3. 证书	上岗证书	3 2 1	

（2）关键事件评估法。以分组讨论的形式，对工作中发生的某一关键事件进行案例分析，找出处理该事件的正确方法和错误方法，并确定有效履行职责所

需要的能力水平，即圆满解决关键事件所需要的正确行为方式，以此来评估员工的能力水平。

(3)思维启发法。思维方式是个人长期形成的观察外部环境的方式。思维启发是通过引导、讨论对理想行为方式进行总结和归纳的一种方法。运用此种方法，使受训者明白并总结出每一项职责所需要的能力及具备这些能力的重要性，评估自己的实际能力与必备能力之间的差距。

(4)工作能力评估法。工作能力评估是对胜任工作者和工作优异者的一种评估方式。进行工作能力评估时，首先要成立由专家和高层管理者组成的评估小组，根据被评估者的工作职责，制定严格的绩效评估标准，通过与被评估者面谈、汇报重要工作经历或管理者能力评估(见下表)等形式，获得被评估者对当时工作的想法、行动等方面的信息，通过进行科学、真实的比较分析，确定良好绩效所需要的能力水平。下面以“管理者能力评估表”为例进行说明(该表是作者为饭店企业进行咨询时使用的其中一种评估表格)。

管理者能力评估表

评估要素	评估要素描述		评估系数	权重
岗位责任	1. 安全责任	保障对客人和饭店财产负有责任	2 1	
	2. 对经营活动产生影响	对经营指标的影响	3 2 1	
	3. 质量控制	本岗位工作质量对饭店的影响程度	3 2 1	
	4. 对饭店决策的影响	所做工作覆盖饭店全局，政策性、业务性、涉及面程度	2 1	
经营能力	1. 经营销售潜力	岗位经营潜力大，经营思路变化多	3 2 1	
	2. 经营范围	在经营管理范围内	3 2 1	
	3. 费用控制的潜力	成本控制责任和创利	4 3 2 1	
管理能力	1. 管理范围	本部门管理的范围	3 2 1	
	2. 管理者的技术要求	技术含量高、工种复杂	3 2 1	
	3. 管理对企业的影响	涉及和影响全局的程度	4 3 2 1	
决策能力	1. 决策的内容	指经营决策或经营管理决策	3 2 1	
	2. 决策影响的范围	指局部或全局	3 2 1	
	3. 决策产生的影响	指决策对饭店经营管理的影响程度	4 3 2 1	
业务能力	1. 业务程度	指本岗位对专业的要求	3 2 1	
	2. 操作技能	指操作技能在示范中的作用	4 3 2 1	
	3. 实操能力	对工作影响的程度	3 2 1	
协调能力	1. 协调内容	指协调业务和专业技术的程度	3 2 1	
	2. 协调范围	指协调工作面的大小	4 3 2 1	
	3. 协调工作量	是经常性的还是间断性的	3 2 1	

续表

评估要素	评估要素描述		评估系数	权重
风险责任	1. 安全工作	所负安全责任的程度	3 2 1	
	2. 对经营指标	对营经指标的完成所负责任的程度	4 3 2 1	
	3. 人员管理	指职责范围内人员管理对企业可能造成的影响	3 2 1	
培训能力	1. 培训范围	涉及的部位和工种差异	3 2 1	
	2. 培训的专业程度	指培训的内容和专业技术程度	3 2 1	
	3. 培训的对象	指局部或全局	4 3 2 1	
工作经验	1. 经验对决策的影响	程度	4 3 2 1	
	2. 经验对协调的影响	范围	3 2 1	
	3. 经验对管理的影响	应变和判断能力	3 2 1	
任职资格	1. 知识	专业知识	4 3 2 1	
	2. 学历	本岗位对学历的要求	3 2 1	
	3. 职称	必须具备的职称和上岗证	3 2 1	

3. 受训者工作态度评估

工作态度形形色色，如积极与不积极、主动与被动、自觉与不自觉、认真与敷衍等。工作态度常常因工作环境、情绪、身体状况、家庭生活、人际关系等多种因素的影响而产生波动。对工作态度评估时，应针对相对稳定的态度要素进行评估，从中确定岗位要求的工作态度与受训者实际工作态度之间的差距，并对产生的差距进行分析。如果差距较小而且能尽快地改变，可以考虑用培训的方式解决；如果差距较大，用培训的方式很难解决时，应考虑用其他方法，如调换工作岗位、休假、谈心等。

二、培训实施中的评估

培训实施中的评估主要以确定的培训方案为基础，结合培训实施过程中的跟踪记录和受训者的反馈，将实际的实施情况与计划的目标相比较，找出培训实施过程中出现的问题。当培训项目没有达到或偏离了预计的培训目标时，可以通过该阶段的评估，及时发现存在的问题，采取补救措施。

培训实施中的评估工作主要有：

1. 培训组织和培训环境评估

培训组织和培训环境评估是培训实施的重要方面。培训组织是培训项目的实施部门，肩负着培训能否实现既定目标的重要责任。对培训组织的评估主要涉及该培训项目的领导体制、培训组织内部分工的合理性、培训组织的沟通和协调机制等。培训环境主要分为宏观环境和微观环境。宏观环境主要指培训组织之外的组织环境和社会环境，如饭店组织机构的变化、工作任务的变化、经营管理战略的变化等都会对任职者提出更高的要求。微观环境是指培训项目本身所形成的环境。这些环境变化将会导致原定培训计划不能适应新环境变化的需求，需要及时进行调整或修改。该项评估主要以收集与培训有关的信息为主，重点进行培训环境监测，环境如有变化，可及时调整培训计划。

2. 培训内容和培训方式评估

在培训实施过程中，经常会出现实际培训内容超出培训计划的范围，或同一个培训内容因训导师不同、受训者水平和素质差异较大、培训方式的选择不合理等原因使培训效果难以保证的问题，这些问题是培训管理者应重点监控和及时解决的问题。培训内容和培训方式评估的重点是培训内容与工作职责、工作技能联系的相关度是否较高，培训内容主次之分是否合适，培训内容的难易程度是否适度，培训内容的时间分配是否合理等，同时还要对培训内容的创新性、培训内容在工作中的实用性、培训方式的生动性，培训方式与培训内容的相关性等进行评估，及时了解受训者对培训项目的感受和看法，评估受训者掌握了多少知识和对所学知识的应用前景等。评估结果将有利于重新设计或改进培训项目。

3. 培训实施效果评估

该项评估主要评估培训项目实际参与者与目标群体的接近程度和覆盖偏差。评估时的两个主要参考数据是培训覆盖率和培训覆盖效率。

覆盖率＝实际参与者人数/目标群体总数

覆盖效率＝合格参与者人数/目标群体总数－不合格参与者/实际参与者总数

如果覆盖率接近于1，证明培训项目的覆盖状况较为理想。

如果覆盖效率为1，证明该参加培训的人都参加了，所以减号前的比率为1；不符合培训条件的人都没有参加，所以减号后的比值为0。

如果覆盖效率为－1，且减号前的比值为0，证明该参加培训的人一个也没参加。如果减号后的比值为1，证明实际参与者中没有一个是培训所针对的目标群体。

运用该方法可以对培训目标群体的参与状况进行准确监控，及时采取改进措施，保证实际参与培训者与培训计划的目标群体一致，激发员工参与培训活动的热情。

4. 培训进度及效果评估

培训进度及效果评估的主要目的是监测培训是否按预期的计划实施，监测培训进度和资源配置的合理性，评估受训者在不同培训阶段的进步幅度与培训目标的接近程度。

5. 训导师评估

在培训实施过程中,对训导师的监控和评估是保证培训项目能否达到既定目标的必要手段。评估的重点是,训导师的能力和素质是否达到培训项目的需要,训导师的工作态度和积极性是否符合培训项目的要求等。

三、培训结束后的评估

培训结束后的评估是对受训者培训前后的知识、技能、态度和素质的水平进行比较,确定培训的收获。由于技能、态度和素质是通过对行为的影响反映出来的,所以,此阶段的评估不仅要评估受训者学到了什么,还要评估受训者如何将所学到的内容通过行为展示出来。由于培训的内容(知识、技能、态度、素质)不同,需要采用的评估方法也不同。该类评估方法主要有两种类型:

第一种类型:评估培训所达到的预期目标

可采用多种测评方式评估培训是否达到了预期的培训目标。如采用笔试、口试等形式考核知识的掌握程度,通过实际操作演示来评估技能的提高程度,采取主观评价方法评估管理能力的提高程度。以主观评价法为例,它要求受训者在培训开始前和结束后各填一份主观评价表,对自己培训前后的能力水平进行比较,通过两份评价表得分的差异,评估受训者的管理能力是否得到了提高。对于态度、素质的评估也可以采用主观评价方法。

第二种类型:培训效果综合评估

(1)对培训产生的直接效果进行评估。主要从培训数量和质量方面评估培训产生的效果。如举办培训班的次数、参加培训班的人数、获得培训证书的人数以及受训者的知识、技能和态度经培训后是否达到预期目标、工作绩效是否得到改进和提高等。

(2)对培训产生的间接效果进行评估。从受训者工作态度的转变、工作积极性的提高、团队配合能力、节能意识等方面评估培训产生的间接效果。评估的方式主要有总结、调查、经验交流、主观评价等。下面以沟通技巧培训课程主观评价为例:

沟通技巧培训课程主观评价表

姓名:　　　　　　　　　　部门:　　　　　　　　　　日期:

评价项目	很差	差	一般	好	很好
	5	1	2	3	4
1. 对他人赞扬的技巧					
2. 自我批评的技巧					
3. 对不同沟通方法运用的技巧					

续表

评价项目	很差	差	一般	好	很好
	5	1	2	3	4
4. 倾听他人谈话的技巧					
5. 与你最讨厌的人沟通的技巧					
6. 与攻击你的人沟通的技巧					
7. 当你情绪产生波动时,运用沟通技巧的程度					
8. 运用沟通技巧有效反驳他人的无理要求的技巧					
9. 与不同类型人的沟通的技巧					
10. 倾听他人谈话的技巧					
11. 正确表述的能力					
12. 解释自己反驳他人观点的能力					
13. 思而后言					
14. 经得起沉默					
沟通技巧的总判断:					

第三节　培训效果评估实施步骤及成果转化

一、培训效果评估实施步骤

(一)确定培训评估实施的可行性

确定培训评估实施的可行性应考虑以下几方面的因素:

1. 明确培训目标

首先要确定被评估项目是否制定了明确的培训目标,这是进行培训效果评估的前提。

2. 确定评估是否有价值

培训评估是一项耗时、费力、工作量较大且涉及面较广的工作。由于培训需求不断变化,饭店实施培训的直接费用和间接费用也会不断上升,因此在进行培训评估前,要做好评估的价值分析,从财力、物力、人力、时间和效果等方面进行可行性分析,确定评估是否有价值。

3. 确定被评估的项目和被评估人

评估不是面面俱到的工作,评估一定要事先选定被评估的项目和被评估人。针对不同的评估项目和被评估人应选择不同的评估重点:如出现投诉的培训项目,应重点选择投诉的普遍性问题进行评估;对于新开发的培训项目,应侧重于对培训需求、培训课程设计和培训效果等方面的评估;推出新的训导师时,应重点评估教学方法、教学质量和教师素质;培训外包时,应着重课程设计、实用效果、成本核算、师资质量方面的评估。

4.安排充足的评估时间

根据评估项目和被评估人的实际情况,决定评估所需时间。切不可因评估时间不充足而使评估工作半途而废或走形式草草收场。

5.选择合适的评估资源

评估资源分为内部评估资源和外部评估资源。饭店培训管理部门要合理利用饭店内部的评估资源,必要时可考虑使用外部资源,如专业的培训评估机构或业内培训顾问和专家等,但最终的目的是要获得评估的真实效果。

(二)制订培训评估方案

1.明确评估的目的

评估的目的一般应在培训项目开始之前就应确定下来,这样有助于对培训项目进行及时的修改和调整,使其更符合饭店发展的需要。培训评估的目的将影响到数据收集的方法和所要收集的数据类型。

2.确定评估项目范围

培训项目评估范围主要包括:

(1)培训需求评估

(2)受训者知识、技能、工作态度、工作绩效等方面的评估

(3)培训计划评估

(4)培训组织及培训环境评估

(5)培训设施、设备和教具的评估

(6)培训内容和培训形式评估

(7)受训者参与度评估

(8)训导师评估

(9)培训实施过程中的进度和效果评估

(10)培训目标预期评估

(11)培训效益评估

(12)培训管理者工作绩效评估

3.确定评估对象

评估对象分为被评估项目和被评估人。

4.确定评估的执行组织

评估的执行组织一般是由培训管理部门、人力资源部、外部评估机构、专家

顾问或决策者组成。

5. 确定评估标准

培训评估标准分为：

(1)反映评估标准。反映评估标准主要评估受训者对相关训练课程的感受和看法，一般分为内部培训评估和外部培训评估。评估的内容主要涉及训练课程是否实用，受训者对课程安排、教材使用有何反映，受训者对训导师有何评价等。该项评估较为简单，易于实施，应用较为普遍。评估的方法一般采用访谈、问卷调查等形式。

反映评估标准问卷调查表

评估内容	评估等级(5为最高级)				
	5	4	3	2	1
一、培训需求评估					
1. 培训内容是否符合您的培训需求或兴趣					
2. 培训前是否收到过相关培训信息					
二、培训内容评估					
3. 培训内容的系统性					
4. 培训内容的实用性					
5. 培训内容的创新性					
6. 培训的互动性					
7. 案例的适用性及说服力					
8. 培训目标的明确性					
9. 培训教材的使用情况					
10. 课程难易程度的把握					
三、培训形式评估					
11. 培训形式的生动性					
12. 教学方法的适用性					
13. 课程编排顺序					
14. 课程时间的长短					
15. 培训设备及教具的使用效果					
四、训导师评估					
16. 专业知识					

续表

评 估 内 容	评估等级(5 为最高级)				
	5	4	3	2	1
17. 授课技巧					
18. 表述的准确程度					
19. 对培训主题的把握程度					
20. 授课方式					
21. 课堂气氛的调节					
22. 知识面					
23. 仪容仪表及仪态					
24. 守时					
25. 解答问题的准确度或满意度					
26. 对授课进度的把握程度					
五、其他					
27. 您对该培训课程的综合评估					
28. 该课程对您的培训需求产生的影响					
29. 该课程对您工作的指导意义					
30. 您对培训组织者的评估					
31. 您对培训环境的评估					
请提出您的其他建议：					

(2)学习标准评估。学习标准评估主要是将受训者培训前后的知识、技能、态度、素质水平进行比较分析，评估培训的收获和效果。知识评估常常采用笔试的形式，了解人们对概念、工作流程等的掌握情况；技能评估主要通过实际操作、演示等方式进行评估；态度和素质评估主要看受训者在日常工作中的团队合作意识及服务质量意识等方面的改善情况。常用的评估方法是工作模拟法、填写自我评价表、技能比赛等。

下面是两个自我评估表，通过对不同时间填写的内容相同的表格进行分析，来评估培训效果。

培训前的工作行为自我评估表

评估内容	评估等级(5为最高级)				
	5	4	3	2	1
1. 关注和支持员工能力的培养和开发					
2. 积极与员工交谈,将新员工介绍给部门所有成员					
3. 能及时发现员工的优点并给予表扬和鼓励					
4. 注重与相关部门的沟通,并积极配合相关部门完成工作任务					
5. 对下属出现的工作失误能以正确的态度和工作方法帮助改正					
6. 遵守职业道德,以身作则,爱岗敬业					
7. 工作中勇于突破传统思维,对新事物、新环境和新观念具有洞察力和创新能力					
8. 具有良好的心理承受力和情绪自控力,灵活应变					

培训后的工作行为自我评估表

评估内容	评估等级(5为最高级)				
	5	4	3	2	1
1. 关注和支持员工能力的培养和开发					
2. 积极与员工交谈,将新员工介绍给部门所有成员					
3. 能及时发现员工的优点并给予表扬和鼓励					
4. 注重与相关部门的沟通,并积极配合相关部门完成工作任务					
5. 对下属出现的工作失误能以正确的态度和工作方法帮助改正					
6. 遵守职业道德,以身作则,爱岗敬业					
7. 工作中勇于突破传统思维,对新事物、新环境和新观念具有洞察力和创新能力					
8. 具有良好的心理承受力和情绪自控力,灵活应变					

(3)工作行为标准评估。工作行为标准评估主要是评估员工是否将培训所学知识、技能正确应用到了工作中,员工的工作态度和表现是否得到了提高,员工能否适应饭店新的标准要求等。工作行为标准评估是一项很重要的评估内容,它可以直接检验培训效果。工作行为标准评估常用的方法有面谈、工作现场观察、工作业绩监控、实习培训评估、问卷调查等。进行评估前,需要事先制定工作行为标准,编制行动计划和具体实施步骤,针对需要改进的方面,逐项明确行动内容。计划完成后由上级领导或评估人员依据行为标准对计划的完成情况进行评估。下面是实习培训评估表。

实习培训评估表

1. 实习培训目标	
2. 现有知识、技能	
3. 期望达到的标准	
4. 实习培训行动方案	1. 2. 3. 4.
5. 改进措施	
6. 训导师评估	

(4)工作成果标准评估。该项评估主要考查受训者个人绩效和组织绩效提高的程度,直接反映培训对饭店组织的影响,体现培训的最终目的。该项评估是最有价值和说服力的。常用的评估方法是对硬指标和软指标进行评价。硬指标的标准主要体现在饭店收益、服务质量、成本控制、节约时间等方面,这些指标易于收集和分析,易于进行量化分析,还可以转化为货币价值,以便对工作成果的评估更客观、更具有可靠性。软指标一般难以收集和分析,且不易量化,更无法转化为货币价值,所以该项评估具有主观性。软指标标准主要体现在工作的主动性、工作氛围、客户的满意度、对客服务、服务创新、工作习惯

等方面。常用的评估方法有绩效评估、工作业绩目标评估、360度评估、客户调查和反馈等。

(5)投资回报率分析。投资回报率是从经济价值的角度来评估培训的效果，将培训给饭店组织带来的货币收益及相关联的软收益与培训的成本进行比较和评估。详细内容请见本书第十二章。

6. 选择评估方法

(1)问卷评估法。设计出一份优秀、有效的问卷，将一些重要的评估指标设计成问卷，让受训者填写，将答案按系数的分类标准进行计算和分析，从中得出正确的结论。

(2)定量评估法。对培训效果的轻与重、受训范围涉及面的大与小、培训后产生影响的深与浅、对评估对象受训后行为表现的改变程度和对饭店整体效益提高的程度等进行量化分析，最后做出结论性的评估方法。

(3)比较评估法。比较评估法分为横向评估和纵向评估两种：横向评估是对多个评估对象实施统一时间、统一标准的评估，从中分析出个体的差异及差异程度；纵向评估是对个体评估对象过去与现在的发展过程进行比较分析，评估其进步的程度。

(4)发展评估法。在发展培训的全过程中，对评估对象进行检测性评估，既评估原有基础，又分析目前状况和发展潜力，侧重从发展的角度进行分析和评估。

(5)考试评估法。以口试或笔试的形式进行考核，以分数的高低作为评估学习的效果。

(6)跟踪评估法。对评估对象在不同工作时间，不同工作环境下的状态进行定期或不定期的综合性评估。

(7)单向评估法。重点在某一方面对评估对象进行评估，如人际关系、道德品质、岗位工作技能等。

(8)全面评估法。该项评估主要从不同角度、不同方面对评估对象进行综合性、全面性的评估，包括自我评估、上下级评估、供应商评估、客户评估等。

(9)抽样评估法。依据评估项目对个体或局部培训活动效果进行评估。采用向管理者、训导师、受训者进行调查，查阅培训管理部门的培训档案，听取上级管理部门的汇报等评估方式作为评估的依据。

(10)调查评估法。评估主体深入到培训活动中，通过对参加培训活动项目带来的收益进行评估。

总之，评估的方法很多。具体实施时，对于不同的培训项目应选择与其相配套的评估标准、评估方法和评估时间，才能达到预期的评估效果(见下表)。

培训评估标准及评估方式一览表

评估标准	评估重点	评估内容	评估方式	评估时间
反映标准	评估受训者对课程的接受程度	评估培训项目,受训者的态度、学习兴趣、参与程度和主动性,训导师授课情况等	问卷调查、受训者反映观察、综合座谈、测验考试等	课程进行中或结束前
学习标准	评估受训者对课程内容的掌握程度	评估受训者是否达到预期的学习目标,是否掌握了基本概念、技能要求和工作标准,并将这些培训内容在实际工作中加以应用	实操练习、课堂回顾、问卷调查、学习心得交流、座谈会等	一般在课程开始前或课程结束后进行(在培训前进行的评估主要调查相关培训内容)
工作行为标准	评估受训者培训后的工作变化	评估受训者是否已经掌握了工作行为标准并在实际工作中加以应用,而且产生了实际效益	观察报告、业绩评估报告、问卷调查、对比培训前后的工作表现等	培训结束3个月后或现行绩效追踪评估
组织成果标准	评估因培训导致组织绩效产生的变化	评估软性指标和硬性指标,衡量受训者行为变化对饭店产生的影响。探索新的行为方式与改进了的绩效之间的关系	个人和组织绩效指标、成本和效益指标等	在饭店经营管理效果有了改善之后或培训结束半年或一年之后

7. 阐述评估实施步骤

将定好的评估实施步骤与评估者和被评估者进行沟通。

8. 公布评估者的工作分工

评估前,公布评估者的工作分工,使评估者和被评估者掌握各评估阶段的工作标准和职责,保障评估工作的顺利进行。

9. 确定评估结果的签署权

为了保证评估的有效性和公正性,饭店决策层应对评估结果的签署权进行公开授权。饭店内部评估结果的签署权一般授权给人力资源总监或培训部经理。

10. 确定评估反馈方式

评估反馈方式多种多样,如评估表、证书、考核成绩、总结、论文、面谈、技术表演等,还可以通过部门经理例会、饭店的内部刊物以及其他方式进行反馈。

11. 进行培训评估结果沟通

将培训评估结果以不同的方式向被评估者、被评估者的上级、管理者、训导师、培训组织者、决策者进行沟通,使被评估者能够将评估结果与实际工作紧密结合，将自己的业绩与他人的业绩进行比较，明确努力的方向，提高受训者参加培训的积极性；使被评估者的上级更清楚地了解被评估人的状况，更有效地发挥被评估者的作用和潜能；使培训组织者设计出更符合需求的培训项目，完善培训工作，不断提高培训效果；使管理者和决策者对培训更有信心，并能依据较为准确的信息对培训工作做出正确、果断的决策，增加必要的投入。

12. 明确评估结果的使用方式

为了使培训评估收到好的效果，培训管理部门应确定培训评估结果的使用方式和激励政策，如评估结果与晋升挂钩、评估结果与转岗挂钩、评估结果与下岗挂钩、评估结果与续聘挂钩、评估结果与奖惩挂钩等。在培训或评估实施前，饭店应将评估结果的使用方式以文件的形式下发，引起评估者、被评估者和管理者的重视，使评估结果在饭店人力资源管理中发挥应有的作用。

（三）撰写培训评估报告

培训评估报告是对培训工作的回顾和总结。撰写培训评估报告时，应对取得的成绩进行充分的肯定，对出现的失误或错误要查明原因，进行细致的分析并找出合适的解决方案。

培训评估报告的主要内容有：

(1)概要。对整个报告的简要综述，概括评估的主要结果和建议。

(2)培训评估工作开展的背景说明。详细阐述培训评估的流程和培训项目所需的具体资料，如培训目标、培训内容、培训地点、培训时间、训导师、受训者等。

(3)培训评估的实施说明。阐述培训评估的目的、评估实施所遵守的工作流程以及工作流程建立的过程，决定要采用的评估方法、评估原则和评估标准等。

(4)培训评估信息的陈述和分析。阐述评估数据收集和使用的方法，对收集的重点信息以及有价值、经过分析的数据进行解释和说明，必要时，用表格的形式进行对比分析。

(5)对培训评估成果与培训目标进行比较。

- 总结受训者将所学的知识和技能在工作中应用的成果。
- 总结通过培训对饭店经营管理产生的影响，从软性指标和硬性指标两方面分析总结。
- 总结培训费用的使用情况，分析投资回报率。
- 总结培训产生的无形效益，即培训对饭店软性指标产生的收益。

(6)结论和建议。在上述工作的基础上，对培训成果做出最后的评估，做到实事求是、有理有据、简洁明了。对于评估中发现的问题和不足要敢于面对并进行细致的分析，提出可行性建议和改进方案。建议饭店决策者对培训工作给予足够的重视，争取得到更多的支持和更大的培训投入，为今后培训工作的开展开创良好的局面。

（四）做好培训评估结果的备案、建档和记录工作

做好培训评估结果的备案、建档和记录工作是培训活动的最后一个环节。培训管理部门应将培训活动全过程所涉及的文件、报告、总结、表格等进行分类存档，便于日后查询和参考。档案的记录和管理要做到专人负责，并建立严格的查询和借阅管理制度，采取严格的保密措施。培训档案的建立应遵守时效性、条理性、真实性和保密性的原则。

二、培训效果的延伸与转化

培训效果的延伸与转化是指受训者把在培训活动中学到的知识、技能、能力等有效地、持续地运用于工作中，并为企业带来利益。培训效果的延伸与转化是评估培训效果的重要环节，是检查培训是否有成效的硬性指标。培训效果的延伸与转化工作，不仅需要培训部的努力，还要得到饭店决策层和管理层的大力支持。培训效果的延伸与转化工作是饭店每一位管理者的重要职责之一。

培训效果的延伸与转化主要有以下几种方式：

1. 理论与实践相结合

训导师在课程的准备和授课过程中应紧密结合受训者的需求，不仅要给受训者充分的时间思考、记录、讨论新知识和新技能，还要有针对性地对新技术、新技能进行指导训练，将理论知识与实际操作相结合，做到学以致用。

2. 制订多阶段培训方案

培训管理部门或训导师要根据培训项目的实际情况，必要时将系列培训分阶段实施，保证每个阶段重点突出。

3. 将成果转化与考核挂钩

饭店要制定培训成果转化制度，将培训成果转化作为业绩考核的一部分，鼓励受训者主动、自觉地参与培训成果转化工作。为了保证培训成果转化工作得以落实，饭店还应制定培训成果转化评估标准，对已实施的成果转化工作进行评估，以确认培训给饭店经营管理创新带来的收益。

4. 为受训者制订后续培训计划

后续培训计划是人力资源开发中的重点，也是饭店培训管理体系中发展培训的重点，是个性化培训计划。训导师通过对受训者学习、培训过程的表现评估，对受训者发展潜力的认知，结合受训者本人职业生涯发展规划和饭店人才发展战略，为受训者制订后续培训计划（见下表）和培训的后续支持。

后续培训评估建议书

姓名		部门			
进入饭店工作时间					
从事本岗位工作时间					
评估内容	**好**	**较好**	**一般**	**差**	**备注**
1. 学习态度					
2. 守时					
3. 参与性					
4. 表达能力					
5. 自我表现力					
6. 专业知识和技能					
7. 竞争意识					
8. 职业特点					

受训者在此次培训中反映出的问题：

1. 理论方面

2. 专业技能方面

3. 理论与实践相结合的程度

4. 其他方面

后续培训计划建议

培训项目	最佳培训时间建议	培训方法建议	培训形式建议	备注（每项培训实施的具体时间段）

评估人：

日　期：

第十二章

培训预算与投资回报分析

世界快餐业巨无霸——麦当劳的创始人雷·克罗克先生认为:钱,你可以随时赚到,但是,对于我们的智慧,必须花心思去培养。正是因为麦当劳的创业者充分认识到培训对员工个人和企业发展的重要性,他们将培训作为投资进行管理,实行全职业生涯培训战略,不断地为企业培养商战"将军",使麦当劳成为全球规模最大、最著名的快餐集团。

麦当劳的成功经验告诫饭店业的决策者和培训的管理者:培训不是费用而是投资,有效的培训一定会给饭店带来巨大的利益和价值,科学地、合理地进行培训预算是对培训投资最有效的控制和管理方法。饭店只有做好培训预算和投资回报分析,保证培训预算的实用性和准确性,有效地控制培训成本,实事求是地将培训费用用在最合适的培训项目中,才能激励员工发展、提高饭店经营管理效益,让饭店在激烈的竞争中立于不败之地。

第一节　培训费用预算概述

一、中外饭店在培训经费方面的投入对比分析

本书在第　章中曾谈到由于中国饭店业培训管理制度不完善和相关法律滞后,导致中国饭店业在培训经费上的投入没有被纳入法制化的管理轨道。在国外,以立法推动培训已成为发达国家饭店业发展的一种普遍趋势,这些法律明确规定了雇主与雇员在培训上的职责,将饭店培训经费作为专项资金,按年销售额3% ~5%左右的比例提取。有些国家将培训专项资金纳入法律强制执行的范畴,并将培训部作为一个独立核算的实体,培训部经理在董事会通过年度费用预算后,有实施培训和使用预算内培训经费的权力。培训部既服务于饭店的整体战略目标,也有充分的培训自主权和提供有偿培训服务的权力。

我国饭店业目前还没有明确培训经费专项资金管理制度，培训经费的确定和支出主要根据饭店的收益和受重视程度而定，很多饭店年培训经费的投入低于员工年工资总额的0.5%。这样低的培训经费还时常会被随意削减或挪用。还有一些饭店对培训的投入往往采取无预算方式或称为“一事一议的预算”方式，当急需开展一项培训或决策者发现哪项培训应该马上实施时，便立即拨出一笔费用，匆忙实施培训。培训没有计划，更谈不上能取得什么好的效果了。有少数饭店的培训预算可称为“总经理预算”，培训费用只用于总经理个人学习和考察。还有一种预算被称为“无法生效的预算”，培训部年年编制培训费用预算，预算年年得到饭店决策层的批准，但是，这个预算是无法实施的。这是因为，一旦饭店经营状况不佳或遇到其他需要花钱和投资的项目时，已批准的培训费用将首先被挪用、削减，甚至被停止使用。

作者曾在一次三星级以上单体饭店总经理培训班中进行过培训费用预算与使用情况的调查，自愿参加调查的总经理有27名，调查的内容为：

1. 您饭店的员工总人数有________人。

调查结果：

参加调查的饭店员工总数都在200人以上。

2. 您的饭店是否有年度培训费用预算？

□有　　　　□无

调查结果：

有年度培训费用预算的18家饭店，没有年度培训费用预算的有9家。

3. 年度培训预算的总额是________万元

调查结果：

年度培训预算的总额最低为8000元，最高也不过10万元。一般在5~8万元不等。

4. 培训费用的使用方向：

(1)部门经理级以上人员的培训费用占培训费用总额的____%。

调查结果：

部门经理级以上人员的培训费用占培训预算总额的90%。

(2)员工培训费用占培训费用总额的____%。

调查结果：

员工的培训费用只占总预算的10%(这笔费用多用于岗前培训)。

5. 培训费用审批方式：

□年预算审批制

□单项培训审批制

□年预算加单项培训审批制

调查结果：

在18家有培训预算的饭店中，没有一家饭店是按年预算审批制执行预算标准的，它们采取的是单项培训审批制或年预算加单项培训审批制。也就是说，这些饭店虽然有预算，但有可能不被批准或无法按预算项目和标准执行。

虽然这次调查带有一定的偶然性和不全面性，但从中我们可以发现，我国单体饭店对培训费用的投入是非常低的，而且培训经费的使用方向是失衡的。

二、实施培训预算与管理的目的

1. 监督培训计划的落实，使预算更好地为培训服务

制订培训计划、实施培训预算与管理的目的是将饭店的培训费用控制在最合理的范围内，在经济环境的变化中保证预算目标与饭店培训总目标一致，使预算更好地为培训服务。

2. 保证培训预算能够严格执行和正确使用

已获通过的培训预算计划，如果不能严格管理、正确使用，将很难保证取得预期的培训效果。在培训实施过程中，要严格按照已确定的培训项目使用培训费用，使预算更好地体现培训计划的要求。同时还要加强对培训预算的监控与管理，避免项目置换或巧立名目等现象的发生。

3. 有效评估培训的利益和价值

实施培训预算与管理的另一个重要目的是评估培训是否达到预期效果，是否为员工的成长和饭店的经营管理创造出更高的利益和价值。

三、培训费用预算的编制方法

由于饭店的规模不同、管理形式不同、经营状况不同、员工素质水平不同、人力资源战略规划不同，培训费用的预算方法也不同。饭店常用的预算方法有：

1. 人均预算法

人均预算法，是指根据饭店员工总数，按年人均培训费用的预算方式提取培训费用。在培训实施过程中，不是人人享有同等的培训经费或同等的受训机会的，有些饭店会将80%的培训费用用在对20%骨干员工的培养上，也是我们常说的8/2原则。这种预算方法可能会引起一部分普通员工的不满，培训管理部门应给予足够的重视。建议将人均预算法只作为一种计算方式，在预算实施过程中，可采用以培训项目为单位的分配方式进行培训费用分配。

2. 培训计划预算法

培训计划预算法是由培训管理部门根据饭店的经营管理战略和人员素

质要求制订下一年度的培训计划，根据培训计划的内容确定培训预算，将培训计划和预算方案上交饭店决策层审批。决策层根据饭店的总预算，综合考虑饭店的承受能力、培训计划的可行性和时效性等相关因素，对培训预算进行适当调整。这种预算方法是目前绝大多数饭店采用的方法。该种方法的具体实施步骤是：

第一步，饭店决策层提出下一年度饭店经营管理战略总目标和人力资源开发规划。

第二步，培训部对饭店的经营管理战略总目标和人力资源开发规划进行详细的分析，在充分掌握培训需求的基础上，制订饭店的年度培训计划和培训预算。

第三步，饭店各部门根据培训部制订的年度培训计划和培训预算项目，确定本部门的培训计划和费用预算。

第四步，培训部组织各部门经理和部门训导师对培训计划和预算制订方案进行评估，并作适当调整，确定合理的预算额度。

第五步，将审核后的培训计划和预算方案报请决策层审批。

第六步，培训部根据获批后的预算方案修改或调整年度培训计划，并发送到各部门存档，告知培训计划和预算审批通过。

第七步，培训实施部门制订详细的培训项目实施方案，并严格执行。

3. 培训总额预算法

培训总额预算法，是按饭店年营业额的比例提取培训费用或按某一基准值设定一定的比率确定培训费用预算额。该种方法也称为比例法，即按照年员工工资总额、营业额或利润额的比例提取培训费用。这种预算方法能够使培训经费得到全额保障，使培训管理者全身心地投入到培训管理工作中，对提高培训质量和培训效果能起到较好的促进作用。培训总额预算法在国际饭店业中应用比较普遍。

4. 推算预算法

推算预算法，是根据饭店每年对培训投入的费用记录，结合饭店的实际情况，将上一年度必需支出的培训项目费用（这些项目费用在下一年度也是必须延续和实施的），加上下一年度可能增加的费用，作为培训费用总额。该种预算方法对有一定规模、经营业绩呈上升趋势、重视培训的饭店较为适合。这种预算方法的最大缺点是，预算者会刻意将预算费用做大，超过实际需求的费用。因为有经验的预算者都知道，在决策层审批预算时肯定会在原预算基础上进行削减。饭店与预算使用部门年年为培训预算讨价还价，时常会因为预算迟迟得不到批准而影响下一年度培训工作的开展。

5. 零基预算法

零基预算法是以零为基础编制培训预算的方法。该种方法是将饭店的经营管理目标与培训发展目标紧密结合，真正做到以实现目标为导向，在激励员工，促进饭店发展方面起到积极的作用。但是，这种预算方法对预算者的要求较高，需要他们对培训工作做到心中有数，对每一个培训项目都要设计得合理有效。

四、培训费用的构成与分类

培训费用的构成是依据培训计划的内容和项目而确定的。培训部应准确掌握培训费用的构成和分类，根据培训不同阶段（培训前、培训中、培训后）所需的人员、设备、设施、材料等费用，分析比较不同培训项目总费用的差异，及时判断培训过程中不同阶段所用费用是否合理、有效。

1. 培训需求分析费用

随着饭店培训管理水平的不断提高，对培训需求分析的重视程度也在不断提高，培训需求分析将成为培训预算中的一项重要费用。培训需求分析所用的费用主要包括管理者和员工进行培训需求分析所占用的工作时间的工资福利费用、聘请专业咨询公司或咨询专家的费用、分析中产生的物耗等费用。这些费用可以按比例分摊到每次培训中。

培训需求分析费用表

单位：元

培训需求分析费用项目	费用预算
1. 工资福利费用	
2. 餐费、差旅费、杂费	
3. 办公用品	
4. 打印、复印费用	
5. 咨询、顾问费用	
6. 设备使用或购置费用	
7. 其他费用	
总费用：	

2. 培训项目的设计和开发费用

培训项目的设计和开发费用主要包括饭店培训管理部门用于设计、开发培训项目时间的工资福利、聘请外部专家顾问的费用、管理费用、设备和物耗费用、与该项目直接相关的费用等。费用的分摊方法与培训需求分析费用分摊方法相同。

培训项目设计与开发费用表　　单位:元

培训项目设计与开发费用明细	费用预算
1. 培训项目设计、开发人员的工资福利费用	
2. 餐费、差旅费、杂费	
3. 办公用品费用	
4. 项目费用明细	
(1)书本、资料费	
(2)计算机使用费、网络费	
(3)音像费(录像带、CD、胶片、幻灯片、录音带、图片等)	
(4)其他费用	
5. 打印、复印费用	
6. 咨询、顾问费	
7. 设备购买或租用费	
8. 其他费用	
总费用:	

3. 培训实施费用

培训实施费用主要包括每一个培训项目管理者、训导师、受训者的工资福利,培训资料费,设备使用或购置费用,食宿费,差旅费,设施使用费等。值得注意的是,该项费用预算是以每一个培训项目为基础进行的,将每个单项培训费用相加即可得出培训实施总费用。

单项培训项目实施费用表　　单位:元

单项培训项目实施费用明细	费用预算
1. 培训管理者工资福利费	
2. 训导师工资福利费或外聘训导师授课费	
3. 受训者工资福利费(参培人数×平均工资福利×培训时间)	
4. 受训者、培训管理者、训导师等食宿、差旅费(人数×日均费用×培训天数)	
5. 替班费用(培训期间由他人替代工作的费用)	
6. 项目资料、物耗费用	
7. 设施费用	
(1)教室租金	

续表

单项培训项目实施费用明细	费用预算
(2)设备租金或使用费用	
(3)教室布置费用	
8. 翻译费用	
9. 茶点费用	
10. 其他费用	
单项培训实施总费用:	

4. 培训评估费用

评估费用包括与评估策略的开发、评估方法和工具的设计、数据的收集和分析、评估实施、评估报告的准备和发布等活动有关发生的费用。该项费用可按比例分摊到应进行评估的单项培训项目中。

培训评估费用表

单位:元

评估费用明细	费用预算
1. 评估者工资福利费用	
2. 被评估者费用(面谈、问卷调查、现场评估等所占用的时间和资源)	
3. 食宿、差旅费	
4. 资料、物耗费用	
5. 办公用品	
6. 打印、复印费用	
7. 设备、设施费用	
8. 外聘顾问或评估师费用	
9. 其他费用	
10. 评估总费用	

5. 管理费用

管理费用是与特定培训项目不直接相关的其他费用,一般包括行政管理人员的工资福利、培训部办公费用以及其他的固定费用等。

下面以某饭店新员工岗前培训预算和饭店年度培训预算为例,分别说明培训预算的制定明细。

某饭店新员工岗前培训预算表

项　目	次数	人数	人均标准	总计
1. 入职教育	12	600	120 元	7200 元
2. 客房专业培训	4	40	80 元	3200 元
3. 前厅专业培训	6	48	180 元	9640 元
4. 餐饮专业培训	8	120	120 元	14400 元
5. 财务专业培训	2	16	400 元	6400 元
6. 康乐专业培训	4	5	280 元	1400 元
总　计	36	229		32240 元

某五星级饭店年培训预算表　　单位:元

序号	培训项目	培训费用	总计	备　注
1	外语培训（聘请外教）	300 元/小时	43200	外教课时费 300 元/1 小时 1 周 2 次,1 次 2 小时 每班的培训周期为 3 个月 共计 3 个班
2	训导师培训课程	100 元/人均	3000	每班 15 人,1 年 2 个班
3	关注客人(一)	12000 元/天	36000	3 天
	关注客人(二)	12000 元/天	60000	5 天
4	食品卫生法培训	150 元/人	45000	餐饮部、客房部新员工共 300 人次
5	厨师调研费	试餐费:10000 元/次 住宿费:400 元/人·天 交通费:苏杭 600 元/人 重庆 800 元/人	30000 12000 3000 4000	3 次试餐 10 人次,3 天 5 人苏杭 5 人重庆
6	服务师培训	中级服务师:5000 元/天 高级服务师:5000 元/天	50000 50000	10 天 10 天
7	主管培训班	1500 元/人·次	90000	每季度 1 次,每次 6 天,每班15 人
8	经理培训班	3000 元/人	90000	6 个月 1 次,每班 15 人
9	考察	国内考察:8000 元/人 国外考察:30000 元/人	160000 450000	国内 20 人 国外 15 人
10	培训资料费	图书、杂志、音像等 1000 元/月	12000	
11	不可预见费用		15000	用于临时增加紧急培训项目
总费用				115.32 万元

第二节 培训投资与回报分析

饭店培训投资是双方的,饭店和员工都有投资。饭店投入的是培训费用、培训期间的员工工资和福利、培训期间由于受训者不在岗位而给饭店造成的间接损失等;员工投入的是本身所具有的能够接受培训的能力、为接受培训而多付出的精力与时间和部分培训费用。饭店和员工都在期待和探讨投资回报的途径、回报的最佳期限和回报的评估方法。在饭店中建立一套能有效收回培训投资的政策是十分重要的。

一、培训投资收回政策及方法

1. 培训前收回投资的政策及方法

为了最大限度降低培训投资风险,调动员工参加培训的积极性,引起员工对培训投资与回报的重视,饭店常采用在培训开始前从员工工资中扣除培训费用的方法。主要方式有:

(1)建立培训基金制度。饭店在制定薪酬政策时,将员工薪酬的一部分按比例划分为培训基金。员工的薪酬越高、工作年限越长,培训基金的基数越高,员工获得培训的机会就越多。有的饭店将培训基金作为员工福利,每年为员工存入一定比例的培训基金,以3~5年为一个发放周期,凡在本饭店工作满3~5年者都有权利获得该基金。

(2)建立培训奖励基金制度。饭店在制订年终奖励分配方案时,将每年年终奖的一部分作为培训奖励基金,用于奖励对饭店有突出贡献的优秀员工培训之用。

(3)建立培训奖学金制度。将每年的年终奖的一部分作为培训奖学金,并不断累积。根据饭店的发展和对不同人才的需求,鼓励员工利用业余时间积极参加各种类型的培训班。培训费用暂时由员工个人承担,学习结束后,饭店根据员工学习成绩、获得证书的种类以及学习期间的评估等,给予员工不同程度的奖励或全额报销学习费用。

2. 培训中收回投资的政策及方法

在培训伊始,饭店就要对培训投资逐步收回,在培训结束时,投资要全部收回。这种方法主要用于对新员工的培训投资。新员工在上岗前要接受一系列的岗前培训课程,上岗后还应有一段时间的实习期,实习期的工资标准与同岗位正式员工工资标准的差异就是新员工为岗前培训所支付的费用。

3. 培训后收回投资的政策及方法

饭店在为员工提供培训机会、付出培训费用的同时,与员工签订培训协议,明确规定受训人在享有免费培训机会的同时应对饭店承担的责任和义务。员工如有违约行为,应补偿饭店为其支付的培训费用。

培训后收回投资的方式对饭店有较高的风险,主要表现在:

(1)培训效果的风险。由于没有交纳培训费用的压力,有的受训者放松了对自己的要求,将培训作为游山玩水或修养的机会,使培训无效果或大打折扣。

(2)培训受益者离职的风险。受训者学有所成之后,对饭店提供的职位、薪酬会渐渐不满或不平衡而产生离职的念头,或被竞争对手挖走。为了避免此类事件,有的饭店采取违约保证金制度,要求受训者提前交付一定数额的违约保证金,待合同期满后全额退还或按服务年限逐年按一定比例返还。

现在,越来越多的饭店已不再考虑如何从员工身上收回培训投资,而是在无形收益上狠下工夫,比如,如何提高员工工作满意度,如何提高团队协作水平,如何增强员工的创新能力,如何减少抱怨,如何建立合理的人员流动机制等,将培训作为提高饭店和员工业绩的手段来获得回报。

二、培训投资回报率分析

分析投资回报率常用的方法是统计法。统计法主要有集中趋势分析法、离中趋势分析法和相关趋势分析法。集中趋势分析用来传递一个综合的信息——培训对全体受训者的影响;离中趋势分析采用的是标准差和方差分析方法,计算受训者之间的变化差距及随着时间的变化员工变化的差距;相关趋势分析是利用相关性来显示培训项目中不同因素和受训者绩效表现之间的相互关系。

由于培训收益有的是有形的,有的是无形的,因此饭店无法将培训收益全部转变化为货币价值来分析投资回报率。有形的培训收益是可以通过确定相应的经济收益,用货币价值来衡量的;无形的培训收益,如服务质量的提高,价值观的转变等是很难用货币来衡量的。下面我们主要讨论如何对可货币化的培训效果进行回报率分析。

1. 培训效果收益分析的主要步骤

第一步,确定通过培训需要改进的绩效指标。这些指标包括部门营业额指标,设备的完好率指标,工作效率提高的指标,顾客满意度指标,员工流失率指标,顾客投诉率减少指标,差错率减少指标等。

第二步,确定改进指标的单位价值。

第三步,计算、比较培训前后绩效指标变化的差异。

第四步,计算绩效改进的总价值。

绩效改进的总价值 = 绩效变化总量 × 改进绩效指标的单位价值

例如，某饭店员工平均流失成本为该饭店年人均工资的 1 倍，约 21000 元。通过培训，该饭店 1 年减少员工流失 55 人。用上述步骤分析饭店减少员工流失的货币价值如下：

培训收益分析表

分析步骤	分析内容
1. 绩效改进指标	年员工流失量
2. 绩效改进指标的单位价值	21000 元人民币（员工平均流失成本为饭店年人均工资的 1 倍，某饭店年平均工资是 10500 元）
3. 绩效改进指标	1 年减少员工流失人数 55 名
4. 绩效改进的总价值	避免年流失成本 1155000 万元(21000 元 × 55 人)

2. 培训效果收益分析的主要方法

(1) 直接衡量绩效提高带来的收益增加。用于可直接利用营销记录来确定增加的经济效益，如客房、餐饮、健身房销售额和接待人数的增加等。还可以将接受培训者的工作绩效与未接受培训者的工作绩效进行对比，或将受训者培训前后的工作绩效进行对比，直接估算出培训的经济效益。

(2) 间接衡量以绩效改善、成本节约、避免损失等行为的收益。主要有以下几种情形：

• 对相同工作时间内、相同成本条件下的工作绩效进行评估。如前台接待员为散客办理结账手续由原来的 5 分钟/人提高到 3 分钟/人，绩效改进的价值相当于提高了接待人次的数量，缩短了人均服务时间。

• 评估质量改进的指标，将质量的改进情况直接折算成成本的节约价值。如工程部维修设备的返修率降低，改进的价值相当于维修或更换产品的成本。

• 评估员工流失率降低的指标。员工流失成本包括招聘、培训、培训时损失的生产率，工作质量损失，人力资源部处理员工流失花费的时间等。

• 间接衡量重大投诉率降低所带来的收益，即计算处理一次重大投诉的平均成本，以此为基础计算工作改进的价值。

• 因员工综合素质提高使某些培训项目的培训时间缩短，将受训者的工资和福利当作实践价值来计算。

培训收益分析详见下表：

培训收益分析表

指标	培训收益
1. 劳动生产率提高	提高的百分比×人均工资福利×人数
2. 销售增长	人均销售额增加的数量×人数
3. 忠实客户增加	忠实客户增加数×获得每位忠实客户的平均收益
4. 某项差错减少（如客房清洁卫生的返工率减少）	平均每一差错的成本×每位员工避免差错的数量×人数
培训总收益	

(3)其他方法

- 成本资料。掌握过去的成本资料，将这些资料用作某个特定的变量。
- 专家估价。邀请业内专家来估计绩效改进的价值。
- 管理者能够提供改进资料时，他们也可估计受训者绩效改进的价值。

3. 投资回报率的计算方法

(1)培训项目的成本或利润比率的计算方法

成本或利润比率 = 培训项目利润/培训项目成本×100%

(2)投资回报率的计算方法

投资回报率 = 培训项目净利润/培训项目总成本×100%

例如：某饭店实施员工职业生涯发展规划培训，该项年培训费用为20万元人民币，该项培训实施后使饭店员工年离职率降低20%，减少的成本损失为120万元，计算投资回报率为：

$$(120-20)/20\times100\% = 500\%$$

即每1元培训投资，获得净收益5元。

第十三章

饭店业培训与发展展望

现代饭店业,知识已被人们称为企业的“战略资源”,人们已逐渐认识到学习和学习速度对饭店发展的重要性,使得饭店业的培训与发展正成为饭店发展的新的动力,越来越多的饭店开始重视对人才的培养,愿意为人才资产进行持久投入。

展望饭店业未来的培训与发展,主要有以下几个方面的变化:

一、培训文化的成熟发展

培训文化是多角度衡量组织中培训活动地位的方式。成熟的培训文化,必须被看做是衡量组织在环境中地位与进步程度的标准。在未来培训文化的发展中,饭店组织将用培训文化来衡量下列工作:

(1)衡量培训与发展在完成饭店经营管理目标计划中所占的位置。

(2)衡量是否保障所有员工都能获得与现在或将来的工作相关的培训及发展的机会。

(3)衡量是否激励员工明确认识并力求满足与工作相关的发展需要。

(4)衡量管理者是否对员工的培训与发展需求作定期的审查。

(5)衡量饭店组织是否对每一位管理者明确规定培训与发展计划的职责,确保其胜任此工作的能力等。

随着我国饭店业与国际饭店业的全面接轨,培训文化如何协调不同文化间的关系,疏通文化间的隔阂等也将成为培训管理者必须面临的问题。

二、培训组织的发展变化

组织的发展是人的发展,未来评估培训组织的重要依据已不仅仅是规模,而是规模与所处行业的技术、经济特征的契合度。未来组织中劳动者的技术含量将大大提高,培训组织将面对更多高素质、高能力、高交流的劳动者,如何实现人和“物”的有机结合将成为饭店和培训组织共同面临的严峻课题。组织只有尽可能使员工都能“张扬”个性,才能使组织的发展与员工个人的发展相吻合,组织的发展才会有更为深厚的动力。

在战略层面上，培训管理者必须与战略计划的制订者，如董事会、董事长、总经理等高层管理者保持密切的联系。未来培训组织的职能将超越培训计划本身的狭义界定及短期效应，促使饭店组织获取更广泛的人力资源优势，促进形成饭店组织以供应为导向的能力，成为先进的现代雇主。培训组织中的培训职能分工将更加明确，执行培训的职能将从专职训导师转向所有的管理者，培训将日益与各种职能相融合，每一位管理者将成为“培训”管理者。他们必须拥有适合本组织的专业知识，有能力将专业知识转化为有形的技术改进成果。培训管理者的作用将转为与饭店组织中的高层决策者有效合作的高级战略培训者。

三、培训方式的多样化

随着饭店对培训与发展的重视程度不断提高，培训方式正朝着多样化的方向发展。

1. 电子化学习（Electronic leaning or E-learning ）或在线学习（Electronic Online Learning ）

用美国培训与发展协会（ASTD）对 E-learning 的定义：E-learning 是指网络电子技术支撑或主导实施的教学内容或学习体验。电子化学习或在线学习将成为饭店培训的主要方式之一。

电子化学习起源于 20 世纪 90 年代，近几年才逐渐被人们所接受。据 IDC 预测，2003 年全球的 E-learning 产值将达到 253 亿美元，仅美国就将增长 114 亿美元。在亚太地区，2 年内电子教学软件和服务市场将超过 20 亿美元。E-learning 近年来在全球范围内的迅速发展，其主要原因是互联网及相关产品的开发和普及，加之知识折旧速度的加快，在新经济的巨大压力下，使组织的投资战略发生了变化，人们更加注重对智力资本的投资。这一趋势的变化影响了各个层次的教育和组织内部培训的迅速发展。

E-learning 的价值所在是教育已不再是社会某一人群的专有品，每一个人都享有受教育的平等机会，可以共享图书资料，共同聆听名师的教诲。E-learning 最有吸引力的方面是灵活、快速、便捷，使得培训效率大大提高，培训成本大大降低。

E-learning 是运用标准的网络技术、通过电脑将知识传输给终端客户。它是一种学习理念的革命，通过在线公告、在线培训、在线知识分享、在线指导的形式及时更新知识和信息，开展即时交流和互动。E-learning 改变了人们的学习态度，从被动的“要我学”转变为主动的“我要学”，从而提高了学习效率。从这些意义上讲，中国饭店业 E-learning 的时代即将到来，大型国际饭店管理集团已采用E-learning的形式对集团内部的员工进行固定的、程序化的培训项目的实施，取得了较好的培训效果，使集团内部的培训资源得到了最大化的利用和共享。

E-learning系统的组成模式为：

(1)学习管理系统。主要负责各种教学和在线学生资料的管理工作。

(2)虚拟教室和教学工具。主要负责将教师在教室中上课的情景据实录制下来，并提供各种同步教学软件的解决方案。

(3)定制化网上教材。根据个体组织的要求，由外请专家学者为其量身制作教材。

(4)自学课程编辑工具。个体组织可根据本组织内部的培训课程，利用编辑工具自行编辑教材。

(5)网上测验。在网上进行自我测验和练习的相关程式系统。

E-learning系统导入模式：

(1)课程信息公告网站。将各种开办课程的信息制成网页与本企业Internet网站相连。

(2)实体课程辅助网站。将多个实体课活动搬到网络上进行，如课后讨论、提交作业等。

(3)教师引导式网上课程。由教师在线引导学生学习，如测验、讨论、答疑等。

(4)专家组群。在网上提供企业中各类专家的网络资料，使需要咨询、帮助的人通过网络直接向相关专家提交各类专业问题。

(5)自我学习式网上教学。提供各种可供员工下载学习的模块化课程，如新员工岗前培训教材、员工守则、实操教材及企业的各种核心课程等。这种模式使员工获取他们所需的信息的过程变得更为容易。

(6)独立的网络学院(在线学院)。企业中的员工可以在线自行选修在校学生的各种专业学分。

(7)认证及网上测验。在网上进行各种由权威单位提供的专业证书课程或网上测验等，如交规考试、托福考试、微软技术认证等。

E-learning有着非常多的好处，但它的核心不是技术，企业更需要考虑的是电脑配置的数量及员工的接受能力，考虑员工是否能熟练运用计算机自主学习。

2. 体验式培训(Experiential Training)

体验式培训起源于20世纪初的德国。在那里，一个名叫哈恩(Hahn)的人创办了一所学校“Gordonstoun Schoolr ”，专门训练年轻海员在海上生存的能力和船触礁后的生存技巧。这种体验式的培训明显提高了海员的生存率。二战结束后，体验式培训的独特性和训练方式得到广泛推广并从海员扩大到军人、学生、工商企业人员等。训练的目标也从体能、生存训练发展到人格完善、心理挑战、管理训练等。

1941 年,哈恩在威尔士建立了 Outward Bound 户外学校,成为世界著名的体验培训机构。随后被许多国家的教育人士和教育机构引进并在原有基础上进行了变革,在安全可控制条件下,用设计好的游戏取代高风险体验。通过个人适当参与整个活动,来获得真实感受和体验。在训导师的指导下,与团队成员共同交流,分享个人的体验,达到设定的培训目标。

体验式培训主要有五个重要环节:

(1)体验。体验是整个培训的基础,根据体验培训的主题,确定需要解决的主要问题,设计一项或一系列活动,请参加者全部参与这些活动,并以观察、表达和行动的方式进行。

(2)分享。根据亲身体验与参加者共同分享自己的感受或观察结果。

(3)交流。结合分享的感受和观察结果与参加者交流自己的生活或工作模式。

(4)整合。从经历中总结出原则或归纳提取出精华,来帮助参加者进一步定义和认识在体验中得出的结果。

(5)应用。将体验应用在工作及生活的方方面面,从应用中再次得到体验,将新的体验再应用,不断地循环,不断地进步。

体验式培训以心理挑战为重点,以体能训练为主导,以完善人格、提高素质为目的,是一种寓教于乐、立见成效、效果持久的培训方式。体验式培训较为适合饭店督导层以上人员的培训。

3. 外聘培训顾问

饭店未来培训职能的一个重要变化是外聘培训顾问进行培训设计与实施。外聘顾问可以在许多方面为饭店带来贡献,他们可以帮助培训管理者处理培训活动中的疑难问题,他们掌握着实用的专业知识以满足组织发展的需要,使培训受到高度的重视。饭店聘请培训顾问的关键是评估他们给饭店带来的价值是否超过了聘用他们所需的费用。

附录

企业职工培训规定

第一章　总　则

第一条　为规范企业职工培训工作,提高职工队伍素质,强化职工的工作能力,根据《劳动法》《职业教育法》《企业法》《公司法》,制定本规定。

第二条　本规定适用于中华人民共和国境内的企业和职工。

第三条　本规定所称职工培训,是指企业按照工作需要对职工进行的思想政治、职业道德、管理知识、技术业务、操作技能等方面的教育和训练活动。

第四条　企业职工培训应以培养有理想、有道德、有文化、有纪律、掌握职业技能的职工队伍为目标,促进企业职工队伍整体素质的提高。企业职工培训应贯彻按需施教、学用结合、定向培训的原则。

第五条　各级政府劳动行政部门负责本地区企业职工培训工作,各级政府经济综合部门负责本地区企业管理人员培训工作。

第六条　行业主管部门负责指导协调本行业职工培训工作,依法制订本行业职工培训规划,组织编写职工培训计划、大纲、教材,培训师资。

第七条　社会团体、群众组织、公共培训机构可根据企业需要承担职工培训任务。

第二章　企业和职工的责任

第八条　企业应建立健全职工培训规章制度,根据本单位的实际对职工进行在岗、转岗、晋升及专业培训,对学徒及其他新录用人员进行上岗前的培训。

第九条　企业应将职工培训列入本单位的中长期规划和年度计划,保证培训经费,创造培训条件。

第十条　企业应将职工培训工作纳入厂长(经理)任职目标和经济责任制,接受职工代表大会和上级主管部门的监督与考核。

第十一条　企业应结合劳动用工、分配制度改革,建立培训、考核与使用、待遇相结合的制度。

第十二条　企业对经批准参加脱产培训半年以内的职工,应发放基本工资、奖金,保证员工享受相关福利待遇(双方另有约定的除外)。

第十三条　国有大中型企业高层管理人员应按照国家有关规定参加职业资格培训,并在规定的期限内取得职业资格证书。从事技术工种的职工必须经过技术等级培训,参加职业技能鉴定,取得职业资格证书(技术等级证书)方能上岗。从事特殊作业的职工,必须按照国家规定经过培训考核,并取得特种作业资格证书方能上岗。

第十四条　参加由企业承担培训经费进行脱产、半脱产培训的职工,应与企业签订培训合同。培训合同应明确培训目标、内容、形式、期限、双方的权利和义务以及违约责任。

第十五条　企业应按照培训合同的规定,保证职工的学习时间,创造必要的学习条件,发挥所学专长。

第十六条　职工应按照国家规定和企业安排参加培训,自觉遵守培训的各项规章制度,并有义务向本企业其他职工传授所学的知识和技能。

第十七条　职工应履行参加培训的各项义务,服从单位工作安排,搞好本职工作。

第十八条　企业出资(有支付货币凭证)对职工进行文化技术业务培训的,当该职工提出与企业解除劳动关系时,已签订培训合同的,按培训合同执行;未签订培训合同的,按劳务合同执行。因培训费用发生争议的,按国家有关劳动争议处理的规定处理。

第三章　培训保障

第十九条　企业可以根据需要,单独或联合设立职工培训机构并报企业主管部门备案,也可以委托社会公共培训机构进行培训。

第二十条　企业应按国家有关规定配备职工培训专职教师和管理人员。职工培训专职教师、管理人员的职称评定、职务聘任、晋级、调资、奖励、住房和生活福利等应与普通教育教学人员或专业技术人员同等对待。

第二十一条　企业应按照国家规定提取、使用职工培训经费:

1. 培训经费按照职工工资总额的 1.5% 提取,企业自有资金可有适当部分用于职工培训;

2. 企业应根据需要,安排合理比例的培训经费用于职工技能培训;

3. 企业用于引进项目、技术改造项目的技术培训费用可以在项目中列支;

4. 工会用于职工业余教育的经费由各级工会掌握使用;

5. 企业应合理使用职工培训经费,当年结余的可结转到下一年度使用。

第二十二条　企业可以对尊师重教的厂长、经理、教学成绩显著的职工培训机构和岗位成才的优秀职工进行表彰奖励。

第二十三条　经县级以上地方人民政府批准,劳动行政部门、经济综合部门可对不按国家规定提取和使用职工培训经费、开展职工培训的企业,征收一定比例的职工培训经费,用于组织联合培训或支持公共培训机构承担缴费企业的职工培训任务。

第四章 罚 则

第二十四条 企业违反本规定有下列行为之一的,由政府劳动行政部门或经济综合部门对直接责任者和企业法定代表人给予批评教育,责令改正:

1. 不按国家规定组织开展职工培训的;

2. 侵占职工培训校舍,损害培训教师或管理人员正当利益,影响培训工作正常进行的;

3. 强令未经培训的职工上岗作业的;

4. 不按国家规定使用培训经费或将培训经费挪作他用的。

第二十五条 职工违反本规定有下列行为之一的,由企业给予批评教育,经教育拒不改正的,可给予行政处分:

1. 无故不服从单位安排参加职工培训的;

2. 严重违反单位规章制度,扰乱职工培训正常进行的;

3. 破坏职工培训校舍、仪器设备的。

第二十六条 企业和职工不履行培训合同规定义务的,应当承担违约责任。

第二十七条 承担职工培训任务的培训机构违反本规定、有下列情形之一的,由政府劳动部门或经济综合部门给予批评教育,情节严重的,可取消培训资格:

1. 教学管理混乱,培训质量不高,考核质量低劣的;

2. 侵害受培训职工权益,情节严重的;

3. 违反国家规定乱办班、乱收费、乱发证的;

4. 截留、挪用培训经费的。

第五章 附 则

第二十八条 企业职工参加取得国家承认的学历证书、职业资格证书的培训,应按国家有关规定执行。

第二十九条 本规定由劳动部、商务部根据职责分工负责解释。

第三十条 本规定自颁布之日起实行。

参考书目

[1] 琼·普莱尔. 培训与发展手册. 北京:商务印书馆,1999.
[2] 马丁·索罗门. 培训战略与实务. 北京:商务印书馆,1999.
[3] 刘永中,金才兵. 培训经理手册. 海口:南海出版公司,2004.
[4] 郭京生,潘立. 人员培训实物手册. 北京:机械工业出版社,2005.
[5] 麦斯特企业管理研究中心. 员工培训手册. 北京:经济日报出版社,2004.
[6] 盛晓东. 培训师的工具箱. 北京:企业管理出版社,2005.
[7] 陈龙海,杨小良,刘军. 企业管理杰出员工训练全书. 深圳:海天出版社,2005.
[8] 世界500强企业管理标准研究中心. 全员管理培训. 北京:中国社会科学院出版社,2003.
[9] 张莹. 如何进行职业生涯规划与管理. 北京:北京大学出版社,2004.
[10] 汤姆·W. 戈特. 培训人才八步法. 上海:上海人民出版社,1998.